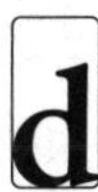

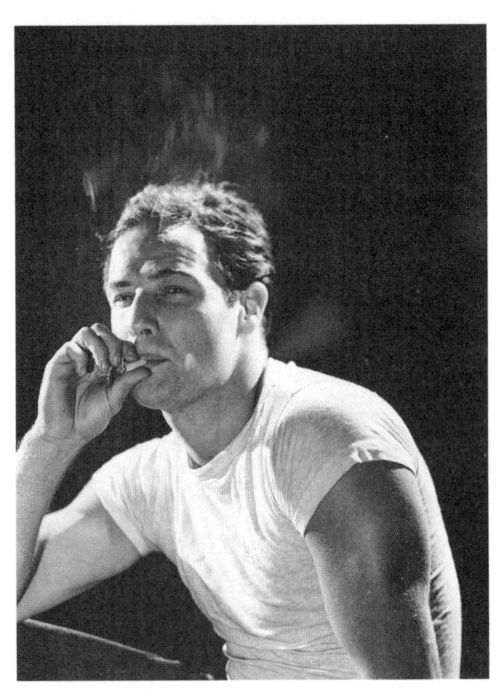

Jörg Fauser

Marlon Brando

Der versilberte Rebell. Eine Biographie

Mit einem Nachwort von
Franz Dobler
und einem Text von
Brigitte Kronauer

Diogenes

Die Originalausgabe erschien 1978
im Verlag Monika Nüchtern, München
Covermotiv: Foto von Philipp Keel, ›Sneakers, 2004‹
C-Print, Edition 1/1, Sheet 55 x 37 cm / 21.7 x 14.6 in

Diogenes Verlag AG Zürich
www.diogenes.ch
30/20/852/1
ISBN 978 3 257 07093 4

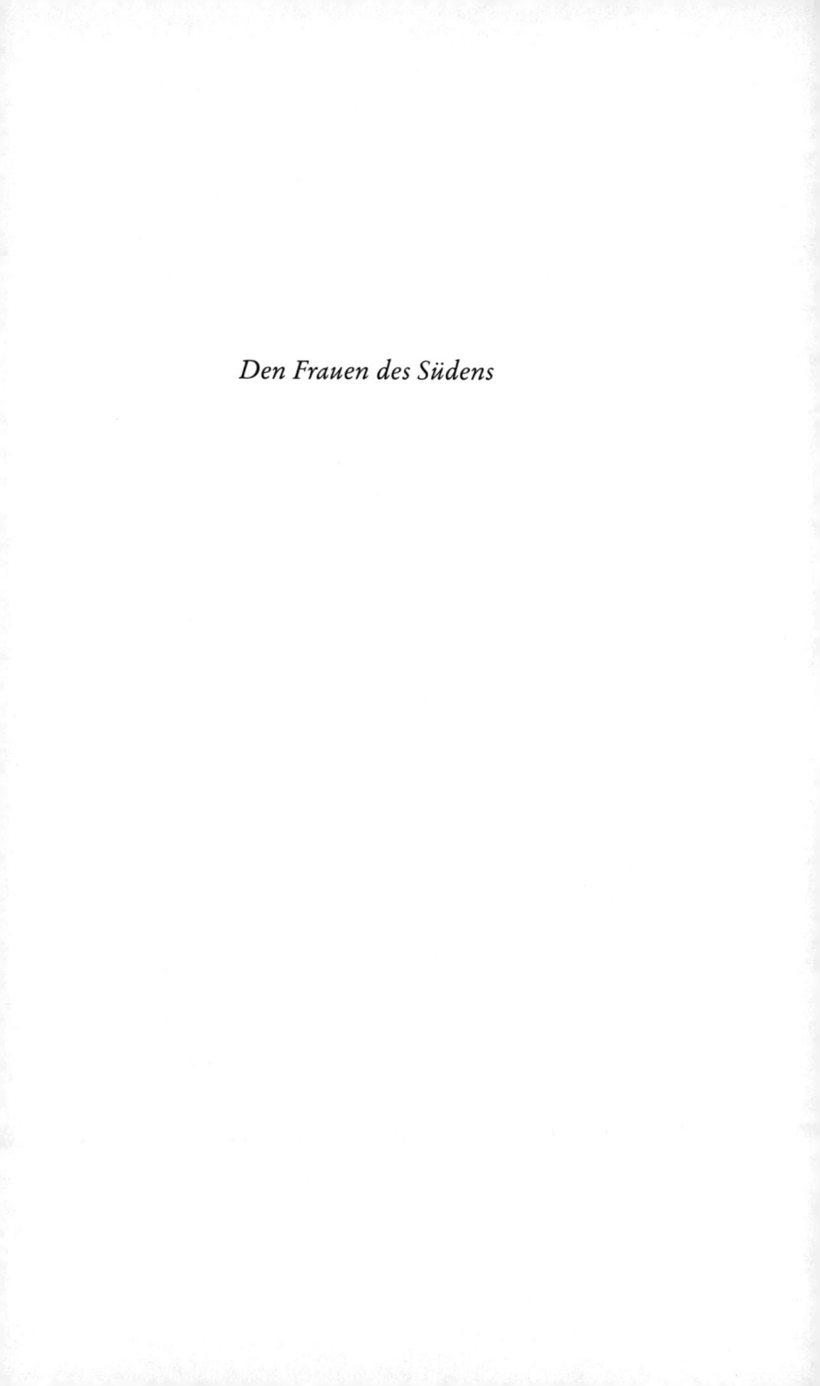

Den Frauen des Südens

Inhalt

In dieser angenehm temperierten, nicht zu heißen und nicht zu kalten Luft, unter dem ewig blauen kalifornischen Himmel, mit seiner bei Tag immerzu freundlich strahlenden Sonne und den nachts vorschriftsgemäß vom Himmel leuchtenden goldenen Sternlein, fahren Tag für Tag gut angezogene, sauber rasierte Herren und prächtig gekleidete, juwelengeschmückte und geschminkte Damen in strahlenden Automobilen der kostbarsten Marken nach den Studios der Filmgesellschaften.

Dort lassen sich unsere vergötterten Lieblinge, die Sterne der Flimmerleinwand, der bewegten und sprechenden, herab, unter Beihilfe vieler Tausender namenloser, halbverhungerter und trotzdem vom Filmteufel besessener Statisten, jene Meisterwerke der Filmkunst hervorzubringen, in denen wir alles vorfinden, was Hollywood, wie es wirklich ist, an Geist, Gemüt und Schönheit besitzt, und denen wir deshalb verdientermaßen unsere verzückte Bewunderung schenken.

Dr. Erwin Dehries in *Hollywood wie es wirklich ist* (1930)

Der Schatten

> Between the Idea and the Reality …
> Falls the Shadow.
>
> *T. S. Eliot*

Ein schöner Satz: Aber was ist der Schatten, der zwischen Idee (oder Bild) und die Wirklichkeit fällt, die Realität? Es ist ein Schatten, der die Höhen streift, aber fällt er nicht auch in U-Bahn-Schächte? Liegen in diesem Schatten die Liebenden und die Verlorenen, aber treten aus ihm nicht auch die Rebellen? Denn der Schatten ist der Zweifel, er liebkost die Kunst.

Die Kunst! Alle Kunst ist tragisch, sagte Dr. Benn, aber umsonst soll sie auch nicht sein, gewusst wie … die versilberte Rebellion. Nun gibt es eine Kunst, die von keinem Schatten getrübt ist und von keiner Tragik, es ist die Kunst der Konjunkturen und der Kulturverwertungsgesellschaften, von ihr kann nicht die Rede sein, wo von Rebellion die Rede ist und vom Elementaren.

In Istanbul machte ich vor Jahren die Bekanntschaft eines alten Opiumhändlers, er hieß wohl Hussein. Ein ausgemergelter, sterbenskranker, lebenszäher Krüppel, ein seltsamer Mann, ein würdiger Greis, ein Opiumschatten. Einmal zeigte er mir seine Schatzkiste, und welchen irdischen Besitz hatte er in sechzig, siebzig Jahren in den Slums von Istanbul akkumuliert? In dem rissigen Lederkoffer befanden sich, neben Sanitätszeug aus deutschen Weltkrieg-Eins- und Wehrmachtsbeständen, neben einer alten Thermosflasche, einem Satz Tarotkarten und etlichen Gebetsketten aus echtem Bernstein, neben einem französischen Frackhemd und einem Pfund steinhartem Opium, ein nach Rosenöl duftender arabischer Koran und ein abgegriffenes Taschenbuch: John Steinbecks *Jenseits von Eden* in türkischer Übersetzung mit einem gelben Umschlag, auf dem ein sehr türkisch wirkender James Dean prangte, und dieses Buch war Husseins eigentlicher Schatz, er las fast jeden Tag darin und konnte ganze Partien, wie andere vom Koran, auswendig hersagen – es war sein Traum, es war die Kunst.

Schatten sind überall. Dies Buch ist ein Buch über den Schatten; wenn es was taugen wird, ist es ein Buch über den Schatten zwischen Idee und Realität. Es ist ein Buch für Hussein, für alle Husseins zwischen Üsküdar und Iserlohn, es ist ein Buch für alle, die im Schatten leben. Marlon Brando, dessen Biographie ihm seinen Rahmen steckt, ist ein Mann, der den Schatten immer gespürt hat, der immer gewusst hat, man kann sich die Rebellion versilbern lassen, den Schatten nicht. Und der Schatten versilbert auch nicht.

Es ist ein Buch für Kinogänger, die keine Idole mehr brauchen, sondern einen Hauch von Leidenschaft, von Tapferkeit und Größe. Und manchmal auch den Glanz von Silber. Sicher: »'n bisschen Tabak und 'ne Tasse Kaffee, was braucht der Mann mehr?«, sagt Johnny Guitar; wohlan. Aber vielleicht auch hin und wieder, wenn die Nächte länger werden, einen Schnaps mit dem Kaffee, und etwas Silber in die Nächte.

Marlon Brando, die Legende vom versilberten Rebellen. Ein Poesiealbum aus dem 20. Jahrhundert.

Von Bangkok nach Libertyville

> Ach, du Mann im Spiegel!
> Lügner, Narr, Träumer, Schauspieler,
> Soldat, armer staubiger Schlucker …
> *Carl Sandburg*

Kein Film ohne Reklame, keine Reklame ohne Legende, ohne Legende kein Star. Wenn schon die heilige Johanna auf Agenten und Ghostwriter nicht verzichten konnte, wie sollten da die Idole des 20. Jahrhunderts allein zurechtkommen, die kein Reich und keine Vision und keine irdisch/himmlischen Heerscharen zu vertreten haben, sondern Massenträume, Massenmythen, Massenbilder. Oder, wie Marlon Brando zu sagen pflegte: »Zuckerberge«.

Den phantasielosen Dummis, aber auch den allzu Irrationalen, die ihrer Biographie sprachlos ausgeliefert waren, stellte Hollywood in den goldenen Jahren, als die Stars geboren wurden, ganze Schreibbüros zur Seite, deren Aufgabe darin bestand, ihren Schutzbefohlenen eine publikumswirksame Legende zu erdichten – sozusagen das himmlische Drehbuch aufzumöbeln. Marlon Brando unterschied sich von den in Hollywood gezüchteten (und zertretenen) Stars auch darin, dass er diese Art von Publicitydichtung schon als Anfänger selbst beherrschte. Seine Vita auf einem Theaterzettel aus dem Jahr 1946 liest sich wie eine perfekte

Parodie auf die Materialsammlung eines Presseagenten: *Als Sohn eines heute am Field Museum in Chicago wirkenden Linguisten in Bangkok, Siam, geboren, verbrachte Mr. Brando seine Kindheit in Kalkutta, Indochina, der Wüste Gobi und Ceylon. Seine formale Erziehung begann in der Schweiz und endete in Minnesota, wo die strenge Disziplin einer Militärschule seiner persönlichen Entfaltung im Wege stand. Nach einer Periode, in der er sich vorübergehend als genialischer Schlagzeuger sah, kam Mr. Brando nach New York, um die Schauspielkunst zu erlernen.*[1]

In Wirklichkeit wurde Marlon Brando am 3. April 1924 in Omaha im Bundesstaat Nebraska/USA geboren. Nebraska ist tiefer Mittelwesten, Herzland jener Region, die als Middle America für Konservatismus, Patriotismus und Kleinstadtmentalitat steht, sich aber vor allem dadurch ausgezeichnet hat, dass sie die Geburtsorte so eminent individualistischer Talente wie Ernest Hemingway (Schriftsteller), Abraham Lincoln (Politiker), Carl Sandburg (Dichter), Spencer Tracy (Schauspieler), James Thurber (Schriftsteller), F. Scott Fitzgerald (Schriftsteller), Clark Gable (Schauspieler), William S. Burroughs (Schriftsteller), Montgomery Clift (Schauspieler), John Dillinger (Gangster), Adlai Stevenson (Politiker), James Dean (Schauspieler) und Robert Zimmermann alias Bob Dylan (Vortragskünstler und Lyriker) abgegeben hat. Konservativ gewiss, diese Gegend, aber eben auch Heimstatt jenes unverwechselbar amerikanischen Individualismus, der die populäre Volkskultur dieses Landes hervorgebracht und ihr nicht nur im Schriftsteller oder im Schauspieler, sondern z. B. auch in der Figur des Gangsters Ausdruck verliehen hat.

Brandos Eltern: ein fast schon klassisches Paar. Marlon senior (der einzige Sohn erhält selbstverständlich den Namen des Vaters), irisch-französisch-schottischer Herkunft, ein Hüne mit den zeremoniösen, gelegentlich auffrisierten Umgangsformen des stockprotestantischen Handlungsreisenden, er reiste in Kalkprodukten und Viehfutter, ein Trumm von Mann, ein Popanz. Die Mutter, Dorothy Pennebaker, genannt Dodie, genaues Gegenteil, aber nicht unbedingt die ideale Ergänzung dazu: *Sie war eine hübsche, poetische Frau mit blondem Haar und einer Reputation für ihre »liberalen Auffassungen und fortschrittlichen Ideen«. Sie war von Natur aus den Künsten ergeben: Sie schrieb, malte, bildhauerte und spielte Theater, wobei Letzterem ihre besondere Leidenschaft galt. Sie war eine der Säulen des außerordentlich respektierten Omaha Community Playhouse, einer halbprofessionellen Theatergruppe, die für viele wichtige Schauspieler, darunter Henry Fonda, Ausgangspunkt einer glanzvollen Karriere war. 1927 spielte Mrs. Brando mit Fonda, einem ihrer Protegés, in einer Playhouse-Aufführung von Eugene O'Neills* Beyond the Horizon.[2]

Für die Kinder – Marlon, der »Bud« genannt wurde, weil ja Papa seinen Vornamen besetzt hatte, und seine zwei älteren Schwestern Jocelyn und Francis – war diese Ehekonstellation kein Zuckerschlecken. Der Erziehungsbeitrag des Produkte-Vertreters, der, wie Brando sich später zu erinnern glaubte, »ziemlich oft mit Lippenstift auf dem Hemdkragen heimkam«, scheint sich auf Disziplinarmaßnahmen beschränkt zu haben, die wie meist in solchen Fällen nur die sauren Früchte der Entfremdung trugen. Natürlich hielt die Mutter auf »progressive« und »freie« Erziehung, natürlich witterte der Vater dahinter die Blumen des Bösen. Maurice Zolotov, ein früher Brando-Biograph, schreibt: »Mrs. Brando machte es Marlon fast unmöglich, in seiner Rolle als Mann Sicherheit zu erlangen. Sein ganzes Leben schwankte er zwischen den Polen seiner Eltern und hatte es schwer, zu seiner eigenen Persönlichkeit zu finden.« Dazu kam, dass die Familie oft auf Achse war: 1930 Umzug nach Evanston / Illinois (wo Marlon sich mit dem späteren Komödianten Wally Cox anfreundete), dann nach Santa Ana in Kalifornien und schließlich 1936 nach Libertyville, *nomen est omen*, 60 Kilometer nordwestlich von Chicago am Michigan-See gelegen.

Libertyville, 2000 Einwohner, ist nun wirklich tiefe Provinz, Hicksville in Reinkultur. Farmland, Apfelbäume, Krämers Welt, Spießers Traum. Die Familie galt als wohlhabend und bezog ein weiträumiges Haus mit reichlich Land drum herum, das Marlon senior, der als »Gentleman Farmer« Respekt genoss, mit allerlei Viehzeug belebte, 28 Katzen und auch einer Kuh, die, wie könnte es anders sein, von niemand sich melken lässt als von »Bud«. Also reinste Idylle am See, und das noch mitten in den schweren sozialen Erschütterungen der ausklingenden Wirtschaftskrise.

Erschütterungen aber auch im Hause Brando. Denn für beide Eltern ist das Idyll der Rückzug: Aufstecken weiterreichender Ambitionen, Abschotten der Träume, die leider nicht weit trugen, Dichtmachen des Horizontes, der die Sterne nie nähergebracht, mittels Verhüllung der Butzenscheiben: *Buds Vater war abweisender geworden. Er hatte zwar gut verdient, aber doch nicht den Erfolg gehabt, den man dem gutaussehenden jungen Vertreter vorhergesagt hatte. Er war immer länger von zu Hause fort und, wenn er zurückkam, wegen Buds schlechten Noten und Schülerstreichen immer gereizter. Bud schien auch die Nähe seiner Mutter zu verlieren. Sie wurde ihm fremd. Wie ihr Mann kam sie in ihre mittleren Lebensjahre, ohne dass die Verheißungen der Freunde in Omaha in Erfüllung gingen … Sie trat noch in einigen Aufführungen der Theater-Gruppe von Libertyville auf, zog sich aber mehr und mehr zurück … Die meiste Zeit war sie allein zu Hause und trank.*[3]

Also der Handlungsreisende in der Provinz, auch mal flott und hübsch gewesen und den Traum vom großen Geld und dem gerechten Gott und Vaterland im Herzen und auf der Stirn getragen, und jetzt an die Landstraßen und die Kleinkrämer und die kleinen dummen Freundinnen in den namenlosen Budiken gefesselt, und zu Hause die verblühte Schöne, die Henry Fonda protegierte und den Kranz der Thespis trug auf den Bühnen, deren Bretter auch in Omaha die Welt bedeuteten, aber jetzt verwelkt im Schoß, aus dem die Kinder in die Welt getreten, und alles nur ein holder Wahn für mittlere Talente, mangels Nachfrage zu ertränken im Gin … die Provinz des Menschen, mit den Füßen in der Scheiße und die Hände zu den Sternen gereckt, und immer weiter und immer fort. Natürlich wachsen in dieser Provinz die Rebellen heran, aber es sind innerlich schon frühzeitig müde Rebellen, mit dem zynischen Zug um die Lippen und dem Blick, der sagt: »Was soll der Schmus, Baby?«

Der junge Brando: Nicht viel dran, wie's scheint. Die Boxerstatur des Alten und das hübsche Gesicht der Mutter, bisschen Talent zum Schauspielen (seine beste Pantomime soll eine Darstellung vom Tod Dillingers gewesen sein) und zum Sport, kein Intellektueller, auch kein Rabauke, kein Rocker, kein Softie, eher Durchschnitt, aber in diesem Durchschnitt eine Indolenz, die die Lehrer zur Weißglut getrieben haben muss: Rausschmiss aus den meisten Schulen, und zwar nicht wegen großer pathetischer Gesten, sondern einfach dieses coole »Leck mich«, wenn der Lehrer auf das Gesittete und das Frommende und das Nützliche des Lernens hinweist … und das gipfelt dann in der unvermeidlichen Anrufung des Kategorischen Imperativs (Originalton Brando senior: »Um diesen Jungen hinzukriegen, gibt es nur noch ein Mittel, und das ist die Militärschule!«) und in dem wahrscheinlich ebenso unvermeidlichen Immer-noch-eins-Draufsetzen, nämlich Rausschmiss auch aus der Militäranstalt, wie Brando später gern erzählte, wegen Herstellung von Bombenkörpern, wahrscheinlich wegen Indifferenz und Rauchen im Unterricht. Biograph Thomas: *Marlons Vater war außer sich. Er ging streng mit Bud ins Gericht. Was sollte nun aus ihm werden? Er hatte noch nicht mal die Oberschule abgeschlossen. Das Land befand sich im Krieg, und der Wehrdienst würde vielleicht »einen Mann aus ihm machen«. Aber Marlon war (wegen einer Knieverletzung, Anm. d. Verf.) untauglich.*

Marlon hörte sich die Vorwürfe seines Vaters an. An seine Mutter konnte er sich nicht wenden; die Flasche war ihr einziger Gesprächspartner. Und seine Freunde verließen ihn jetzt auch. Einer nach dem anderen gingen sie an die Front.[4]

Wir haben Brando also mit 19 Jahren in einer ziemlich flauen Stimmung. Sein einzig wirklich originäres Interesse bis dahin hatte dem Schlagzeug gegolten, Gene Krupa hatte es ihm angetan, der legendäre Chicagoer Drummer, der es Jahre später in Algrens *Mann mit dem goldenen Arm* dem Frankie Machine angetan haben wird, aber nach zwei Jahren Üben und Üben schafft Bud es nicht mal zum Schlagzeuger der *Seven Pork Chops* genannten Big Band von Libertyville: fatale Lage.

Der Vater, er hat inzwischen einen Insektiziden-Handel, schlägt dem Sohn vor: »Komm in mein Geschäft!« Aber dieser amerikanische Dollar lockt nicht. Er gammelt ein bisschen rum. Die Schwestern sind in New York, Francis auf der Kunst-, Jocelyn auf der Schauspielschule. Auch Marlon wollte es mit dem Schauspielen probieren. Hatte er etwa kein Talent? Und Schauspielen – kann das nicht jeder? Schließlich: Wo sonst nichts lockt, lockt das Leben.

Der Alte tobt, es hilft nichts. »Insektenmittel kann ich ja immer noch verkaufen«, sagt sich Bud und schnürt sein Bündel. Der geht bestimmt vor die Hunde, heißt es in Libertyville. Und werden sie sich nicht 30 Jahre später bestätigt gesehen haben, als Bud den letzten Tango tanzte? Kleinstädte haben immer recht, das ist ihr Daseinsgrund. Den letzten Tango beißen die Hunde, und die Blumen des Bösen lachen dazu.

New York

Raget empor, hohe Masten Manhattans! Raget auf,
herrliche Hügel Brooklyns!
Bebe, verwirrtes und neugieriges Hirn! Wirf Fragen
hinaus und Antworten dazu!
Weile hier und überall, ewige Flut der Lösung!
Schaut, liebende und dürstende Augen, in das Haus,
in die Straße oder Versammlung.
Erklingt, ihr Stimmen der jungen Männer! Laut und
wohltönend rufet bei meinem Namen mich.
Lebe, altes Leben! Spiele die Rolle, auf die zurück-
schaun Schauspieler, Schauspielerin!
Spielt die alte Rolle, die Rolle, die groß oder klein,
ganz wie man sie gestaltet!

Walt Whitman: Auf der Brooklynfähre

Hundert Jahre nach Walt Whitman kann man nicht mehr dessen inbrünstig hymnische Tonlage erreichen, aber kleinere Ekstasen vermittelt nebst Angst und Schrecken New York dem Reisenden auch heute noch. Marlon Brando kam 1943, mit 19 Jahren, in die Stadt, die mitten im Krieg eine große Zeit hatte. Da drängten sich unter den Emigranten einige absolute Spitzenvertreter der europäischen Geistes- und Kulturbearbeitungswelt in den Theatern, Colleges und Cafés Manhattans (und behaupteten sogar, in der Person des Oskar Maria Graf, eine Synthese aus Bayern, Bier und Kommunismus in den teutonischen Nostalgieschwemmen an der 86. Straße); und da tobte sich in den Jazzkellern, Kaltwasser-Apartments und Kaschemmen zwischen Times Square und Bowery eine Meute hochkarätiger Asphaltintellektueller aus, die der US-Army nicht ganz geheuer gewesen und dienstuntauglich geschrieben worden waren … der Underground der 40er Jahre: Dizzy Gillespie, Charlie Parker, William Burroughs, John Clellon Holmes, James Baldwin, Allen Ginsberg und Jack Kerouac, der den Typus der Zeit später, als er längst berühmt und desillusioniert war, so beschrieben hat: *Als ich die Hipsters zuerst 1944 um den Times Square herumschleichen sah, konnte ich sie auch nicht leiden. Einer von ihnen, Huncke aus Chicago, kam auf mich zu und sagte: »Mann, ich bin beat.« Irgendwie wusste ich sofort, was er meinte … und als ich zum ersten Mal Bird und Diz in den* Three Deuces *hörte, wusste ich, dass sie wirklich ernste Musiker waren, die einen irr neuen Klang aufbrachten. Ich lehnte gerade an der Theke und köpfte ein Bier, als Dizzy ein Glas Wasser vom Barkeeper holen wollte, sich gegen mich presste, mir mit seinen Armen am Gesicht vorbeifuhr, um das Glas zu nehmen, und wieder davontanzte, als ob er wüsste, dass ich ihn eines Tages besingen würde … Jedenfalls sahen die Hipsters, deren Musik der Bop war, wie Verbrecher aus, aber sie sprachen weiterhin über die gleichen Dinge, die ich auch mochte; das gab dann lange Skizzen persönlicher Erlebnisse und Visionen, nächtelange Beichten von Träumen, die ungehörig und durch den Krieg unterdrückt worden waren, erregte Debatten ließen das Gären einer neuen Seele spüren (der ewig gleichen Menschenseele) …*[5]

Ah, dieser morsche Moloch, der uns seine mörderischen Schwären aufdrückt und sein Kainsmal und zu dessen Giften und Abgasen wir doch immer wieder zurückkehren – was wäre die Menschheit ohne Metropolis: »Wir sind aus Riesenstädten, in der City, nur in ihr, schwärmen und klagen die Musen«, notierte Dr. Gottfried Benn. Diese Nervenverformungen sind natürlich Umpolungen, wen sie nicht verfeinert, den verroht die Großstadt. Der junge Brando hat es bald erkannt: *»I've got to educate myself«*, sagt er zu Freunden, das heißt allerdings nicht, ich muss den zweiten Bildungsweg beschreiten und meine kümmerliche Existenz in den breiten Strom des bürgerlichen Lebens einbetten, sondern: Ich muss mein Potential in den Griff bekommen, was aus mir machen, mich den Reizen und den Risiken stellen, mit denen mich diese Stadt herausfordert.

Als Spezialist eingekerkert in die Lebenszonen seiner speziellen Branche, hat Marlon Brando, soweit bekannt, nie mit den Leuten der Beat Generation Kontakt gehabt. Trotzdem gehört er – man achte auf seine improvisierten Dialoge im *Letzten Tango* – nach psychischer Konstitution und rebellischer Lebenshaltung durchaus in das Umfeld dieser ja ganz heterogenen Gruppe, deren Qualität es unter anderem ausmachte, auch in Straßenstrolchen die Seele des schöpferischen Menschen zu wecken und manchem Mann im Flanellanzug etwas vom Whitman'schen Impetus und von der Bewusstseinslage der Moderne mitzugeben. Wie die Beats war Brando ein scharfer Beobachter der Großstadtszenerien und ihrer Nachtschattengewächse; ob Schauspieler oder Literat, für den Künstler sind die Auswüchse der Zivilisation, nicht deren bourgeoise Zentren und Produzenten der Mittelpunkt des Lebens, ihm filtern Psyche und Physis der Metropolis die Essenz der kreativen Leidenschaft. Der deutschen Kulturverwaltung, ihrem Amtsdenken, ihrer Streuselkuchengesinnungsmafia, ihren nur noch auf die eigene mediale Aufbereitung und Wiederverbreitung gerichteten Rentenversicherungsmechanismen, ihrer Sinnen-, Risiko- und Kunstfeindlichkeit waren und sind natürlich Literaturen wie die der Beats und in ihrem Umfeld überhaupt alles Spontane, Rebellische und Abnorme von Grund auf verdächtig, es fehlt ihr nicht an Silber, aber es fehlt ihr an Seele.

Brando kommt in New York ohne Beruf, ohne Brieftasche und ohne fest umrissenes Ziel an. Sein einzig wahrnehmbares ist sein mimisches Talent. Während er die üblichen Großstadtjobs verrichtet (Fahrstuhlführer, Lastwagenfahrer, Limonadenverkäufer), geht er auch ohne Zögern in die Schauspielklasse, die seine Schwester Jocelyn an der New School for Social Research besucht: ohne die mindeste Ahnung von der Dimension seines Talents, aber wohl auch ohne große Skrupel. Theater, das waren die Laienensembles, in denen seine Mutter geglänzt hatte, das waren das Omaha Playhouse und das Evanston Playhouse und die Drama-Zirkel in Santa Ana und Libertyville, der muffige Übungsraum überm Krämerladen und die Bühne im Auditorium der Oberschule ... nicht gerade Stationen glänzender Erfolge, aber in der Erinnerung Brandos doch insofern außergewöhnlich, weil sie Abweichungen von der provinziellen Norm dargestellt hatten, der er unbedingt entrinnen wollte. Noch als Superstar wird er immer wieder und fast beschwörend feststellen, nur ein Zufall habe ihn ans Theater gebracht: »Ich wusste nicht, was ich sonst hätte machen sollen.« Natürlich war es mehr als Zufall –

hier setzte ein Flüchtender vor den tödlichen Umklammerungen des bürgerlichen Lebens auf eine scheinbar winzige Chance und gewann.

Wie fast immer in den ersten Jahren seiner Karriere kombiniert Brando Instinkt mit Glück. Auf jeder anderen Schauspielschule wäre ihm vielleicht die Lust an dem Gewerbe frühzeitig vergangen. Aber die Schauspielklasse an der New School ist denn doch etwas anderes. Hier werden Politik, Soziologie, Philosophie, Literatur großgeschrieben, und die Klasse wird geleitet von Stella Adler, einer bekannten jüdischen Schauspielerin, die eine Schülerin von Richard Boleslawski und Maria Ouspenskaja ist, jener Theaterleute, die die Lehre des großen Stanislawski von Moskau nach Amerika gebracht haben. Gary Carey schreibt in seinem *Brando*-Buch von 1973: *In Stella Adlers Klasse lernte Brando, dass Schauspielen mehr war als eine Handvoll technischer Tricks, mehr als Mimesis, mehr, als sich graziös zu bewegen und das »R« zu rollen. Es war ein kreativer Prozess, in welchem der Schauspieler jede Facette seiner Persönlichkeit – seiner Erfahrungen, Kenntnisse, Beobachtungen – dazu benutzte, um den Ideen des Stückeschreibers Form zu verleihen.*[6]

Im liberalen und fruchtbaren Milieu der New School eignet Brando sich auch Kenntnisse an, die ihm in dem stumpfen Mief der kleinstädtischen High Schools und der Militärakademie verborgen geblieben waren. Er belegt Kurse in Französisch, Kunst, Philosophie und lernt vorzüglich Tanzen, Fechten und Yoga. Seit dieser Zeit beschäftigt er sich mit Religionsphilosophie, Anthropologie, Psychologie, und zwar immer in der naiven Art des fröhlichen Autodidakten, was ihm später viel Häme aus gewissen intellektuellen Zirkeln eintragen wird. Stella Adler aber ruft nach einer Woche aus: »In einem Jahr wird Marlon Brando der beste junge Schauspieler des amerikanischen Theaters sein!«

Leiter des Dramatic Workshop der New School war kein Geringerer als Erwin Piscator, der berühmte Berliner Theatermann, der 1930 nach New York gekommen und in den 30er und 40er Jahren ein Motor der linken Theatergruppen war. Durch seine Hände gingen eine Menge großer Talente (unter ihnen Shelley Winters, Rod Steiger und Walter Matthau), die alle die preußischen Umgangsformen und die strikte Kunstauffassung Piscators respektieren lernten. Brandos Einstellung war lascher, und kein Wunder, denn er war alles andere als überzeugt von sich und der Theaterzunft. Auffallend war schon damals seine Begabung für Maskerade und Clownerie, fürs Possenreißen: »Er liebte es, mit Make-up zu experimentieren und mit falschen Koteletten, Perücken, ausländischen Akzenten und ausgefallenen Dialekten.« Aber mit der Oberfläche des Handwerks mochte sich Miss Adler nicht so sehr wie mit der »inneren Wahrheit« des Schauspielens befassen, und ihrem scharfen Auge gebührt Respekt, sah sie doch in den Hanswurstiaden des jungen Brando schon den Schatten, der tiefer dringt: »Wenn er für eine Rolle lernen muss, ein Pferd zu reiten, dann beobachtet er dieses Pferd so genau, wie noch nie jemand ein Pferd beobachtet hat, und wenn er in der Szene auftritt, ist er sowohl Pferd wie Reiter.«[7]

(Eine Episode am Rande. Carey vermerkt sie, und ich finde, sie illustriert jenes Milieu und seine Menschen und eine bestimmte fanatische Reinheit des Gedankens und

Kunstwillens aufs schönste. Der Vater von Stella Adler, Jakob, eine der großen Persönlichkeiten des jiddischen Theaters, wird an der Bühnentür von einem jungen weiblichen Wesen angemacht. Er vernascht die Schöne auf seinem Garderobentisch und drückt ihr dann, um sie rasch loszuwerden, ein paar Eintrittskarten für seine Aufführung in die Hand. Da schreit das Mädchen: »Meine Mutter und mein Vater sterben vor Hunger, und du gibst mir Theaterkarten!« Antwortet Adler knapp: »Wenn du Brot willst, bums mit einem Bäcker.«)

Im Sommer 1944 ging Piscator mit seiner jungen Truppe aufs Land – Sommertheater, eine Institution der nicht-subventionierten amerikanischen Bühnen. Die Gruppe schlug ihre Zelte in Sayville, Long Island, auf und erwirtschaftete mit der Aufführung klassischer Stücke für New Yorker Sommerfrischler immerhin die Summe von 500 Dollar.

Für Brando war die Saison in Sayville vorzeitig zu Ende. Bob Thomas schreibt: *Es war wohl unausweichlich, dass Brandos Temperament mit Piscators teutonischer Disziplin kollidierte. Marlon schätzte es, Piscator zur Belustigung der anderen Schauspieler auf subtile Weise zu ärgern. Die Truppe wurde vom Management des Theaters mit Essen versorgt, und Piscator betrachtete sich als Hüter der Vorräte. Jede Nacht wurde der große Kühlschrank mit einer Kette verriegelt und mit einem Schloss gesichert. Jede Nacht gelang es Brando, den Kühlschrank zu öffnen und einen Käse oder eine Schnitte Roastbeef zu entfernen. Diese nächtlichen Plünderungen ergrimmten den Tyrannen Piscator. Jeden Morgen inspizierte er den Kühlschrank und schäumte vor Wut über den Phantomdieb.*

Die Indolenz des jungen Brando wurde schließlich für Piscator unerträglich. Marlon erinnerte sich später: »Er war der Meister, *und wir waren* der Shtudents[*], *und wenn wir frei hatten, durften die Mädchen nicht bei den Jungen sein. Eines Abends erwischte er mich bei einem Techtelmechtel, aber alles, was er von sich gab, war: ›Ja. So. Brando.‹ Am nächsten Tag hieß es dann: ›Raus! Sie sind raus aus dieser Truppe!‹ Und ich haute ab.«*[8]

Ich habe diese Szene so breit zitiert, weil sie zwei ganz typische Brando-Charakteristiken zeigt, im Grunde zwei Seiten einer Medaille: seinen Hunger auf Nahrung und seinen Hunger auf Sex. Wahrscheinlich kann sich jeder selbst einen Reim drauf machen, konstatieren wir: Brando ist ein Fresssack und ein Sexbesessener und ein Säufer wahrscheinlich nur deshalb nicht, weil seine Mutter ihm immer die Flaschen weggeputzt hat. Und wenn wir uns schon der Couch und der Kastrationsangst und dem Ödipus Rex und den satten Stundenhonoraren nähern, warum nicht diese Szene, die sich ebenfalls in Sayville im Sommer '44 abgespielt hat, als Stauffenbergs Bombe nicht hochging, und an jenem Teil der normannischen Küste, der heute Omaha Beach heißt, wo die amerikanischen Truppen die zweite Front nach Frankreich trugen: *Ich fragte mich, was Piscator gesagt haben würde, wenn er über die Nacht Bescheid gewusst hätte, in der wir ein Mädchen, das keinen Platz zum Schlafen hatte, in unserem Bett beherbergten. Wir wollten sie beide bumsen, und Marlon war vollkommen damit einverstanden, sie zu teilen. Wir kletterten alle zusammen ins*

* So im Original. Anm. d. Verf.

Bett, aber das Mädchen glaubte, sich in Marlon verliebt zu haben, und wollte nur ihn.

Während er stumm im Dunkeln zugange war und ich frustriert neben ihm lag, spürte ich, wie Marlon eine Hand ausstreckte und mir übers Gesicht streichelte.

»Was soll das?« sagte ich irritiert, »was ist denn?«

»Ich dachte, du würdest weinen«, sagte mein Freund leise.[9]

Der Mann, der da so herzig aus dem Nähkästchen plaudert, heißt Carlo Fiore, ist einige Jahre älter als Brando und hatte später, in den 50er Jahren, zeitweise eine etwas seltsame Stellung als Brandos Mädchen für alles – Lichtdouble auf dem Film-Set, Produktionsassistent, Beichtvater, Dialog-Coach, einer der zahlreichen Co-Autoren von Brandos Film *Der Besessene,* aber generell wohl Kofferträger und Mädchenlieferant. Wahrscheinlich war er eine Zeitlang auch Marlons Freund, obwohl das aus dem Buch, das er 1974 über sich und Brando schrieb, nicht genau hervorgeht. Dieses Buch ist zum Teil reinster Klatsch & Tratsch, der übliche Schmäh, der exundiert, wenn ein minderes Talent vor einem größeren das Bein hebt; aber es geht auch darüber hinaus, denn Fiore ist ein scharfer Beobachter und versteht vom Filmemachen à la Hollywood eine ganze Menge. Was das Buch auch noch lesenswert macht, ist die flott und krott erzählte Geschichte vom Kampf des Autors mit seiner Rauschgiftsucht, denn Mr. Fiore entpuppt sich schon auf Seite 81 als klassischer Greenwich-Village-Hipster mit dem Sinn für die blonde Sexbombe und den satten Schuss Heroin im Arm ... die Connection uptown ... Charlie Parker im Five Spot ... »Meine Sucht kostete mich

50 Dollar am Tag, jeden Tag. Junkies kennen keine Feiertage« ... oh yeah, kennt man ... »Marlon, ich bin vollkommen *hooked*« ... »Tja, du hättest eben den ersten Schuss nicht setzen sollen, Mann ... der erste ist der eine zu viel« ... Und dann wird man impotent ... fängt an zu stehlen ... die alte Leier ... »Was für ein Leben! Welche Verschwendung!« Und wenn Fiore über seine Beziehung zu Brando schreibt, greint der Junkie im Wind, denn diese Konstellation ähnelt der des Puschers zum Süchtigen, das merkt man schon an dem kecken Ton, den der Autor anschlägt, sobald er nicht mehr von Brando und Brandos Job abhängt.

1944 aber waren Brando und Fiore enge Freunde. Trotz der Querelen mit Piscator landete Brando schon im Herbst sein erstes Engagement, einen soliden Part in einer Rogers-&-Hammerstein-Produktion: *I Remember Mama*; eine Familienkomödie. Der Neuling bekam gute Kritiken, und da das Stück über ein Jahr lief, war er auch finanziell abgesichert. Er konnte sich ein Apartment leisten, das zur Drehscheibe einer Szene junger Schauspieler und Bohemiens wurde, deren gemeinsamer Mittelpunkt Brando war: *Man kam hin und traf auf zehn, fünfzehn Leute, die sich in den Räumen aufhielten. Es war seltsam, denn einer schien den anderen nicht zu kennen. Sie waren einfach da, wie an einer Bushaltestelle. Irgendjemand lag schlafend auf einem Stuhl. Leute lasen die Plakate an den Wänden. Ein Mädchen tanzte für sich allein. Ein anderes lackierte sich die Zehennägel. Ein Komiker probte seinen Nachtclub-Auftritt. In einer Ecke wurde eine Schachpartie ausgetragen. Und Trommeln – bum, bum, bum! Aber getrunken wurde nie etwas; das gab es nicht. Hin und wieder sagte einer: »Lasst uns runter zur Ecke gehen und ein Eiskrem-Sundae nehmen.« Marlon war der einzige gemeinsame Nenner, den diese Leute hatten, das einzige Verbindungsglied. Er bewegte sich von Zimmer zu Zimmer, zog den einen oder anderen zur Seite und unterhielt sich mit ihm allein.*[10]

Eine sehr gesittete Szene im Grunde und Brando weniger als Entertainer, sondern mehr als Zeremonienmeister, gewiss als scharfer Beobachter, der auf der Bühne umsetzte, was er tagsüber aufschnappte. Seine Mutter Dodie, die zeitweise in New York mit ihm lebte, und der Junkie Fiore, der seine Theaterträume in Heroin auflöste, waren unter diesen jungen und wohl harmlosen Leuten die Gebrandmarkten; aber was er Fiore durchgehen ließ, verwand Brando bei seiner Mutter nie: dass sie den Sohn samt beginnender Karriere überm Suff vergessen konnte.

Mit dieser Karriere ging es ungewöhnlich rasch voran; so rasch, dass der junge Schauspieler in seiner ersten Rolle die Aufmerksamkeit bekannter Produzenten und Agenten und sogar von Talentsuchern aus Hollywood auf sich zog. Der Mann, von dem es schon einige Jahre später heißen sollte, er sei der größte Schauspieler Amerikas, war ohne Zweifel ein Naturtalent; aber er arbeitete auch viel härter an sich, als er das je zugeben mochte. Obwohl seine Agentin, Edith Van Cleve von der Music Corporation of America, einem gigantischen Konzern der Unterhaltungsbranche, ihn moralisch immer wieder gut aufbaute, war der junge Schauspieler damals dennoch seiner Sache und des Metiers so ungewiss, dass die üblichen Vorsprech-Touren fast ständig im Desaster endeten: *»Es war schrecklich«, erinnert sich Edith Van Cleve. »Bei jedem einzelnen Vorsprechen war* *er* grauenhaft. *Er konnte einfach nicht lesen … Manchmal machte er den Mund auf und brachte keinen Ton heraus, oder wenn, dann war es ein schrecklich hervorsprudelnder Wirrwarr von Worten.«*[11]

Zu diesem Manko kam die Attitüde lässiger Wurstigkeit, die ihn später berühmt machen sollte – der coole Hipster mit dem Durchblick, der an der Mauer lehnt und zur Welt sagt: »So, das soll's sein? Is' ja intressant …« Bei einem Test für eine Filmgesellschaft spielte er mit einem Jojo, bei einem Theaterproduzenten klappte er nach einer Weile das Buch zu, sagte: »Ich bring' das nicht« und schlurfte hinaus.

Aber dann fand er einen Meister, und es war der richtige Mann zur richtigen Zeit: *1946 begann Brando die wichtigste Zusammenarbeit seiner Schauspielkarriere. Stella Adler hatte ihren Mann, Harold Clurman, dazu überredet, ihren Protegé in einem Stück zu beschäftigen, das er in Zusammenarbeit mit Elia Kazan produzierte. Es war ein zeitgenössisches Drama von Maxwell Anderson mit dem Titel* Truckline Café … *Bei der ersten Sprechprobe war Brando nicht zu verstehen.*

»Lauter, Marlon!«, schrie Kazan von hinten. »Hör auf, vor dich hinzumurmeln! Wenn dieses Unternehmen schon Geld verliert, möchte ich wenigstens hören, womit ich es verliere!«[12]

Das Stück war ein Reinfall und wurde nach 13 Aufführungen abgesetzt, aber Brando bekam wieder ausgezeichnete Kritiken und, viel wichtiger, die Verbindung mit einem der wichtigsten damaligen Theater- und Filmregisseure, die der eigentliche Anstoß für den Durchbruch war, der nicht mehr lange auf sich warten ließ.

Elia Kazan, anatolischer Grieche, Sohn eines Teppichhändlers, in Konstantinopel geboren und mit vier Jahren nach Amerika gekommen, war Anfang der 30er Jahre Mitglied der Kommunistischen Partei geworden und verdiente sich seine ersten Sporen als Theatermann beim links orientierten Group Theatre. 1945 drehte er seinen ersten Hollywood-Film, *Ein Baum wächst in Brooklyn.* Mit der KP brach er schon vor dem Hitler-Stalin-Pakt, blieb aber ein engagierter Linker und gerade deshalb besonders hellhörig für die, wie er es sah, Unterwanderung der künstlerischen und bürgerlichen Freiheitsideale durch die Stalinisten. Für meine Generation, die in den kommenden Jahren, auf fast schon aussichtslose Position gedrängt, einen vielleicht letzten Kampf führen muss um die noch verbliebenen Freiheitsräume in einem vollbürokratisierten Funktionärsstaat, gleich welche Partei gerade das Sagen, will heißen: das Maul in der Futterkrippe hat, ist Kazan sicher ein weit über seine Filme hinausreichendes Interesse wert.

Kazan war für Brando mehr als ein Regisseur; der Schauspieler adoptierte den Regisseur als geistigen Ziehvater: *Für drei oder vier Jahre hatten wir eine sehr enge Beziehung. Ich war wie ein Vater für ihn. Als mein Sohn Chris noch ein kleiner Junge war, kam Marlon immer zu uns und spielte mit ihm. Später, als ich (vor dem Ausschuss) aussagte, wurde er etwas kühl, aber unser Verhältnis blieb ambivalent. Einerseits war er mir dankbar und liebte mich. Als er (1968) ablehnte,* Das Arrangement *zu drehen, sagte er zu mir: »Du bist der einzig wahre Regisseur, mit dem ich je gearbeitet habe« – und so fort; und ich sagte zu ihm: »Und du bist der beste Schauspieler, mit dem ich je gearbeitet habe«, und er umarmte und küsste mich! Und dann gingen wir unserer Wege. Denn andererseits hatte er dieses Gefühl des Zorns gegen mich – wie es ein Sohn hat. Ein Sohn muss seinen Vater schließlich töten, oder?* [13]

Kein Zweifel, in Kazan hatte Brando eine Art Vater- und Muttterersatz gefunden, wahrlich kein schlechter Tausch für den grummeligen Klinkenputzer und die frustrierte Alkoholikerin – aber eben doch nur Ersatz. Kazan, der Brandos Schwierigkeiten klar erkannte (wie sieben Jahre später die Jimmy Deans), vermittelte den selbstzweiflerischen jungen Schwierigen an seinen eigenen Psychiater, einen Dr. Bela Mittelmann (Brando wird ihn, ebenfalls sieben Jahre später, Jimmy Dean empfehlen, und die Fama lautet, dass Jimmy dort nur einmal auftauchte, um sofort und wortlos zu verschwinden, aber ob er nun den richtigen Instinkt hatte, lässt sich schlecht abschätzen, denn kurze Zeit später raste er ja mit seinem silbernen Porsche Spider direkt in den zentralen Supercolor-Teenager-Traum, wo es bekanntlich keine grauen Haare und keine Speckfalten und keinen Regisseur, aber auch keinen letzten Tango gibt ...).

Über die Couch befand Brando später: »Die Leute tendieren meistens dazu, jemand anderem die Schuld in die Schuhe zu schieben, anstatt sie bei sich selbst zu suchen. Mir ging es genauso. Aber ich war mit genug Verstand gesegnet, um mir klarzumachen, dass die Psychoanalyse das einzige und letzte Mittel war, das mir helfen konnte, mit mir ins Reine zu kommen.«[14]

Brando mit 22, 23 Jahren. Ein junger Mann von so blendendem Aussehen, dass selbst der Geschmäckler Truman Capote mit der Zunge schnalzt: *Da er ein weißes Unter-*

hemd anhatte und Drillichhosen und wegen seiner vierschrötigen Sportlerfigur – die Gewichtheberarme, der Charles-Atlas-Brustkasten (wenngleich eine geöffnete Ausgabe der Grundlegenden Schriften von Sigmund Freud *darauf ruhte) – hielt ich ihn für einen Bühnenarbeiter. Oder vielmehr so lange, bis ich sein Gesicht aus der Nähe sah. Es war, als ob das Gesicht eines Fremden an den muskulösen Körper gefügt sei, wie bei gewissen Fotomontagen. Denn dieses Gesicht war so wenig hart, dass es dem kantigen guten Aussehen: straffe Haut, eine breite, hohe Stirn, weit auseinanderstehende Augen, Adlernase, volle Lippen von entspanntem, sinnlichem Ausdruck – einen fast engelhaften Zug von Verfeinerung und Adel verlieh.*[15]

Für sein Alter geht es ihm finanziell nicht schlecht, er bekommt schon 275 Dollar Wochengage. Er hat einen väterlichen Freund, eine gute Agentin, einen Schwarm Verehrerinnen, und wenn er keine große leidenschaftliche Liebe hat – zu leiden scheint er nicht darunter. Er zeigt auch Idealismus, Sympathie für eine »gute Sache«, etwas, das in der von jüdischem Kommerz und jüdischem Kulturbetrieb dominierten New Yorker Szene sicher nicht schlecht ankommt. Er schlägt eine weitaus besser dotierte Rolle aus, um für 50 Dollar Wochengage in einem, das darf wohl gesagt werden, jüdisch-israelischen PR-Stück namens *A Flag is Born* an der Seite Paul Munis aufzutreten.

Er hat außerdem einen hervorragenden Appetit, und zwar, wie Fiore etwas bedauernd feststellen muss, nicht auf französische Küche, sondern auf Pommes frites, Hamburger, Milkshakes, Steaks, Apfelkuchen, und diesem All-American Boy treibt der gute Dr. Mittelmann auch noch die Scheu vor anderen Leuten aus: »Vielen Menschen macht es etwas aus, dass sie emotionale Probleme haben, aber ich mach mir einen Dreck aus dem, was andere sagen. Das verdanke ich meiner Analyse.«

Und doch liegt ein Schatten ganz deutlich auf diesem Bild. Brando weiß, dass, wie es mein verehrter Freund Colonel Washburn* auszudrücken pflegt, »die meisten Frauen nur zum Ficken da sind – und die meisten Männer zum Schneeschieben«. Und er weiß, dass er mehr kann als Schneeschieben. Er steht auf der Kippe. Was sich abzeichnet, ist nicht so sehr Karriere, Karriere machen auch Schneeschieber, man braucht sich nur unsere Staatsmänner oder Kulturträger anzuschauen. Was sich abzeichnet, ist, wie Dr. Benn gesagt hätte, »die Kunst«.

Es ist das Zittern, das den kreativen Menschen befällt, die Angst des Produktiven vor der Produktion – und vor der Leere danach. Wenn Brando bei Probeaufnahmen Jojo spielt oder einem Produzenten sagt: »Fick dich ins Knie« (Dean wird später auch das imitieren), dann ist das nicht nur jugendlicher Rotz und Chuzpe und Pose, sondern es enthält den Schatten und das Zittern. Und es enthält die Verachtung für all das, die Verachtung, die Brando später sagen lassen wird, dass der Beruf des Schauspielers nichts sei, wofür zu leben es sich lohne, ohne uns mitzuteilen, *was* das Leben nun lohnt. Mit diesem Bewusstsein betritt er die Bühne zur *Endstation Sehnsucht*, einer Sehnsucht, die sein

* Ein Alias des französischen Schriftstellers Claude Pélieu *(Amphetamin Cowboys)* Anm. d. Verf.

Leben, nein, nicht veränderte, mit der seltsam brennenden Sonne des Mythos zum Glühen brachte. Und nur dieses Glühen, Brando hat das erst allmählich realisiert, macht eine Existenz fortan noch lebenswert, obgleich sie ihr das »eigentliche«, das reale Alltagsleben, entzieht. Das Glühen macht diese Existenz lebenswert, aber es verhindert sie auch. Wer von der Poesie getroffen wurde, kann nicht mehr so tun, als gäbe es sie nicht, auch wenn sie ihn nie mehr trifft. Diese Injektion macht süchtiger als alles Heroin, sie initiiert einen Rausch und eine Ekstase, die nur der Tod auslöschen kann. Der Rest ist Fressen und Erobern, die Moral von Bonzen und der kalte Kotter der Geschichte:

> Es knallt. Es ist ein Fest vielleicht,
> Ein Feuerwerk zur Goethefeier! –
> Die Sontag, die dem Grab entsteigt,
> Begrüßt Raketenlärm – die alte Leier.[16]

Als ich dem Colonel Washburn einmal Deutschland zeigen wollte, kamen wir über den »Wienerwald« in Frankfurt-Bockenheim nie hinaus; moribunde Hühnerknochen und grüne Martinis; drei Tage Sauerkraut und drei Jahre Konstipation. Unbeweglichkeit warf man uns vor und das Verpassen der Rebellion draußen auf den Pflasterstränden; aber unsere Unbeweglichkeit war ja die Rebellion, und die Pflasterstrände liegen heute noch da.

Kowalski

> Wenn der große Schauspieler, von seiner Rolle erfüllt, umgekleidet und geschminkt sich entsetzlich oder entzückend, verführerisch oder abstoßend im Spiegel sieht und dort die neue Persönlichkeit betrachtet, die für die Dauer von einigen Stunden seine eigene werden soll, dann verschafft er sich mit dieser Analyse eine neue Vollendung, eine Art rücklaufenden Magnetismus. Der magische Vorgang ist dann beendet, und das Wunder der Objektivität ist vollbracht, der Künstler kann sein Heureka! ausstoßen. Ob ein Typ der Liebe oder des Grausens, er kann die Bühne betreten.
>
> *Charles Baudelaire*

1946 schrieb Tennessee Williams, damals 35 und an der Einbildung leidend, er werde in Kürze an »Krebs der Bauchspeicheldrüse« sterben, das Melodram *Endstation Sehnsucht*, das den Autor mit einem Schlag weltberühmt machte. Als im Jahr darauf das Stück in New York aufgeführt werden sollte, beschwor Williams die Produzentin Irene Selznick, die Regie Elia Kazan zu übertragen. Kazan bekam den Job. Für die männliche Hauptrolle hatte die Selznick John Garfield im Auge. Garfield lehnte aber ab, weil der Part des Stanley Kowalski von der weiblichen Hauptrolle Blanche »überschattet« werde. Da schaltete sich Edith Van Cleve ein. Sie überredete Kazan dazu, ihren jungen Sprössling zu Williams zu schicken, der damals ein Haus in Provincetown bewohnte. Kazan drückte Brando

20 Dollar in die Hand und gab ihm Williams' Adresse: »*Good luck*, Marlon.« Anstatt das Geld für eine Fahrkarte auszugeben, schnappte sich Brando eine seiner Freundinnen und trampte mit ihr nach Provincetown. Williams beschrieb den Auftritt 25 Jahre später in seinen *Memoiren*: *Aus irgendeinem Grund fielen bei uns plötzlich Strom und Wasser aus. Unsere Abende wurden von Kerzenschein erhellt, und was die natürlichen Bedürfnisse anging, so mussten wir uns in die Büsche schlagen.*

Etwa um diese Zeit erhielt ich ein Telegramm von Kazan, in dem er mir mitteilte, dass er einen jungen Schauspieler, den er für begabt halte, nach Cape Cod schicken würde, damit er mir die Rolle des Stanley vorlesen sollte. Wir warteten zwei oder drei Tage, doch der junge Schauspieler – er hieß Marlon Brando – erschien nicht. Ich rechnete bereits nicht mehr mit ihm, als er eines Abends in Begleitung eines attraktiven Mädchens – heute würde man sagen »ein steiler Zahn« – aufkreuzte.

Er fragte, warum das Licht nicht brenne, und wir erzählten ihm, dass irgendwas mit der Leitung nicht in Ordnung sei. Er behob den Schaden in kürzester Zeit – ich glaube, er steckte bloß ein Cent-Stück in die Sicherung.

Dann stellte er fest, dass wir ohne Wasser waren, und befreite uns auch von dieser Kalamität.

Er war, mit ein oder zwei Ausnahmen, wohl der bestaussehende junge Mann, der mir je begegnet ist, doch habe ich nie mit Schauspielern »rumgemacht« – das ist so eine Art moralischer Grundsatz von mir, außerdem war Brando nicht der Typ, der sich auf diese Weise eine Rolle zu verschaffen suchte.

Nachdem er unseren Bungalow mit seiner handwerklichen Geschicklichkeit wieder bewohnbar gemacht hatte, setzte er sich in eine Ecke und begann, die Rolle des Stanley zu lesen. Ich gab ihm die Stichworte. Nach weniger als zehn Minuten sprang Margo Jones auf und stieß einen »Texas-Tornado«-Schrei aus.

»Ruf sofort Kazan an! Das ist das Beste, was ich je gehört habe – ob in Texas oder sonst wo!«

Brando lächelte vielleicht ein wenig, zeigte jedoch im Übrigen keinerlei Anzeichen der freudigen Erregung, die wir anderen empfanden …[17]

Warum, scheint der Dramatiker nie mitgekriegt zu haben, oder er verschweigt es den Lesern seiner Memoiren (die als Melodram wohl alles übertreffen, was er je auf die Bühne gebracht hat): Brando mochte das Stück nicht, und am wenigsten mochte er die ihm zugedachte Rolle. Kowalski, dieser ungeschlachte Polack mit der Bierflasche und der Pokerkarte in der Hand, der die neurotische *southern belle* Blanche, die Schwester seiner Frau, mit seinem *machismo* ins Bett und dann in die Umnachtung treibt, das war keine Figur nach Brandos Geschmack. Man muss auch, liest man das Stück heute, zugeben, dass Williams den Kowalski reichlich platt und plan auf die Bühne stellt, seine Fähigkeiten liegen eher bei den Frauenfiguren (als Visconti *Endstation Sehnsucht* in Rom aufführte, nannte er Williams bei den Probearbeiten immer nur »Blanche«; Williams vermerkt es nicht ohne Rührung). Brando über Kowalski: »Kowalski hatte immer recht und nie Angst. Er wunderte sich nie und bezweifelte nichts. Sein Ego war vollkommen gesichert. Und er hatte die Art von brutaler Aggressivität drauf, die ich hasse. Ich habe Angst vor ihr. Ich verabscheue diesen Charakter.«

Was Brando, für Kazan »der sanfteste Mensch, dem ich je begegnet bin«, zur Idealbesetzung des Kowalski machte, war zweifellos die Sexualität dieser Figur, ihr brutaler Machismo, der, wie im Paul des *Letzten Tango*, immer auf der Kippe zur negativen Macht, zum Terror steht; erst in seinem vielleicht größten Film konnte Brando 25 Jahre nach dem Kowalski darstellen, dass auch in der männlichen Sexualität eine befreiende Kraft enthalten ist und ihre destruktiven Dämonen vielleicht ins Desaster, aber auch in die leidenschaftliche Achtung vor dem anderen Menschen führen können, mit der die Liebe beginnt.

Die Premiere von *Endstation Sehnsucht* machte amerikanische Theatergeschichte: *Am 3. Dezember 1947 wurde der Broadway – wie schon in der Vergangenheit und bei einigen ausgesuchten Ereignissen danach – Zeuge, wie ein Star geboren wurde. Brando war elektrisierend. Er bot einen Charakter dar, den man im New Yorker Theater noch nicht erlebt hatte, einen Charakter, der Sandburgs* Chicago *entsprungen war, dem Ausbeutertum des frühen Amerika, den* Grashalmen *von Whitman, den Slums der Emigranten. Mit den Worten eines Regisseurs, der dabei war: »Es war schrecklich, und es war hochklassig. Nur einmal in einer Generation sieht man so etwas im Theater.«*[18]

Carey führt noch andere Stimmen auf: Brando wurde »hervorragend«, »erstaunlich authentisch«, »brutal überzeugend«, »der beachtlichste junge Schauspieler unseres Theaters in seiner beachtenswertesten Leistung« genannt.

Seltsamerweise fiel keinem das Adjektiv ein, mit dem

sich Brandos legendäre Darstellung am besten beschreiben lässt: echt, hart, gewalttätig, außerordentlich talentiert – all das war er und noch mehr; aber vor allem war er sehr, sehr sexy.[19]

Der Autor schickte Brando am Abend der Premiere folgendes Telegramm:

> RIDE OUT BOY AND SEND IT SOLID. FROM THE GREASY POLACK YOU WILL SOME DAY ARRIVE AT THE GLOOMY DANE. FOR YOU HAVE SOMETHING THAT MAKES THE THEATER A WORLD OF GREAT POSSIBILITIES.

Dass Williams zu Brando keinen Zugang fand (und ihm deshalb später auch ganz vergeblich noch einige Rollen, wie man so sagt, »auf den Leib schrieb«), lässt eine Episode erkennen, die er in seinen *Memoiren* beschreibt: *Brando lud mich zum Essen ein und ging mit mir in ein obskures griechisches Restaurant. Es war unmöglich, ihn in ein Gespräch zu ziehen, und fast unmöglich, die öltriefenden Gerichte zu essen.*[20]

Am Morgen nach der Premiere war Brando eine Berühmtheit. Die Presse trat auf den Plan. Aber nicht, um den jungen Schauspieler nach seiner Meinung zur Atombombe, zur Außenpolitik, geschweige denn zur Kunst oder zum Sinn des Lebens zu fragen, wie der sich das gewünscht hätte. Das Standardrepertoire belief sich auf Fragen nach dem Lieblingsessen (Antwort: Erdnussbutter, Granatäpfel); Lektüre (Spinoza); Hobbys (Schlagzeug, Bongos, Motorräder); Sport (Boxen, Nacktschwimmen); Ärgernisse (Schuhe, große Partys, Interviews); und natürlich das Liebesleben (keine Antwort).

An Brandos Lebensstil änderte sich nichts, er blieb der zwischen Liebenswürdigkeit und Selbstzweifel bummelnde Skeptiker ohne besondere Allüren. Carlo Fiore schildert Szenen aus dem Alltagsleben eines New Yorker Theaterstars und dessen heroinsüchtigen Kumpels. New York City 1947: *Nachdem feststand, dass das Stück lange laufen würde, zog Marlon in ein möbliertes Zimmer mit Badbenutzung in einem alten Sandsteingebäude auf der 52. Straße, mitten unter den Jazzkellern, Nachtklubs, Touristenfallen, Luxuslokalen und schmierigen Budiken. Sein Fenster lag über der lebendigsten und lärmendsten Straße der Welt, und die Geräusche, die in die Nacht hineindrangen, schienen ihn mit Erregung zu infizieren ... Das große Einzelzimmer war mit Matratzen, die kreuz und quer auf dem Boden lagen, ausgelegt. Es gab keine Stühle, aber eine Menge Sitzkissen. Er schaffte sich eine Hi-Fi-Anlage an, die Tag und Nacht spielte. Außerdem kaufte er sich Bongotrommeln, Boxhandschuhe und Hanteln. Zu guter Letzt erwarb er noch ein gebrauchtes, hochtouriges Motorrad der Marke Indian. Auf diesem Ofen fegten wir durch die Stadt, Marlon immer in Levis und abgewetzten Tennisschuhen, während ich mit korrektem Anzug und Krawatte auf dem Rücksitz hockte ...*

Eines Abends bestand Marlon darauf, dass ich bei ihm übernachtete. Ich sagte, das sei unmöglich, weil ich noch Moneten für meine morgendliche Fixe besorgen müsste, aber Marlon sagte, er würde mir das Geld dafür geben, und so blieb ich.

Früh am nächsten Morgen wachte ich krank und verzweifelt auf. Ich brauchte einen Schuss. Marlon weigerte sich, mir das versprochene Geld zu geben, und versuchte mir einzureden, ich solle meine Sucht gleich an Ort und Stelle kurieren. Er sagte, er würde mich bei sich unterbringen und mit allem versorgen, auch mit einem Arzt, sollte ich einen brauchen.

Aber mir ging es viel zu mies, um auch nur an eine Kur zu denken. Für einen »Cold turkey« hing ich viel zu lange an der Nadel, und ich wusste, dass ich nur allmählich von ihm herunterkommen konnte. Marlon hatte seine Moneten versteckt und ließ sich von meinem Fieber nicht beeindrucken. Ich suchte wie verrückt nach der Kohle, aber vergebens. Marlon beobachtete mich sorgfältig, während ich die Bude absuchte, als ob er sich diese Eindrücke für spätere Verwendung merken wollte. Als er sah, dass meine Agonie unerträglich wurde, zog er die Brieftasche aus ihrem Versteck, hievte mich auf sein Motorrad und raste mit mir rauf nach Spanish Harlem, damit ich mir was besorgen konnte.*

Als wir dort ankamen, waren die Puertorikaner fasziniert von Marlon und seiner Maschine und scharten sich um ihn. Er wurde nervös, und ich sagte ihm, ich käme jetzt allein zurecht …

Bald danach entschloss ich mich, zu meinen Eltern nach Brooklyn zu gehen und dort den Affen loszuwerden. Ungefähr nach einer Woche, als die Entziehungssymptome langsam schwanden, klingelte es an der Tür. Ich öffnete und sah, dass es Marlon war. Ich hatte meine Adresse in Brook-

* Entzug, vor allem von Drogen, ohne jedes Hilfsmittel. Anm. d. Verf.

lyn niemandem gegeben, aber irgendwie hatte er mich gefunden.

Ich bat ihn nicht herein, weil ich mich wegen der Armut, in der ich lebte, schämte. Er wollte die Bekanntschaft meiner Mutter machen, und ich stellte sie ihm vor. Meine Mutter, Rosa, war eine kleine, hübsche Frau, und als Marlon sie sah, kniete er vor Ehrfurcht fast nieder. Sie trug ein schwarzes Seidentuch, das am Kinn zusammengesteckt war, und einen einfachen schwarzen Rock. Sie sah aus wie eine Heilige.

Marlon stotterte verlegen herum und wusste nicht recht, was er sagen sollte, außer dass er glücklich sei, ihr vorgestellt zu werden. Meine Mutter verstand kein Wort Englisch, es sei denn, es wurde in der Familie gesprochen und mit Italienisch garniert, aber sie verstand Marlons Schüchternheit und nahm sie als Kompliment …

»Lädst du mich nicht zu einer Tasse Kaffee ein?«, fragte Marlon.

Ich erzählte ihm die Wahrheit – dass ich mich wegen der Armut schämte und wegen meiner Scham und so fort.

»Aber geh«, sagte Marlon, »du weißt doch, dass ich auf Äußerlichkeiten keinen Wert lege.«

»Ich weiß, aber ich schäme mich trotzdem«, antwortete ich.

»Ich sitze seit Stunden auf der Maschine«, sagte Marlon. »Du wohnst in der Jefferson Street, und ich hab' dich in der Jefferson Avenue gesucht, die Meilen weg ist, und es hat Stunden gedauert, bis ich dich gefunden habe. Komm, sei ein Freund und bitte mich rein.«

»Nein. Egal was du sagst, ich bitte dich nicht herein. Aber

wir können in irgendeine Cafeteria gehen, und du kannst Kaffee trinken und dich ausruhen.«

Marlon schüttelte traurig den Kopf ...

Wir gingen in eine von Arbeitern frequentierte Cafeteria Ecke Broadway und Myrtle Avenue, und ich sah zu, wie er dankbar mehrere Tassen dampfend heißen Kaffee schlürfte. Es war ein warmer, sonniger Tag gewesen, gegen Abend aber kalt geworden. Er hatte ein T-Shirt und Jeans an, und von Manhattan nach Brooklyn war es eine lange Fahrt. Er war stundenlang unterwegs gewesen, um mich zu finden, und er sah müde und erfroren aus ...

Marlon hatte am Abend Vorstellung, und es wurde spät. Er musste weg. Schlecht wie es mir ging, überredete er mich doch dazu, ihn ins Theater zu begleiten. Ich kletterte mit ihm auf das Motorrad, und er raste wie ein Irrer in die Stadt. Wir rollten gerade noch rechtzeitig vor dem Theater vor, parkten in der Verbotszone und schwangen uns vom Rad. Die Theaterbesucher, die draußen unter dem Vordach standen, rümpften die Nase über uns. Sie ahnten nicht, dass in wenigen Minuten der Halbstarke auf dem Motorrad in derselben Kluft auf der Bühne den Stanley Kowalski darstellen würde.[21]

Endstation Sehnsucht lief damals über zwei Jahre – 855 Vorstellungen. Bei einem freundlichen Boxmatch mit einem Bühnenarbeiter brach sich Brando das Nasenbein. Manche sagen, das hätte seinem Gesicht erst den richtigen Touch gegeben. Die endlosen Vorstellungen begannen ihn anzuöden. Und in Hollywood fiel die Klappe für Probeaufnahmen. Auch ohne Jojo war Brando kein Erfolg: *Die Bosse in den Hauptbüros entschieden, dass sein Haar ge-*

lichtet, seine Nase verbogen und sein Talent beschränkt sei. Falls Brando mit einer neuen Nase und einem neuen Namen einverstanden wäre, sagten sie, könnte er einen Sieben-Jahres-Vertrag mit halbjährlichem Optionsrecht haben. Als Marlon von seinem Agenten dahingehend informiert wurde, instruierte er ihn, den Bossen zu sagen, sie könnten sich ihren Sieben-Jahres-Vertrag samt halbjährlichem Optionsrecht in den Arsch schieben. Er schnappte sich das nächste Flugzeug zurück nach New York, und zumindest in Gedanken zeigte er Hollywood beim Abflug den Mittelfinger.[22]

Richtig, und außerdem gab es in New York noch ein oder zwei nützliche Dinge zu lernen. Elia Kazan, Cheryl Crawford und Robert Lewis gründeten nämlich das »Actors Studio«, dessen Leitung später Lee Strasberg übernahm. Hier entstand mehr als eine Schauspielschule, aus der inzwischen einige Generationen exzeptioneller Schauspielerinnen und Schauspieler hervorgegangen sind; am Actors Studio wurde das Schauspielen zum *way of life* ziseliert, Kunst und Leben in einem, Bild und Realität, und der Schatten dazwischen. »The Method« (die Methode der Darstellung, die der Russe Stanislawski entwickelt hatte), die nicht nur die Einbeziehung der Physis, sondern auch der Seele, ja der Moral des Darstellers in den spielerischen Vorgang voraussetzt, legte natürlich bei entsprechendem Seelenmaterial auch Neurosen frei, deren Applizierung in der jeweiligen Rolle bei anders trainierten Kollegen nicht nur Antipathie, sondern oft blanken Hass hervorrief. Schauspieler wie Frank Sinatra oder Glenn Ford hielten »Method Actors« wie Brando und Dean für ausgeflippte und unprofessionelle Wirrköpfe, wobei sich ihnen jener Professionalismus, der sich der Brüchigkeit der Existenz bewusst ist, dem sich das eigentliche Leben überhaupt erst in dieser Brüchigkeit zeigt und der deswegen zur Lüge verkäme, wollte er über sie hinwegspielen, wahrscheinlich nie erschloss. Das Studio war aber nicht nur Ausbildungsstätte; ob Anfänger oder große Stars, die in späteren Jahren hin und wieder einfach kamen, um neue Energien zu tanken und die Glitzerwelt Hollywoods mit einer ernsthaften Bühnenatmosphäre zu vertauschen – ihnen allen bedeutete diese Werkstatt geistige Heimat, Geborgenheit. Kazan: *Ich mochte das Actors Studio sehr. Es hatte eigentlich gar kein anderes Ziel, als den Schauspielern einen Platz zu geben, an dem sie arbeiten konnten. Für eine Menge Leute bedeutete es viel Freude, viele Freundschaften, Verständigung, ein Gefühl von Sicherheit und Willkommensein, und Lernen. Der Schauspieler hat in unserem Theater eine sehr schlechte, demütigende Position; was das Actors Studio an reiner Menschlichkeit vermittelte, das war eine wunderbare Sache.*[23]

Im ganzen Jahr 48/49 feilte Brando tagsüber im Studio an seiner Ausbildung; und abends holte er sich dann im Theater die Ovationen, den frischen Lorbeer und die Gefährtin für die Nacht. Aber die Routine machte ihm schwer zu schaffen, und innerlich suchte er (vielleicht noch unbewusst) die Gelegenheit zum Absprung. Dass diese Theaterentdeckung nur eine große Rolle spielen würde, um dann für immer beim Film zu verschwinden, war für sein Publikum allerdings noch undenkbar.

Die Eltern kamen, den Sohn als Erfolgreichen zu sehen, und von seinen 550 Dollar Wochengage überwies Brando fortan 400 an den Senior in Libertyville, der das Geld in Farmen und Vieh investierte, in Nebraska übrigens – denn dorthin wollte dieser Kowalski mit der gebrochenen Nase und dem Traum von der Einwirkung der Kunst auf »das Leben«, wenn er von der Bühne abtrat: zurück aufs Land, Segen der Erde, denn vielleicht ahnte er schon, dass dieser Segen besser wärmt als der Segen der Kunst.

Während *Endstation Sehnsucht* noch lief, machte Brando auch (unfreiwillig) mit dem Medium *Fernsehen* Bekanntschaft. Mrs. Selznick, die Produzentin, lancierte Brando in zwei Talk-Shows. Amerikanische Bühnen hängen nicht von Steuergeldern, sondern vom Erfolg ihrer Arbeit ab, Publicity ist existenznotwendig. Der Broadway-Star kommentierte diesen Sachzwang (und seine Verachtung der Flimmerkiste) auf seine Weise: *Mrs. Selznick hatte Brando für die Faye-Emerson-Show gebucht. Miss Emerson war damals die Königin der Quasseltanten, eine Position, die sie nicht aufgrund ihrer intelligenten Konversation, sondern wegen ihrer gewagten Dekolletés innehatte.*

Marlon schlurfte in die Show, setzte sich hin und hielt den Mund. Miss Emerson schnatterte munter drauflos, wurde aber bald von Nervosität befallen, als sie bemerkte, dass Marlon ihren prallen Busen fixierte. Während der ganzen 15 Minuten nahm Brando nicht die Augen von ihrem Ausschnitt, und am Ende der Show befand sich Fay am Rand der Hysterie.

Bei seinem nächsten TV-*Auftritt wurde Brando von (seinem alten Freund) Wally Cox begleitet, der damals am Beginn seiner Karriere im Showbusiness stand. Die Moderatorin war wieder eine hübsche Person mit Pep, die mit strahlendem Lächeln verzweifelt versuchte, eine Konversation in Gang zu bringen.*

Plötzlich wandte Brando sich an Cox und sagte: »Wally, du hast da was an deiner Schuhspitze.«

»So«, sagte Cox, »was ist es denn?«

»Ich weiß nicht«, sagte Marlon, »aber es riecht abscheulich.«

Das Lächeln der Gastgeberin gefror. Jeden Augenblick konnte das entsetzliche Wort fallen, das sie für immer aus dem Fernsehen verbannen würde.

Marlon ließ sich auf Händen und Füßen nieder und inspizierte Cox' Schuhe. »Ach, macht nichts, Wally, es ist bloß Kaugummi.« Und er schenkte der Dame ein breites Grinsen. Das war das Ende von Brandos Fernsehkarriere.[24]

In seiner Zeit am Broadway lernte Brando natürlich auch den jungen Schauspieler kennen, der schon mit der Stirn die absoluten Höhen des Startums (und seiner speziellen Agonien) streifte: seinen Landsmann Montgomery Clift. Clift, der sich damals, zweifellos auch um seine Homosexualität zu kaschieren, das Blue-Jeans-Image eines *tough boy* zulegte, dem Brando und Dean viel kräftigere Realität verleihen sollten, konnte mit Brando noch relativ ungezwungen umgehen; einige Jahre später weigerte er sich, James Dean zu treffen, ließ sich nach dessen Tod seine drei Filme vorspielen und brach angeblich weinend zusammen. Clifts erster Biograph, Robert LaGuardia, schildert das schwierige Verhältnis der Rivalen Clift und Brando: *Monty hielt Brando für zu hitzköpfig und impulsiv; für Brando war er wiederum zu kühl und überlegt. Es war Dionysos gegen Apoll. Monty führte Klage darüber, dass Brando die*

Dinge nie durchdachte; Brando beschuldigte Monty, er hätte einen »Küchenquirl im Arsch«. Das Problem lag in ihren verschiedenen Temperamenten und an ihrer Konkurrenzstellung, aber jeder musste sich auch zu seiner Verlegenheit eingestehen, dass der andere ihn stark beeinflusst hatte. Brando war von Montys aus dem Inneren gespielten Charakterdarstellungen geprägt worden, und Monty war anfällig für Brandos zweifellos überlegene Ausstrahlung für die Theaterwelt. Um konkurrenzfähig zu bleiben, fühlte sich Monty dazu gezwungen, sein schon lädiertes neues Machismo-Image aufzupolieren. Kein Wunder, dass Brando und er sich im Grunde nicht ertragen konnten.[25]

Hier haben wir auf der einen Seite den gebrochenen Intellektuellen Clift, den die Welt später unbarmherzig in die Knie zwingen wird, und auf der anderen Seite den Autodidakten Brando, der vielleicht »die Dinge« intellektuell nie zu Ende denken, aber infolgedessen auch nicht an ihnen und nicht an Hollywood, an seinem Star-Status so wenig wie an seinen Misserfolgen zerbrechen wird – ein simpleres Gemüt vielleicht, aber ein Rebell, dessen manchmal oberflächliche und eitle, aber immer aufrichtige und vitale Rebellion, weil sie gegen den Tod und auf das Leben zielt, gegen die Selbstzerstörung und für die schöpferische Erhaltung der Erde, uns mehr zu sagen hat als Montys fruchtlose, rauschbefeuerte Ekstasen im Stil des 19. Jahrhunderts.

Anfang der 60er Jahre erlebt der eine dieser beiden passionierten Psychoanalyse-Fans in der Rolle des Dr. Freud sein absolutes künstlerisches und persönliches Fiasko, von dem er sich nie mehr erholen wird, zehn Jahre später dreht der andere den *Letzten Tango*, spielt, improvisiert, monologisiert und pimpert sich die Psychiatrie und den Misserfolg und die Mütter und Frauen und vielleicht auch die Männer wenn nicht von der Seele, dann sicher vom Leib, und feiert ein Comeback, von dessen Folgen sich Hollywood bis heute noch nicht erholt hat (letzte Brando-Gage: 10 Millionen Mark für drei Wochen Dreharbeiten zu *Superman*).

Ob man sich selbst verzehrt oder ob man überlebt, weil einem der Schmus schmeckt, an dem der andere erstickt – beides hat Stil. Ob es auch einen Sinn hat, bleibt zu bezweifeln, der Sinn schlechthin bleibt zu bezweifeln, aber in einer Welt, die offensichtlich am Ende angelangt ist, zählt vielleicht der Stil ohnehin mehr als der Sinn. »Manche Menschen packt es ebenso stark«, sagte Marlene Dietrich als *Rote Lola*, und Peter Weibel spricht: »Es gibt keine Freiheit. Es kommt nur darauf an, sich in der kurzen Zeit nicht zu verraten.«[26] Clift hatte Stil, Brando hatte Stil, er hat noch Stil, und das unterscheidet ihn am allermeisten von Clift, das Leben, von dem Carl Weissner immer sagt: »Wer weiß, wozu's noch mal gut ist.« Und um das Ganze abzurunden und dem Dichter das Wort zu geben: »Gott hält durch, die Hure bläst weiter« (Charles Bukowski).

1949 lief sein Kontrakt für *Endstation* aus, und anstatt ihn zu erneuern und sich noch eine Saison Routine zuzulegen, machte Brando das einzig Richtige, er fuhr zum ersten Mal nach Europa.

Gary Carey, der seinen »inside-look at the real Brando« überhaupt mit einigen pfiffigen Anekdötchen angereichert hat, erzählt eine hübsche Story, die eigentlich zu literarisch wirkt, um wahr zu sein. Der Hintergrund: Brando war von einem Produzenten angeheuert worden, der Stendhals *Rot und Schwarz* verfilmen wollte. Für einen freien Europa-Urlaub und 350 Dollar Wochengage sollte Brando sich die europäischen Drehorte anschauen. Der Mann wollte natürlich Brando in seinem Film haben, worauf Brando allerdings nicht scharf war. Er ließ sich das Schiffsbillett und einen Vorschuss aushändigen und verschwand. Der Produzent wartete vergeblich auf ein Lebenszeichen, dann beauftragte er Maynard Morris, den Agenten, der Brando im Sommer-Theater in Sayville »entdeckt« hatte und gerade nach Paris flog, sich dort mal nach dem Verschollenen umzuschauen. Carey: *Eines Abends streifte Maynard durch Montmartre, als er jemanden rufen hörte: »Hey, Maynard!« Morris sah sich um, aber alles, was er entdeckte, war eine Schar von Clochards, die an einer Mauer hockten. Einer von ihnen stand auf und ging auf ihn zu. »Maynard, erkennen Sie mich nicht? Ich bin Marlon!«*

Brando hatte seinen Produzenten im Stich gelassen und war zu einer Pariser Schauspieler-Kommune gezogen, die ihm half, seine Moneten auszugeben. Dann hatte er seinen Pass verloren und angefangen zu betteln. Aber, erzählte er Morris, er verbringe eine herrliche Zeit.[27]

Das Ende von Brandos Zwischenspiel als Clochard war sein erstes Filmangebot, die Hauptrolle in Zinnemanns Kriegsveteranen-Stück *The Men.* Seinen zweifelnden Broadway-Freunden erklärte er: »Ich drehe nur Filme mit sozialem Engagement. Meine eigentliche Aufgabe bleibt die Bühne.« Zu seiner Gage von 40 000 Dollar sagte er: »So viel Geld kann ich einfach nicht ablehnen.« Das war's eben: All diesen selbstbewussten und einem vagen Traum von sozialer Kunst folgenden und immens ambitionierten, aber auch mit tausend Skrupeln geschlagenen Talenten aus dem Dunstkreis des Actors Studio, wie Clift, Brando, Steiger, Lee J. Cobb, später Dean, erschien Hollywood als das Land, das der Versucher unserem Herrn Jesus Christus zeigte: das Böse schlechthin. Keiner konnte dem Geld widerstehen, keiner dem Traum, keiner dem Drang, sich in eben jenem Sündenpfuhl zu behaupten, zu bewahrheiten, zu vollenden. Der Film ist die Kunst Babylons, wer dort nach dem Lorbeer und den Sternen greift, der wird stärker geblendet als auf der Kleinkunstbühne, der stürzt, wenn er fällt, tiefer als ins Parkett, und wer in solchen Dimensionen scheitert, der scheitert immer wie im Triumph.

Hollywood

Die hochtrabende Nichtigkeit, der ganze schwindelhafte Enthusiasmus, die permanente Sauferei und Hurerei, die pausenlose Balgerei ums Geld, die Allgegenwärtigkeit des Agenten, die Blasiertheit der Großkopfeten, die unablässige Angst, dieses ganze märchenhafte Gold zu verlieren und wieder das Nichts zu werden, das sie immer geblieben sind, die verschlagenen Tricks, die ganze verdammte Wurstelei, all das ist nicht von dieser Welt.

Es wäre ein großes Sujet für einen Roman – das größte vermutlich, an das sich noch keiner gemacht hat … Das Ganze ist wie eine dieser südamerikanischen Palastrevolutionen, die von Offizieren in Operettenuniformen angezettelt werden – erst wenn die Geschichte vorbei ist und die zerfetzten Toten reihenweise vor den Mauern liegen, weiß man auf einmal, das alles ist gar nicht komisch, das ist der römische Zirkus und verdammt nah dem Ende der Zivilisation.

Raymond Chandler

An einem heißen Tag im September 1949 kletterte Marlon Brando, angetan mit seinem einzigen Anzug, der ein Loch im Knie aufwies, in den Händen zwei schäbige Koffer mit drei Paar Blue Jeans und einer Garnitur T-Shirts, in der Alhambra-Station der Santa Fé Railroad östlich von Los Angeles aus dem Zug. Ein gutkalkulierter Auftritt: Hier kommt der Außenseiter, der sich nicht von Tand und Tandelei vernaschen lassen wird, hier kommt der große Reine; und besser aufgepasst – sonst verpasst ihr ihn.

1949 war auch das Jahr zweier anderer Außenseiter gewesen, die ihre Tätigkeiten allerdings auf solideren Ebenen als jenen der Kunst vollzogen. Mao Tse-tung war in Peking und Adenauer ins Bonner Bundeskanzleramt eingezogen, ihre Wirkungen waren nicht unbedingt segensreichere als die des Filmstars. Europa im Aufbau, noch einmal eine Stabilisierungs- und Expandierungsepoche des Kapitalismus, und im Osten füllte Stalin die Gulags. Die Bayernpartei war mit 17 Abgeordneten im Deutschen Bundestag, und Camus schrieb *L'homme révolté*, in Italien blühte der Neo-Realismus Viscontis und Rossellinis, und in Kuba quälte sich Hemingway, auf dem Tiefpunkt seiner Existenz, *Über den Fluss und in die Wälder* ab. Im Weißen Haus in Washington residierte Harry Truman, auf dessen Konto Hiroshima ging, aber der eigentliche *Furor americanus* war ein Volksvertreter namens Joseph McCarthy, der das Land mit einer »antikommunistischen« Hexenjagd an den Rand eines moralischen und politischen Desasters brachte. Mit einem schier unglaublichen Ausmaß an Blut, Leid, Zerstörung, Terror und Tod hatte sich die Menschheit eines Diktators entledigt, und siehe, der Schoß war fruchtbar noch und *usque ad finem* – »Die Krone der Schöpfung, der Mensch, das Schwein«.

In Hollywood regierten Leute wie Jack Warner und Harry Cohn, die Erben jener jüdischen Handschuhfabrikanten und Teppichverkäufer, die Anfang des Jahrhunderts von New York in das schläfrige Städtchen in den Hügeln oberhalb Los Angeles' gekommen waren, weil sie im Geschäft mit den laufenden Bildern den Goldschatz des Jahrhunderts gewittert hatten.

Begünstigt durch den Weltkrieg (in Europa wurde die Zellulose für die Herstellung von Explosionsstoffen gebraucht, und der bis dahin Amerika im Filmgeschäft weit überlegene alte Kontinent war auf die amerikanischen Produktionen angewiesen) und das überreiche Angebot an billigen Arbeitskräften, reichlich Sonnenschein und günstige Drehorte, wurde diese junge Industrie binnen weniger Jahre zu einem der wichtigsten amerikanischen Wirtschaftszweige. Es rollte das Geld, es rollte das Gold, und mit dem Gold rollte die Sünde, und sie rollte nicht nur. Hollywood Babylon war da, um zu bleiben. Die Bosse wurden nun nicht nur mit dem Gold und der Sünde, sondern bisweilen auch mit dem Talent konfrontiert. Gegenseitige Achtung entstand nur äußerst selten. Adolph Zukor, einer der Mogule, sah es so: »Diejenigen von uns, die Filmproduzenten geworden waren, stammten aus allen möglichen Branchen – Pelzmacher, Zauberkünstler, Fleischer, Kesselschmiede –, und deswegen haben sich die Intellektuellen oft über uns lustig gemacht.«[28]

Dafür wurden dann die Autoren oft schlechter als die Kabelträger behandelt, und kritische Geister brutal kujoniert. Raymond Chandler, der sein immenses Talent auch in einige Filme eingebracht und das Hollywood der 40er und 50er Jahre aus der Sicht des Autors erlebt hat, fand keine allzu guten Worte für die Mogule des Massenentertainments: *Die Männer mit dem Geld und der höchsten Macht können mit Hollywood machen, was sie wollen – solange es ihnen egal ist, ob sie ihr investiertes Kapital verlieren. Sie können jeden Studio-Direktor über Nacht kaputtmachen, Vertrag hin, Vertrag her; jeden Star, jeden*

Produzenten, jeden Regisseur – als Individuum. Was sie nicht kaputtmachen können, ist das Hollywood-System. Es mag verschwenderisch sein, absurd, sogar ausgesprochen unsauber, aber es gibt nun einmal nichts anderes, und kein kaltblütiger Aufsichtsrat kann es ersetzen. Versucht hat man's oft, aber die Effekthascher gewinnen immer. Sie gewinnen immer gegen das bloße Geld. Was sie auf lange Sicht – auf sehr lange Sicht – aber nicht ruinieren können, ist das Talent.[29]

McCarthys Hilfstruppen in Hollywood schwangen auch über dem Filmland die patriotische Fahne und die antiliberale Fuchtel. Den Ton gab dabei natürlich einer der Chefs an, Metro-Goldwyns Louis B. Mayer: »Je lauter McCarthy schreit, desto lieber mag ich ihn. Er verrichtet gute Arbeit, um uns von den Termiten zu befreien, die unsere Demokratie auffressen.«[30] John Wayne ritt an der Spitze der Motion Picture Alliance for the Preservation of American Ideals, Charles Coburn und die Klatschspaltenkönigin Hedda Hopper, für die das Actors Studio so etwas war wie die Frankfurter Schule für Franz Josef Strauß, galoppierten ihm zur Seite. Gary Cooper brüstete sich damit, er habe »viele Drehbücher abgelehnt, die für kommunistisches Gedankengut eintraten«. Adolphe Menjou hielt gar schon den Zeitpunkt des Rückzugs in die Trutzburg Texas für gekommen, »weil die Texaner alle Kommunisten ohne Vorwarnung erschießen werden«.

Im Jahr 1947 hatten sich die Regisseure, Autoren und Produzenten Alvah Bessie, Herbert Biberman, Lester Cole, Edward Dmytryk, Ring Lardner jr., John Howard Lawson, Albert Maltz, Sam Ornitz, Adrian Scott und Dalton

Trumbo geweigert, vor dem HUAC-Ausschuss* auszusagen, ob sie der Kommunistischen Partei angehörten oder nicht. Sie wurden zu Gefängnisstrafen verurteilt (wie später auch Dashiell Hammett und andere) und führten als die *Hollywood Ten* die schwarzen Listen an, auf denen rangierte, wer sich verdächtig gemacht hatte und von den großen Studios keinen Job mehr bekam.

In diese Atmosphäre kommt nun Brando mit seinen T-Shirts, seinen schlechten Manieren und seiner Angst vor der Vereinnahmung. Kein politisch gestimmter Rebell (dann hätte er sich auch die Zugfahrt sparen können), aber doch ein junger Nonkonformist mit ungezügeltem Appetit auf *»épater les bourgeois«* und aggressive Selbstdarstellung.

In den strikteren Kreisen Hollywoods galt Brando schon als indiskutabel, bevor er seinen ersten Take abgedreht hatte. Da war zum Beispiel die Geschichte, wie er zum ersten Mal einem großen Produzenten vorgestellt werden sollte und diesem beim Handshake ein frisch gelegtes Ei in die Hand drückte. Es gab noch mehrere solcher Geschichten. Auch Brando bekam Abfuhren. Der Großmogul Hal Wallis hatte ihn zu sich bestellt, sprach eine Stunde lang mit ihm und erhielt keinen anderen Gesprächsbeitrag als ein arrogantes Grinsen. Sagte er anschließend zu Brandos Agentin: »Well, über seine Stimme kann ich nichts sagen, aber er hat ein schönes Lächeln. Vielleicht könnte er der letzte große Stummfilmstar werden.«

Für die Hollywood-Presse war Brando von Anfang an

* House Un-American Commitee, McCarthys Kongressausschuss. Anm. d. Verf.

der Rüpel – Füße auf dem Tisch, impertinentes Augenzwinkern, Rotz & Motz. Die Hopper war für ihn »die mit dem Hut«, die andere Starkolumnistin, Louella Parsons, »die Dicke«. (Es ist schon fast komisch, aber auch erschreckend zu lesen, welch exakte Doublette wenige Jahre später James Dean in den Büros und Kantinen Hollywoods ablieferte.) Brando erwartete von den Journalisten, dass sie ihn als Schauspieler und Menschen ernst nahmen; die amerikanische Presse, jene »Bande grausamer Schwuler«, wie sie Ex-Vizepräsident Agnew nannte, erwartet von einem Filmstar *news*, und zwar solche, die für Absatz sorgen – Skandale, Monstrositäten, Rauschgift, Sex & Crime, kurz jede Woche einen Fatty Arbuckle, der eine Nymphe mit der Champagnerflasche auf den Tod befriedigt, eine massakrierte Sharon Tate, einen Polanski auf der Flucht. Ein Filmstar, der sich über Luftverschmutzung und Fischereirechte für Indianer Gedanken macht, gibt einfach nichts her. Die beiderseitige Verachtung datiert von Brandos ersten Tagen in Hollywood und hat bis heute nichts von ihrer Intensität eingebüßt.

Von ihrer Intensität hat wahrscheinlich auch Brandos kreative Energie nichts eingebüßt, mit der er damals zum ersten Mal verblüffte und Maßstäbe setzte. *The Men* ist ein halbdokumentarischer Film über Kriegsversehrte in einem Rehabilitationskrankenhaus in der Nähe von Los Angeles. Brando spielte einen Querschnittsgelähmten im Rollstuhl, der über die Beziehung zu seiner Braut (Teresa Wright) wieder ins Leben zurückfindet, von dem er nach dem Krieg und seiner Verletzung nichts mehr wissen wollte. Produzent des Films war Stanley Kramer, Regisseur Fred Zinnemann, zwei engagierte Filmpraktiker, Hollywood-Außenseiter mit beträchtlicher professioneller Reputation, gerade die richtigen Männer, um dem Neuling Brando bei seinen ersten Gehversuchen im Film zu assistieren und ihn in die Branchentricks einzuweihen.

Brando kniete sich in die Rolle. Er schlug Zinnemann vor, selbst für einige Wochen in dem Krankenhaus, in dem gedreht werden sollte, in einem Rollstuhl in der Abteilung für Querschnittsgelähmte zu leben. Seine Intensität, seine Offenheit und Energie übertrugen sich auf die Kriegsversehrten, die dem Filmstar zunächst natürlich mit gebotener Skepsis begegneten. Der Präsident der Paraplegic Veterans Association stellte anschließend fest: »Die Jungs haben ihn mehr als Querschnittsgelähmten denn als Schauspieler akzeptiert.« Und Bob Thomas berichtet eine Story, die Brandos Gespür für Dramatik und blendende Effekte ins rechte Licht setzt: *Die Paraplegiker nahmen Brando sogar in ihre Stammkneipe mit, eine Bar namens Pump Room auf dem Ventura Boulevard. Eines Abends waren die Männer in ihren Rollstühlen in der Nähe des Tresens versammelt und erregten die Aufmerksamkeit einer beschwipsten Frau. Ein weiterer Drink machte aus ihr eine Evangelistin, und sie begann mit Stentorstimme, ihnen die Macht des Glaubens zu predigen.*

»Ihr müsst nicht euer ganzes Leben in diesen Rollstühlen verbringen«, redete sie ihnen zu. »Wenn ihr an Gottes Allmacht glaubt, könnt auch ihr laufen. Jesus hat zu den Lahmen gesagt: ›Erhebt euch von eurem Lager und lauft.‹ Auch ihr könnt das! Alles, was ihr braucht, ist der Glaube.«

Marlon betrachtete sie aufmerksam. »So, ich kann das?«,

sagte er und umklammerte mit seinen Händen die stählernen Arme seines Rollstuhls.

»Ja, Sie können es«, erwiderte sie. Dann sah sie voller Bestürzung, wie Brandos Griff sich verstärkte und er sich langsam auf seine zitternden Beine stellte. Schwankend stand er eine Minute lang da, dann hüpfte er mit ausgebreiteten Armen durch die Luft und raste mit dem Aufschrei: »Ich kann laufen! Ich kann laufen!« aus der Bar.[31]

Auf dem Set enttäuschte der Broadway-Star zunächst die hochgespannten Erwartungen. Seinen Dialog konnte Brando damals noch auswendig lernen, aber dieser Dialog war nur selten akustisch wahrnehmbar. Brando wurde der erste »Mumble-Scratch-Actor«. Den *Brandoismus* brandmarkte die britische *Daily Mail* später als »die Darstellung eines Charakters, der nicht als menschlich zu erkennen ist, durch einen Schauspieler, der nicht als Schauspieler zu erkennen ist«. Harte Worte der Herren mit der *stiff upper lip*, aber, *goddamm it*: Die Hunde bellen, die Karawane zieht weiter … bei seiner ersten großen Szene mit Teresa Wright, in der der Krüppel seine Braut dazu überreden will, ihn zu verlassen, brach nicht nur Miss Wright, sondern die halbe hartgesottene Crew in Tränen aus.

The Men wurde ein Achtungserfolg mit glänzenden Kritiken für Brando. Der Film mit seinem tristen Thema hatte in einer Zeit, in der sich gerade der Koreakrieg anbahnte, natürlich nicht genug Glamour, um aus Brando einen Instant-Star zu machen – aber was zählte, waren Erfahrung, Respektabilität und technischer Schliff.

Er wolle nur Filme mit gesellschaftlicher Relevanz drehen, hatte Brando noch am Broadway erklärt. Von seinen nächsten fünf lässt sich das über den Daumen gepeilt schon sagen: Die Verfilmung von *Endstation Sehnsucht*, der mexikanische Revolutionsstreifen *Viva Zapata*, die Shakespeare-Verfilmung *Julius Cäsar*, die Rockerballade *Der Wilde* und schließlich der wahrscheinlich »gesellschaftlich« relevanteste, den er je gemacht hat, *Die Faust im Nacken* – das waren fast alles, wenn nicht Herausforderungen der amerikanischen Gesellschaft, so doch bestimmter Wertvorstellungen und Moralbegriffe, es waren Stoffe, die dem Schauspieler Brando sein ganzes Können abverlangten und den Ruhm ihres Helden begründeten.

Zwischen seinem 25. und 30. Lebensjahr wurde Brando zum Idol, ja zum Mythos. Und es strahlte silbern der Rebell. Und die lange Nacht der Zivilisation wirft ihre schmutzigen Schatten auf das Silber der Rebellion, und an ihrem Ende muss auch nicht alles gut sein: *Die Kanalschenke wird gegen Morgengrauen der Flussschiffer wegen geöffnet. Die Schleuse beginnt sich gegen Ende der Nacht langsam zu drehen. Die ganze Landschaft belebt sich und geht an die Arbeit. Die Ufer trennen sich sachte vom Fluss, heben sich förmlich zu Seiten des Wassers. Leben taucht aus dem Schatten. Alles wird wieder harte Wirklichkeit. Hier die Wellbäume, dort die Zäune des Arbeitsplatzes. Und ganz aus der Ferne sieht man Männer herankommen. Sie sind wie erstarrte Menschenbündel, die sich in den Tag einreihen. Sie benetzen sich in der Morgenröte das Gesicht mit Licht. Sie ziehen weiter. Bald sieht man nichts mehr von ihnen als ausdruckslos blasse Gesichter. Das Übrige gehört noch der Nacht. Auch sie werden eines Tages verrecken müssen. Was für ein Unterschied wird da sein?* [32]

Marginalien

ENDSTATION SEHNSUCHT

Für seinen zweiten Film – *Endstation Sehnsucht* – handelte Brando seine Gage von 50 000 auf 75 000 Dollar gleich 300 000 Mark hoch. Die Legion of Decency, ein von Frauenverbänden gesteuerter katholischer Sittenwächterbund, drohte damit, den Film auf ihre schwarze Liste zu setzen; der Filmbesuch wäre damit automatisch für Katholiken zur Sünde geworden. Nach zähen Verhandlungen schnitten Warner Bros. folgende Stellen:

1. Stanleys Satz, bevor er Blanche vergewaltigt: »Wäre vielleicht gar nicht übel, mit Ihnen handgemein zu werden.«

2. Aus dem Satz: »Ich würde Sie gern sanft und süß auf den Mund küssen« wurden die Worte »auf den Mund« geschnitten.

3. Aus einer Szene wurde die Musik geschnitten, die als »zu fleischlich« empfunden wurde.

Andere Schnitte sollten die Bösartigkeit und Rohheit Stanleys, des Proleten, und die Güte Stellas, seiner Frau, hervortreten lassen. Kazan protestierte, es half nichts.

Kazan: »*Endstation* ist der erste unsentimentale Film, der je in Amerika gedreht wurde. Er ist ein Wegweiser. Die ganze alte Scheiße, auf der die Filmindustrie beruht, ist in diesem Film absent. Es gibt keinen Helden, keine Heldin; die Menschen sind Menschen, manche Dreck, manche Gold, mit Fehlern und Tugenden wie im wirklichen Leben.«[33]

Die Brando-Kluft wird von jungen Kinogängern, Brandos murmelnde, verschliffene Sprechweise als Kowalski von Conférenciers und Komikern übernommen. Der verschwitzte Typ mit dem stieren Blick und dem feuchten T-Shirt geht in die amerikanische Volkskultur ein; der Schauspieler als Pop-Star.

Brando: »Ich weiß nicht, was die Leute erwarten, wenn sie mich treffen. Sie scheinen Angst zu haben, dass ich in die Topfpalme pisse und sie auf den Hintern schlage. Können sie sich nicht an die Tatsache gewöhnen, dass ich ein menschliches Wesen bin?«[34]

Für den Kowalski hatte Brando nach allgemeiner Ansicht den Oscar verdient. Schon damals wurde spekuliert, wie Brando auf die Auszeichnung reagieren werde. Er hatte mit Bemerkungen wie »Hollywood ist ein kultureller Friedhof« lange genug um sich geworfen, um den geheimen Hass der Kultur-Spießer und bornierten Raffkes zu akkumulieren, die trotz aller (nur geduldeten) extravaganten Stars und ihrer Sodom-und-Gomorrha-Allüren nach wie vor und umso mehr zur McCarthy-Ära den Ton angaben.

Carey: »Trotz der Gerüchte um wilde Partys und der Biographien von Lana Turner ist Hollywood eine echte Kleinstadt mit einem gesellschaftlichen und moralischen Code, der so strikt ist wie der von Scarsdale oder Hicksville. Es gibt Dinge, die getan werden, und solche, die nicht getan werden. Wenn man 75 000 Dollar Gage für einen Film bezieht, lebt man nicht in einem gemieteten Bungalow; man lebt in einem Palazzo in Beverly Hills ... Man trägt keine Blue-Jeans, sondern Palm-Beach-Freizeitkleidung. Man trifft sich nicht mit Sekretärinnen oder Kellnerinnen, auch wenn man mit ihnen schläft. Man geht zum Muscle Beach auch nicht, wenn man schwul ist; man nimmt seine Sonnenbäder am Pool seines Produzenten. Man isst nicht allein im Parrot's Gage, einem Beisl in Beverly Hills, sondern diniert bei Ciro's oder Romanoff's ... und wenn man schon Dinge tut, die man nicht tun sollte, dann redet man nicht darüber. Aber Marlon redete ... und Hollywood nahm ihm seine Ein-Mann-Rebellion einfach nicht ab.«[35]

Den Oscar erhielt 1951 – übrigens zum ersten und letzten Mal – Humphrey Bogart (für *African Queen*). Brando zu Carlo Fiore: »Der Oscar und all diese anderen Schauspielpreise sind ein Eimer voll Scheiße. Wenn sie mir den Oscar gegeben hätten, hätte ich ihn als Türklopfer benutzt.« (Als er 1954 den Oscar für *Die Faust im*

Nacken erhält, denkt er gar nicht daran, ihn als Türklopfer zu benutzen; der Rebell hält das Symbol seiner Macht in den Händen, die er damals noch für seine Ideale einsetzen zu können glaubt, und wenn er den Oscar 1973 ablehnt, heißt das, dass nur die Verweigerung noch Symbolwert hat.)

VIVA ZAPATA

Als Kazan 1952 das Revolutionsepos *Viva Zapata* dreht, gilt er der amerikanischen Linken als Verräter. Er hat – wie Clifford Odets und andere – vor dem Kongressausschuss für »Un-Amerikanische Umtriebe« ausgesagt und Namen von Parteimitgliedern genannt. Kazan: »Es gab keinen Zweifel, dass eine große Organisation bestand (die Kommunistische Partei, Anm. d. Verf.), die die Liberalen in Hollywood zum Narren hielt und ihnen ihr Geld abknöpfte, und dass es unter den Linken in Hollywood und am Broadway eine Art Polizeistaat gab ... Albert Maltz beschrieb in den *New Masses,* wie man ihn zwang, auf Händen und Knien herumzurutschen und Abbitte zu leisten für Dinge, die er gesagt und geschrieben hatte ... Seit damals habe ich sehr ambivalente Gefühle, was meine Handlungen betrifft: Einmal fühle ich, dass das, was ich tat, abstoßend ist; zum anderen fühle ich das Gegenteil, wenn ich nämlich sehe, was in der Sowjetunion mit den Schriftstellern geschehen ist, und die Todeslager, und die Repression in Polen und der Tschechoslowakei ... was ich tat, war eigentlich ein symbolischer, kein persönlicher Akt.«[36]

Aufgrund der schwarzen Listen verloren mehrere hundert Schauspieler, Regisseure, Autoren und Techniker, zum Teil bis weit in die 60er Jahre, jede Verdienstmöglichkeit in Hollywood (es sei denn, man fand als Autor einen Strohmann, unter dessen Namen man seine Drehbücher verkaufen konnte). Der Erste, der den Boykott brach, war 1960 Otto Preminger, der im Vorspann zu *Exodus* den verfemten Dalton Trumbo als Drehbuchautor nannte.

Hollywood ist natürlich in erster Linie Industrie, von Kapitalinteressen und einigen der mächtigsten Gewerkschaften der westlichen Welt regiert. 1946 erreichten die Kinoeinnahmen zum Beispiel 1,69 Milliarden Dollar, 1974 lagen sie nur knapp darunter. Damit liegt die Filmindustrie noch über der Tierfutterfabrikation der USA, sie erreicht das Bruttosozialprodukt von Kenia und Chile oder den gesamten Export der Republik Argentinien. Wenn dann noch hin und wieder so etwas wie Kunst entsteht, das ist ja schon ein Stern für sich, *Viva Zapata* war keiner dieser Sterne, aber doch ein buntes bengalisches Feuerwerk.

Brando lebte eine Weile in einem mexikanischen Dorf, um die Gestik der Latinos zu studieren; er trug, um seinen Augen einen braunen Schimmer zu geben, Kontaktlinsen, und zum ersten Mal in seiner Karriere verwandelte sich der Junge aus dem Mittelwesten mittels Schminke und Camouflage in eine völlig andere Persönlichkeit. Brando liebte solche Verkleidungen durchaus, wie ja das Schmierentheater und das Vaudeville seinem Naturell überhaupt entgegenkommen; aber es blieb ihm nicht verborgen, dass das fertige Produkt seinem Ideal und seinen Vorstellungen einer ernsthaften Durchdringung des Films mit den Realitäten der Welt nur wenig entsprach.

Gary Carey: »Steinbeck (der Autor des Drehbuchs, Anm. d. Verf.) und Kazan waren beide politisch engagierte Künstler ... Weil *Viva Zapata* einen Helden der mexikanischen Revolution glorifizierte, hätte der Film leicht als kommunistisches Propagandavehikel denunziert werden können. Kazan konnte jedoch die 20th Century Fox davon überzeugen, dass der Film vollkommen antikommunistisch ausfallen werde. Ursprünglich hatte Kazan vorgehabt, an Außendrehorten in Mexiko zu filmen, aber die Mexikaner wehrten sich. ›Wenn die Geschichte von Zapata in Mexiko verfilmt wird, wird sie von einem Mexikaner geschrieben und inszeniert und von Mexiko finanziert werden‹, erklärte ein Regierungssprecher ...«[37] Gedreht wurde schließlich in Texas.

Bei den Dreharbeiten lernte Brando die sechs Jahre ältere mexikanische Schauspielerin Movita (geborene Maria Luisa Castaneda) kennen. Sie war 1935 in der ersten Verfilmung der *Meuterei auf der Bounty* als Clark Gables tahitische Mätresse aufgetreten. Da sie nie eine größere Rolle bekam, weiß kein Mensch, ob sie eine gute Schauspielerin ist, aber als Geliebte war sie genau Brandos Typ: südlich, breite Hüften, feurige Augen, Schmelz auf den Lippen, viel Seele, und die Gitarren seufzen im Background. Wahrscheinlich war sie noch dazu eine wirklich uneigennützige Frau. Sie wollte keine Publicity und keine Rollen, sie wollte Marlon im Bett und Kinder von ihm, und etliche Jahre später, als sie schon längst nicht mehr Nummer 1 war, brachte sie es trotzdem fertig, einen Sohn von Brando zu bekommen. Das war Brandos zweite – und letzte – Ehe.

JULIUS CÄSAR

Fiore: »Oscar oder nicht, Marlon stand in Hollywood im Rampenlicht, und die einzige Frage war, was kommt als Nächstes? Ich erfuhr es eines Tages, als er und ich im Badezimmer seines Apartments waren und er die Hosen herunterließ und sich auf die Kloschüssel pflanzte. Ich habe nichts dagegen, ein Pissoir mit einem Typ zu teilen und zu quatschen, während wir unsere Blasen leeren, aber wenn er was Großes in die Schüssel legt, gehe ich so lange lieber raus, und das wollte ich denn auch tun.

›Wo gehst du denn hin?‹, fragte Marlon.

›Ich mach', dass ich hier rauskomme‹, sagte ich. ›Ich mag nicht gern danebenstehen, wenn jemand scheißt. Das verträgt sich nicht mit meiner ästhetischen Empfindlichkeit.‹

›Deiner was? Ich wusste gar nicht, dass Itaker eine ästhetische Empfindlichkeit haben. Außerdem scheiße ich gar nicht, ich mach' Pipi.‹

›Im Sitzen?‹, sagte ich. ›Das tun doch die Girls. Männer stehen beim Pinkeln.‹

›Wer sagt denn das?‹

›Das braucht doch keiner zu sagen, wir sind nun mal so gebaut.‹

›Unsinn. Typen können aus jeder Lage pinkeln, die ihnen behagt. Wenn ihnen danach ist, sogar im Kopfstand. Mir wurde es fad, immer dazustehen und mir beim Pinkeln zuzusehen. Übrigens, ich habe gerade den Vertrag abgeschlossen, ich spiele *Julius Cäsar*.‹

›Du bist zu jung, um Julius Cäsar zu spielen.‹

›Dummkopf, ich spiele natürlich den Mark Anton. Louis Calhern spielt den Cäsar.‹

›Ach so‹, sagte ich. ›Wer spielt denn noch?‹

›James Mason ist Brutus. John Gielgud ist Cassius, Deborah Kerr ist Portia, und Greer Garson ist Cäsars Gattin. Ganz schöne Besetzung, was?‹

›Kann man wohl sagen. Erste Wahl, Spitzenqualität, Top Ten, Ehrenloge und der ganze Rest, Kumpel.‹«[38]

Regisseur des Films war Joseph Mankiewicz, vierfacher Oscargewinner, der von sich selbst sagte: »Ich bin die dienstälteste Hure in diesem Puff.«

DER WILDE

Der nächste Film sollte Brando nun endlich in einem Streifen von gesellschaftlicher, US-zeitgenössischer Relevanz zeigen; aber aus der Hollywood-Industrie war nichts Besseres herauszukriegen als *Der Wilde*, eine typische Action-Kitsch-Klamotte aus der Stanley-Kramer-Kiste.

Der Film beruht auf einem tatsächlichen Ereignis: Am 4. Juli 1947 – die amerikanischen Nationalfeiertage sind immer der Anlass für solche *runs* – waren 3000 Motorradfahrer, vorwiegend Mitglieder der in den 40er Jahren entstandenen Bike Clubs, in das kalifornische Städtchen Hollister eingefallen, hatten die Nacht dort Fez und den Ort zu Kleinholz gemacht und damit die spezielle Problematik einiger Segmente der Nachkriegsgeneration, Hass auf etablierte Autorität, Gewalt und totale Desillusionierung mit der konformistischen Welt der Eltern, zum ersten Mal in die Schlagzeilen gebracht.

Natürlich warf Hollywood seine Kontaktlinsen auf diesen Stoff; 1946 hatten Warner Bros. bereits ein Buch mit dem beziehungsreichen Titel *Rebel without a Cause* gekauft, das 1950 mit Brando in der Hauptrolle verfilmt werden sollte. Brando war damals mit den Studiobossen nicht klargekommen, so konnte dann 1955 James Dean in *Denn sie wissen nicht, was sie tun* – der Film kam einen Monat nach seinem Tod in die Kinos – eine makabre Apotheose feiern.

Der Wilde, ein Originalskript nach einer Story von Frank Rooney, weckte bei Brando zunächst Hoffnungen: »Der Film sollte herausfinden, warum Gruppen junger Menschen sich zusammenrotten und durch Gewalttätigkeiten hervortreten.« Brando trieb wie gewöhnlich Studien vor Ort: Er putzte seinen Feuerstuhl und gammelte nachts auf den Highways bei Los Angeles herum, wo er einmal auch bei einer Razzia in die Hände des Rauschgiftdezernats fiel – ohne Folgen; er, der Wilde, hatte Angst vor Drogen. Aber wie das der Fall zu sein pflegte, wenn in jenen Jahren, als die rote Gefahr und die Realität sich gegen das gute alte Hollywood verschworen hatten, ein *Stoff aus dem vollen Leben* in die Hände der Bosse und ihrer mit schwarzen Listen und Komiteeaussagen eingeschüchterten Regisseure fiel – es wurde ein so müdes Abziehbild der Wirklichkeit hergestellt und eine so sinnlose Abfolge von Brutalität ohne jeden Versuch »gesellschaftlicher Relevanz«, dass Brando noch jahrelang davon sprach, sich vom Makel dieses Films reinwaschen zu müssen.

Wenn man den Film heute sieht, hält einen außer Lee Marvins grotesker Darstellung des besoffenen Brando-Rivalen Chino und, in manchen Szenen, der immer noch taufrisch wirkenden Intensität Brandos nichts davon ab, in tiefen Schlaf zu fallen. Es gibt eine Szene, in der in dem improvisierten Dialog etwas herüberkommt von der pathetischen Verlorenheit der Jugend (der Verlorenheit der 50er Jahre, die dann über die romantische Suche der 60er Jahre in die ernüchterte Ausweglosigkeit der 70er Jahre führte). Brando als Bandenführer Johnny und Mary Murphy als Serviermädchen Kathie; der deutsche Text ist die Kinosynchronisation.

KATHIE *Where are you going when you leave here? Don't you know?*

JOHNNY *Oh, man, we're just gonna go.*

KATHIE *Just trying to make conversation. It means nothing to me.*

JOHNNY *Well, on the weekend we go out and have a ball.*

KATHIE *What do you do? I mean, do you just ride around, or do you go on some sort of picnic or something?*

JOHNNY *A picnic, man! You're too square. I'm … I've got to straighten you out. Now, listen. You don't go in anyone special place. That's cornball style. You just go. A bunch gets together after all week, it builds up. You just … the idea is to have a ball. Now, if you gonna stay cool, you gotta wail. You gotta put somethin' down, you gotta make some jive. Don't you know what I'm talkin' about?*

KATHIE *Yeah, yeah. I know what you mean.*

JOHNNY *Well, that's all I'm sayin'.*

KATHIE *My father was going to take me on a fishing trip to Canada once.*

JOHNNY *Yeah?*

KATHIE *We didn't go.*

JOHNNY *Crazy.*[39]

KATHIE Wo fahren Sie denn heute Nacht hin? Wissen Sie das nicht?

JOHNNY Wir fahren weiter, wir fahren irgendwohin.

KATHIE Es kann mir auch egal sein, war ja nur eine Frage.

JOHNNY Am Wochenende preschen wir einfach los, so ins Blaue.

KATHIE Und was machen Sie dann? Fahren Sie nur herum, oder machen Sie ein Picknick oder so was?

JOHNNY Ein Picknick, Mensch, Sie machen mir Laune! Wir sind ein Motorradclub und kein Kaffeekränzchen. Wir haben auch kein bestimmtes Ziel, wir hauen nur so ab. Sonnabends treffen wir uns, und wenn wir Lust haben, brausen wir durch die Gegend. Das ist unsere Masche. Einfach weil wir die Schnauze voll haben von dem ganzen Zirkus, den man aufstellen muss, um ein bisschen Geld zu verdienen. Verstehen Sie das nicht?

KATHIE Doch, das kann ich schon verstehen.

JOHNNY Na, dann bin ich ja beruhigt.

KATHIE Mein Vater wollte mich in den Ferien mal mit nach Kanada nehmen.

JOHNNY Ja?

KATHIE Leider wurde nichts draus.

JOHNNY Interessant …

… und dieses »Interessant« mit dem skeptischen, illusionslosen, nicht unfreundlichen, aber distanzierten und nicht unbedingt traurigen, aber freudlosen Blick über den schäbigen Tresen der Kleinstadtpinte – das ist das pure Brando-Image der Beats und der Rebellen an den Landstraßen überall in der Welt, wo Jugend an Straßen steht. Brando zog die Lederjacke nach diesem Film aus. Aber das Image klebte an ihm, und die extravaganteren Versuche, es loszuwerden – Filme wie *Das kleine Teehaus*, *Sayonara* oder *Schwere Jungen, leichte Mädchen* –, drängten ihn auf eine Bahn, auf der er nicht nur sein Image, sondern auch fast seinen Mythos loswurde.

Brando: »Das Schauspielen hat viel dazu beigetragen, dass ich mir über meine eigene Gewalttätigkeit klarwurde und sie ablegen konnte. *Der Wilde* war die hilfreichste Erfahrung von allen.«

René Jordan hat in seiner Brando-Monographie auf ein Thema hingewiesen, das im *Wilden* (wie schon in *Endstation*) deutlich auftritt und von dem Brando offensichtlich in späteren Filmen (und im Leben) beeinflusst ist: der Zusammenhang von Sex und Gewalt, Weiblichkeit und Autorität, Eros und Herrschaft.

Hunter S. Thompson, Doktor des Gonzo-Journalismus, schrieb in den 60er Jahren ein Buch über die Hell's Angels. Er zitiert darin Preetam Bobo, einen älteren Motorcycle-Outlaw: »Wir gingen ins Fox Kino oben in der Market Street … Wir waren ungefähr

50 Mann hoch, mit Weinflaschen und unseren Lederjacken ... Wir hockten auf dem Balkon, rauchten Zigaretten, tranken Wein und tobten wie die Teufel. Wir konnten uns alle auf der Leinwand wiedererkennen. Wir waren alle Marlon Brando.«[40] Thompson gibt eine Einschätzung des Films, die erwähnenswert ist: »Kurz vor ihrem Tod im Jahr 1966 wandte die Hollywood-Klatschkolumnistin Hedda Hopper ihre Aufmerksamkeit der Hells-Angels-Gefahr zu und verfolgte ihre Ursprünge über die Jahre zurück bis zu *Der Wilde*. Und so kam sie darauf, das ganze Outlaw-Phänomen Kramer, Brando und jedem, der in irgendeiner Weise an dem Film beteiligt war, anzulasten. Die Wahrheit ist, dass *Der Wilde* – trotz eines zugegebenermaßen fiktiven Treatments – ein glänzendes Stück Filmjournalismus ist. Anstatt nämlich, im Stil von *Time*, Allgemeinwissen zu institutionalisieren, erzählte der Film eine Geschichte, die sich noch entwickelte und die er dadurch logischerweise beeinflusste. Er gab den Outlaws ein dauerhaftes, romantisch gefärbtes Image, ein kohärentes Bild, das nur wenige in einem Spiegel zu sehen in der Lage gewesen waren, und wurde dadurch fast über Nacht des Motorradfans Antwort auf *The Sun also Rises*.«[41]

PRESSESTIMMEN

TIME MAGAZIN: »Wo Barrymore ›Das Große Profil‹ war, Valentino ›Der Scheich‹ und Clark Gable ›Der King‹, kennen Millionen, die täglich alles über Hollywood lesen, Marlon Brando nur als ›Den Rüpel‹.«

BRANDO: »Ich fühle mich wie ein Geek, die niederste Form des Showbusiness, der Typ auf dem Rummelplatz, der den Hühnern die Hälse abbeißt. Geeks werden normalerweise mit billigem Fusel bezahlt. Mich haben Presseagenten zu einem Geek gemacht, der hunderttausend Dollar pro Hühnerkopf kriegt.«[42]

Wenn es um vermarktbares Image ging, d.h. um einen Dollar mehr, spielten die feinen Herren in Hollywood durchaus auch mal verkehrte Welt. Beispiel: Montgomery Clift.

LaGuardia: »Im Juli 1948 kam Montys erster Film, *Red River*, in die Kinos. Die Kritiker hielten den Film von Hawks für den besten Viehtreiberfilm, der je gemacht wurde; von Monty war so eingehend die Rede, dass sie oft vergessenmachten, dass auch John Wayne in dem Film vorkam … Paramount, die den Wirbel vorhersahen, baten Monty höflich, sich auf die Werbekampagne einzustellen, und er gab nach. Er eilte von einer Fotositzung zur nächsten, wobei er sich gelegentlich von einem Zuschauer ein Jackett oder eine Krawatte borgte, weil er nur noch über eine minimale Garderobe verfügen durfte. Schmieranten von Fan-Magazinen besichtigten ihn in einem kleinen Einzimmer-Apartment in einer schäbigen Absteige. Sie sahen seine Wohnung und seinen leeren Kleiderschrank und stürzten sich auf Schlussfolgerungen. Hier ist, schrieben sie in Dutzenden von Artikeln, ein Typ, der so … in der Schauspielerei aufgeht, dass er in Lumpen herumläuft und in Bruchbuden wohnt. Das war ein toller Stoff. Monty heizte sie noch an. Er hatte gewiss nicht die Absicht, ihnen die ›wahre Story seines Lebens‹ aufzutischen, die … besser in ein Psychiatriejournal als in ein Filmmagazin gepasst haben würde … Ein paar Jahre zuvor war Monty noch einer der wortgewandtesten und bestangezogenen jungen Männer in New York gewesen … Welche Ironie liegt in der Tatsache, dass sich eine ganze neue Generation von verstockten, achselzuckenden Schauspielern an diesem guterzogenen jungen Mann aus dem Großbürgertum ausrichtete, der lediglich darauf bedacht war, sein wahres Selbst nicht herzuzeigen …«[43] Kein Wunder, dass Brando, der auf einen groben Keil einen groben Klotz setzte, bei der Presse nicht so gut wegkam wie Clift. Dafür musste er an seinem Image nicht, wie Clift, zerbrechen. Die Verwertungsgesellschaft Hollywood verwertete auch ihn, aber er blieb der Kühle mit dem harten Bums, und er war es, der in den nächsten Jahren den Warners, Cohns und Wassermanns die Rechnung aufmachte, diesen Typen, die ein Produktionsleiter mit den trockenen Worten charakterisierte: »Wenn du ihnen Geld bringst, lassen sie dich auf ihren Wohnzimmerteppich scheißen und danken dir noch dafür.«

Brando schiss und pinkelte auch nicht (wie die Fama es von Robert Mitchum wissen will, diesem rüden Outlaw, den Hollywood schon 1947 nicht loswerden konnte, als er zwei Monate Knast wegen Marihuanabesitz abzureißen hatte) auf ihre Teppiche, nein: Er traf die Bosse dort, wo es am meisten schmerzte, er brachte sie erst um Macht und dann um Moneten, und dass er sich selbst dabei fast ruinierte, zeigt nur die blanke, hässliche Realität hinter all dem Glanz und Tand und Flitter, den nackten Bissen Fleisch auf der silbernen Gabel, das Blut auf dem Zelluloid.

Brando: »Hollywood wird von Furcht und Geldliebe beherrscht. Aber es kann mich nicht beherrschen, weil ich mich vor nichts fürchte und das Geld nicht liebe.«

Das Idol

Leider gibt es immer wieder Viecher
Die behandeln mich mit Spott und Hohn
Nennt mich einer halbstark oder Pülcher
Kränkt er meine Generation

Mein Vater sagt, aber dem geht der Verstand ab
Ich hab für wahre Ideale kan Sinn
Na is des net a Ideal der Marlon Brando – mit seiner Maschin
Der Marlon Brando mit seiner Maschin

Bronner / Qualtinger: Der Halbwilde

Idole. Idole, Mythen, Mausefutter, und auch in den Stehausschänken an der Peripherie der Müllzonen die Frage nach den Letzten Dingen. Und in all diesen entsetzlichen Beiläufigkeiten immer das Unaufhörliche, in den Höhlen die Lurche und in den Wolkenkratzern Big Brother im Clinch mit ferngesteuertem Sex, und die Tränen der Carmen verweben sich mit dem radioaktiven Staub. Und die Jungs, die in den staatlichen Zentralen die Füße auf dem Tisch haben, wollen auch ihren Sommernachtstraum, und die Finger der Killer brechen die Rosen und langen in den Cremetopf und zählen an der Kinokasse die Zwickel. Denn sie wollen berührt sein, und berühren soll noch immer die Kunst, auch wenn sie das Wort längst nicht mehr kennen in ihren ausbruchs- und sozialversicherten Paradiesen. Berührung natürlich nicht unmittelbar, das Flittchen könnte ja den Tripper haben, aber ausgestattet mit Bockschein und abgesegnet mittels Round Table und Steueraufkommen und Freizeitvermittlung und der frei und geheim gewählten bürgerlichen Aufsichtsbehörde und dem breiten Publikum, verscheuert in Auftritten und Abtritten, da wirkt das Ganze dann doch gesichert, und auch der Stadtverordnete und der Sparkassenleiterstellvertreter und der Gewerkschaftsredakteur können unbesorgt die innere Hose runterlassen – keine Sorge, Herrschaften, Kunst stinkt nicht mehr, und sie färbt auch nicht ab.

Schon vor seiner Idolisierung hatte Brando die Schnauze von dem Brimborium voll. »Noch ein, zwei Filme, dann ziehe ich mich nach Nebraska zurück und züchte Vieh«, das kann man ihm durchaus abnehmen, wenn wir uns denn, du und ich, überhaupt etwas abnehmen und nicht alles als Lüge verunstalten lassen wollen. Also Vieh züchten, und dann allerdings auch der Wunsch, »schreiben« zu wollen. Schreiben – ja was? Viehzuchtanweisungen? Traktate? Gedichte? Oder doch Drehbücher? Keiner hat nachgefragt, keiner hat ihn ernst genommen.

»Alles Geschriebene ist Sauerei«, schrieb Artaud. Zorn und Irrsinn, Rage und Raserei, und das weiche Fleisch gehäuteter Kinder, und das Blut spritzt in die Verliese und Folterkammern des Gilles de Rais. Nehmen Sie das nur wörtlich, meine Damen und Herren, und denken Sie sich den Samen gleich dazu und die süßen Träume in den linden Nächten an der Loire, denken Sie daran, wenn Sie die Verwertungsverwalter von der VG Volksverdummung sehen, denken Sie, wenn Sie Aasgeier sagen, immer an diese Gesichter im Fernsehen, und wenn Sie Aas sagen, denken Sie an Artaud im Irrenhaus. *Anyone like some art?*

Und wozu die Aufregung? Die Nacht ist noch friedlich, nicht für alle, der Horror besteht aus Abstufung, aber doch hier mit dem Ausblick auf städtisches Hinterland, Kneipe an der Ecke, Bratwurst und Bier und bisschen Schnee auf Asphalt … und in tausend Stehausschänken singt Bernd Clüver »Frieden braucht auch der Rebell«. Und wenn sich einer den ganzen Tag abgestrampelt hat für das Dach überm Kopf und die Unbedenklichkeitserklärung vom Verfassungsschutz und das Heitere Beruferaten und das Badespray und all die anderen Dinge des Überlebens, will der nun auch noch Liebe und Wahrheit und letzte Dinge? Natürlich will er, aber er will, dass andere den Kopf dafür hinhalten und den Griffel und den Schwanz – er will Idole. Er will Idole wie die Dichter den Gin im Glas und die Nacht, und warum nicht? Das Leben enthält Mühe und Qual, und wenn es hoch kommt, einen Augenblick der Vollendung:

Belle nuit, ô nuit d'amour
Souris à nos ivresses
Nuit plus douce que le jour
Ô belle nuit d'amour![44]

Drei Filme wurden 1953/54 in Hollywood gedreht, die Furore machten. Montgomery Clift bot in *Verdammt in alle Ewigkeit* die vielleicht stärkste Leistung seiner Laufbahn, Marlon Brando hatte mit *Die Faust im Nacken* endlich einen Stoff, der nicht nur seinen vagen sozialen Intentionen voll entgegenkam, sondern ihn mit dem Image des gescheiterten Boxers und Hafenarbeiters Terry Malloy zum absoluten Idol der amerikanischen (und, vielleicht mehr noch, der existentialistisch beeinflussten europäischen) *lost generation* der Nachkriegszeit machte; und dann war da natürlich *Jenseits von Eden*, Deans erster Film, mit dem er sich über Nacht in die empfängnisbereiten Herzen von Millionen Teenagern spielte – drei Stars, drei Idole, drei Gesichter eines Mythos; und in Hollywood brachte das Klingeln der Kassen den abgefeimtesten aller Mogule, Harry Cohn von Columbia, zu dem Seufzer: »Wenn Brando morgen mit mir über 50 Prozent der Filmeinnahmen abschließt, würde ich ihm einen Kuss geben.«

In diesen Jahren begann eine Ära, die Hollywoods Filmindustrie im Lauf der 60er Jahre an den Rand des Ruins führte. Die bis dahin unbeschränkten Herrscher, die Studiobosse, legten ihre Macht in die Hände der neuen Superstars. Schon 1948 hatte Clift, nach einem einzigen Film, ihnen praktisch seine Bedingungen diktieren können. Denn er mobilisierte als Erster die Kaufkraft einer neuen Generation von Kinogängern – der Jugend. Während die von Arbeit, Dollarjagd und Konsum abgeschlafften Alten zu Hause blieben und in die Röhre starrten, strömten die Girls mit den Ringelsöckchen und die Boys mit den Blue-Jeans in die Kinos. Ihre Idole waren es, die fortan den Markt bestimmten, und diesen Idolen brauchte man die Frustrationen, die Auflehnung, den Protest und die Angst ihrer Zeit nicht erst ins Gesicht zu schminken. John Howlett hat in seiner Dean-Biographie an die Atmosphäre jener Jahre erinnert: *Die James-Dean-Generation war in der bleiernen Atmosphäre des Eisenhower'schen Paternalismus aufgewachsen. Gehorsam war noch üblich; der Heiße Krieg in Korea hatte alte Kriegs-Mythen wieder aufgefrischt; und der Kalte Krieg war von Berlin über das besetzte Europa und den Atlantik nach Amerika gekommen, wo sich die Amerikaner ohne großen Widerspruch der Inquisition einer antikommunistischen Hexenjagd beugten. Abgesehen von einer allgemeinen Unzufriedenheit mit dem Materialismus ihrer Eltern, konnte die junge Generation ihre Ressentiments noch nicht richtig artikulieren. In den Kinos lösten die Echos der Kriegsfilme aggressive Träume aus, aber draußen war alles still. Und darüber schwebte der Pilz der Atombombe, das Ende aller Straßen. Diese Widersprüche erzeugten ein geistiges Klima, das der Betäubtheit ähnlich war, die sich nach Vietnam einstellte, nach dem Scheitern der Protestbewegungen und nach dem Triumph von Korruption, Habgier und politischer Repression in der Welt.*[45]

Drei Idole, und was bitte geschah mit ihnen? Montgomery Clift, dem man für *Verdammt in alle Ewigkeit* wieder den Oscar verweigerte, zerbrach wenig später, kaum mehr als 30 Jahre, an den Widersprüchen von Idol, Mythos und Realität. Der Alkoholiker flüchtete sich noch zusätzlich und mit unbeirrbarem Willen zur Selbstauslöschung in die weißen Räusche von Stimulantien und Opiaten, die Karriere des hebephren Schizoiden brach praktisch schon Jahre vor seinem Tod (1966) ab wie ein morscher, verfaulter Ast. Ihn, den homosexuellen Puritaner, der eine eigentlich noch dem 19. Jahrhundert verpflichtete Kunstauffassung und Kunstleidenschaft in der Mitte des amerikanischen Atombombenzeitalters durchlitt, verwüstete eine schamlos gewordene Gesellschaft, die nur noch einen Maßstab kannte, den Dollar, nur noch einen gemeinsamen Nenner, den Erfolg, und nur noch eine Form des Zusammenlebens, die Ausbeutung.

Und Dean? Unwahrscheinlich, dass ausgerechnet ihm, dem laut Dennis Hopper »reinen Gold« der Leinwand, die Eruptionen, die Verstümmelungen und Brüche erspart geblieben wären, die Hollywood, sein Starsystem, sein Geld, seine Korruption, die Amerika, seine Raffgier, seine Ungehemmtheiten, die die Welt, ihre Absurditäten, Grausamkeiten, ihre mörderischen Widersprüche denen zufügen, die ein grausam lächelndes Schicksal kraft ihres Talentes und ihrer Kunst den Massen ausliefert. So enthob ihn sein gewaltsamer Tod den Niederlagen späterer Jahre und entfachte zugleich einen beispiellosen Kult, der nur dem jung getöteten Helden, dem Reinen, Unbefleckten gelten kann, wie sicher auch nur ein (genialischer) Psychopath die banalen Alltagsdepressionen von Millionen jugendlicher Psychopathen (Verfasser eingeschlossen) in den Stupor antikischer Verzweiflung und in den Glorienschein gegen das Leben gerichteter Rebellion zu tauchen vermag. Truffaut: »In James Dean findet sich die ewige Neigung der Jugend zur Herausforderung, zum Taumel, Stolz und Bedauern darüber, sich ›außerhalb‹ der Gesellschaft zu fühlen, Ablehnung und Wunsch zugleich, dazuzugehören, und schließlich Annahme – oder Ablehnung – der Welt, wie sie ist.«[46]

Und Brando? Kein Zweifel: Neben den Süchten und Launen, den Monstrositäten und Manierismen, den gefährdeten Existenzen und tristen Toden mancher Kollegen und Kolleginnen und dem Schicksal seiner Mit-Idole Clift/Dean nimmt Brando sich fast banal, immer seltsam missgelaunt, alltäglich und schon deshalb in dieser Branche, die die Perversitäten züchtet, wie ein Kleinbürger aus.

Zum Alkohol hat er, und nicht erst seit dem frühen Tod der Mutter, der dem Suff zugeschrieben wurde, ein eher distanziertes Verhältnis; Drogenkonsum nicht bekannt, abgesehen von einem gelegentlichen Missbrauch von Amphetaminen / Barbituraten, aber das fällt wohl unter die Sparte Berufskrankheiten; starker sexueller Appetit, Spezialität: exotische Mätressen, aber was soll das in einem Gesellschaftszirkel, dessen ausgesuchte Extravaganzen Kenneth Anger mühelos zu einem fast 300 Seiten starken Bildband filtrieren kann *(Hollywood Babylon)*, in welchem der Name Brando nicht auftaucht; irgendwelche extremen Ab- und Ausschweifungen unbekannt bzw. dem *Letzten Tango* reserviert (und das Gerücht, das wissen will, Brando habe sich in seinen ersten New Yorker Jahren ein Zubrot als Callboy verdient – so wie Dean später angeblich als Stricher am Hollywood Boulevard –, besagt dann ja eher etwas über seinen Geschäftsgeist als über eventuelle sexuelle Aberrationen).

Abgesehen von seiner Fresssucht kann Brando mit Lastern, scheint's, nicht dienen, was nicht heißt, dass dieser Superstar, dieses Idol einer rebellischen Jugend, nicht auch für Skandale gesorgt hätte. Aber seine Skandale waren weitgehend nicht privater Natur, sondern bezogen ihren Zündstoff aus Brandos Rebellion gegen die Machtstrukturen der Industrie, in der er arbeitete, der Chefs, die sie beherrschten, und der Meinungen, die sie bildete – Brandos Schlagzeilen gehörten nicht nur zur Vermarktung der Intimsphäre von Flimmerstars, sondern waren auch das Ergebnis von gewaltsamen Reibungen und Steinschlägen in einem Bereich der Realität, wo Hollywood sich immer unter der Gürtellinie getroffen fühlt (und entsprechend reagiert): der Politik, der Ideologie und dem Geld.

Seltsames (und seltsam bezeichnendes) Auseinanderklaffen von Mythos und Wirklichkeit. Der Film, bei dem seine Fans Brandos Radikalisierung gern ansetzen, *Faust im Nacken*, bewirkte bei seinem Helden für etliche Jahre eine Abkehr von seinem Rebellen-Image. Brando hat sich erst später, im Lauf der 60er Jahre, von einem Liberalen zu jenem Radikalen gewandelt, der nach der Ermordung von Martin Luther King mit bewaffneten Black Panthers gesehen wird. Brando mochte den Stoff des Films nicht, er wollte nicht auf Außenseiter und Verlierer, ob sie nun Zapata oder Johnny oder Malloy hießen, festgelegt werden, und das zeigt eigentlich, dass er seine Profession ernster nahm, als es spätere, verächtliche Bemerkungen zu erkennen geben. Natürlich liegt darin auch eine ganz ökonomische Überlegung: Welcher Realist konnte Mitte der 50er Jahre davon ausgehen, dass die Zanucks, Mayers, Cohns und Wassermanns alle Jahre einen Film finanzieren würden, der, wenn nicht ihren ökonomischen Instinkten, dann aber doch ihren reaktionären gesellschaftlichen Leitbildern und ihrem mentalen Kalten-Krieger-Opportunismus diametral entgegengesetzt sein müsste. Im Gegenteil: Noch während der Dreharbeiten zur *Faust im Nacken* wurde Brando vom Chef der 20th Century-Fox, Zanuck, dazu gebracht, den Vertrag für die Hauptrolle in dem Historienstreifen *Der Ägypter*, einer bombastischen 17-Millionen-Mark-Fehlinvestition, zu unterschreiben. Warum?

»Der Grund«, schreibt Thomas, »war Geld. Sein Vater hatte Marlons Filmgagen in einer Viehzuchtranch in Nebraska investiert. Jetzt teilte der ältere Brando mit, dass das

Investment noch zusätzlich 150 000 Dollar benötigte, um sich auszuzahlen. Und das war exakt die Summe, die Darryl F. Zanuck Marlon für den *Ägypter* zahlen wollte.«

Also der Rebell lässt sich versilbern, aber hat er nicht ausdrücklich erklärt, noch ein, zwei Filme, und dann Rückzug nach Nebraska und nur noch Natur? Und der Alte war ja der Geschäftsmann, wenn er noch 150 000 für angezeigt hielt, warum den Traum auf die lange Bank schieben? Brando unterschrieb.

Aber als er – auch als Großverdiener immer noch per Eisenbahn unterwegs – im Zug Richtung Hollywood und erste Leseprobe saß, müssen ihn entsetzliche Gefühle beschlichen haben. Auch ohne Kenntnis des Drehbuchs konnte ihm nicht verborgen geblieben sein, dass der Film eine geballte Faust ins Auge seines bisherigen Images war, und noch dazu ein Unternehmen, das Zanuck einzig zu dem Zweck aufgezogen hatte, eine Mätresse mit dem Künstlernamen Bella Darvi in einer gigantischen Kostümklamotte als Filmdiva zu präsentieren. (Es waren natürlich genau solche Verirrungen und Verschwendungen, die Bosse wie Zanuck und ihre Industrie später ins Abseits katapultierten – der Film war dann, wie man in Hollywood sagt, eine »Box-Office-Bombe«, d. h. ein Fiasko.) Regisseur des Streifens war Michael Curtiz, dessen lange Serie von routiniert abgedrehten Kommerzfilmen, auch wenn darunter *Casablanca* war, ihn Brando nicht sympathisch machte. Und auf ging's zur Leseprobe und zu Brandos erster Kollision mit dem Hollywood-System und ab ins Desaster: *Zanuck war dort, kaute auf einer riesigen Zigarre und beobachtete durch seine massive dunkle Brille Bella Darvi.*

Unter Curtiz' Anleitung las Brando mit Miss Darvi, Jean Simmons, Victor Mature und anderen Mitgliedern des Ensembles das Drehbuch. Seine übliche schwache Probenleistung wurde im Verlauf der Lesung immer schlechter. Am gleichen Abend nahm er den Zug zurück nach New York. Nachdem der Zug abgefahren war, rief ein Agent von MCA Zanuck in dessen Strandhaus in Santa Monica an und erklärte: »Marlon hat beschlossen, dass er den Ägypter nicht spielen will.«

»Aber warum?«, verlangte Zanuck zu wissen.

»Marlon mag Mike Curtiz nicht. Er mag die Rolle nicht. Und Bella Darvi kann er nicht ausstehen.«

Zanuck war in Rage. Eine Million Dollar waren schon in den Film investiert, und 20th Century-Fox hatten weitere drei Millionen verplant. Aber es lag nicht nur am Geld. Brando hatte Bella Darvi beleidigt, aus der Zanuck, wie er sich geschworen hatte, seinen größten Star machen wollte.[47]

Wenige Tage später erhielt die Firma eine Botschaft von Brandos Psychiater, Dr. Mittelmann, der sie entnehmen durfte, ihr Star sei zurzeit unter seiner Pflege, »ein sehr kranker und geistig verwirrter Junge«. Dazu hatte er auch allen Grund, denn Zanuck fackelte nicht lange und legte Brando eine Schadenersatzforderung von zwei Millionen Dollar auf den Tisch. Vertragsbruch, *amigo*, und jetzt sieh zu, was die Kühe in Nebraska machen!

Zweifellos ging Brando durch eine schwere emotionale Krise. Nach vier Jahren und sechs Filmen in Hollywood fühlte er sich ausgepumpt, entnervt, vielleicht am Ende, sicher in seiner künstlerischen Identität verbraucht. Keinem, der in kurzer Zeit in seinem Beruf Außerordentliches leistet, bleiben diese Krisen erspart, manchen, wie Clift, treiben sie in ausweglose psychische und geistige Depressionen und künstliche Paradiese, andere, wie Hemingway, verwechseln ihre Person mit ihrem Image und verharren in der selbstgewählten Pose und in künstlerischer Stagnation. Brando war nicht aus härterem Kaliber – er, dem die Zuflucht in den Rausch nicht liegt und der im Grunde ein sehr gewissenhafter Arbeiter ist, wählte einen anderen Ausweg, er gab nach. Der Biograph Thomas will wissen, dass der Tod seiner Mutter den Ausschlag gegeben habe: *»Bud, ich möchte, dass du mit den Leuten auskommst«, sagte sie ihm auf dem Krankenhausbett. »Ich möchte, dass du die Menschen liebst, anstatt sie zu bekämpfen. Kämpfe nicht gegen das Studio, Bud. Kämpfe mit niemandem. Versuche, dich anzupassen.«*

Sie starb am 31. März 1954 im Alter von 54 Jahren. Am folgenden Tag gab 20th Century-Fox bekannt, dass die Streitigkeiten mit Marlon Brando beigelegt seien. Er werde in Désirée *auftreten, und die Schadenersatzforderungen über zwei Millionen Dollar für den* Ägypter *würden fallengelassen.*[48]

Vom Regen in die Traufe, aus dem Kaftan des Ägypters in die Uniform Napoleons, denn niemand anderen als den Kaiser aller Franzosen hatte Brando in *Désirée*, einer Schmonzette über Napoleons Techtelmechtel mit ebenjener Dame vor, während und nach Josephine, zu spielen. Aber es gab keinen Ausweg: *Marlon hasste seine Verpflichtung für* Désirée *und drohte damit, er werde den Kram hinschmeißen. Das Studio erklärte, wenn er den Film verlasse, werde er ins Gefängnis geworfen. »Das einzig Gute, was man von dieser Arschgeige sagen kann, ist, dass er kein*

Marihuana raucht«, gab ein Fox-Direktor zum Besten. Wahrscheinlich machte MCA Brando den Ernst der Lage eindringlich klar: Eine Wiederholung der Affäre mit dem Ägypter *konnte ihm den Ruin bringen. Keine Firma in Hollywood würde einen Schauspieler unter Vertrag nehmen, der bei mehreren Multi-Millionen-Dollar-Projekten vertragsbrüchig geworden war.*[49]

Hier sieht man den Wahnsinn der Bosse in Aktion: Einer will die Mätresse groß rausbringen, da müssen dann Millionen in den *Ägypter* gebuttert werden, und um den Film halbwegs zu retten, muss natürlich der neue Star, dieser Brando, diese Arschgeige her, Marihuana raucht er ja nicht, frisst nur Hamburger und vögelt Kellnerinnen, na ja, auch so ein verkappter Kommunist aus dem Actors Studio, aber bitte, der füllt die Kinos und die Kassen, und wenn er aus »künstlerischen« Gründen ablehnt und auch noch die Diva beleidigt, na dann nichts wie einen reingewürgt, friss oder stirb, Künstler, entweder zu ziehst mit uns und unserer Industrie und unseren Apparaten und unseren Aktionären an einem Strang, oder wir drehen dich durch den Fleischwolf, und wenn dann noch was von dir übrig sein sollte, kannst du im Kellertheater in Miskookwee als Souffleur anheuern … aber dazu wirst du dann schon eine Flüstertüte brauchen, denn deine dreckige Stimme, Kowalski, die wird dir im Knast noch vergehen, wo wir dir erst mal dein Rückgrat in Einzelteile zerlegen …

Brando schluckte, schlüpfte ins Kostüm und schwor sich Rache, und sieht man die Situation heute, wird man sagen müssen, seine Rache war süß, und vor allem: Sie währte länger.

Bei den Dreharbeiten zu *Désirée* traf Brando James Dean, der auf einem benachbarten Studiogelände gerade die letzten Szenen von *Jenseits von Eden* drehte. Vergebens warb der Jüngere um die Freundschaft Brandos, der nicht nur sein Idol, sondern auch sein Vorbild war. Brando blieb kühl und abweisend. Konkurrenzangst? Sicher passte es ihm nicht, dass dieser Jüngling, den er für eine Kopie seiner selbst hielt, ihn ausgerechnet in seinem Napoleon-Kostüm bei der Arbeit beobachtete. Aber Brando ist bis heute nicht zu sehr tiefen Männerfreundschaften fähig gewesen, und letztlich sind all diese Superstars, die sich misstrauisch, mit gesenkten Köpfen und gesträubten Haaren, vor dem Background ihrer gigantischen Selbstprojektionen und den künstlichen Sonnen ihrer aufgeblasenen Egos betasten, beschnüffeln und aus dem Weg gehen, Opfer eines Konkurrenzdenkens, ohne das Hollywood nicht Hollywood und nicht Amerika wäre. Innerhalb eines äußerst komplizierten Austauschsystems von Zeichen, Chiffren und Symbolen, mit dessen Hilfe diese zarten Seelen miteinander kommunizieren, hat es wahrscheinlich einen hohen Stellenwert, wenn Brando Dean die Adresse seines Psychiaters gibt: *Als ich ihn schließlich mal traf, war es auf einer Party. Dean war völlig kaputt, er spielte den Irren. Ich redete mit ihm. Ich nahm ihn beiseite und fragte ihn, ob er eigentlich wüsste, dass er krank sei. Dass er Hilfe brauche … Er hörte mir zu. Er wusste, dass er krank war. Ich gab ihm den Namen eines Analytikers, und er ging hin. Wenigstens wurde seine Leistung besser. Ich glaube, gegen Ende fand er seinen eigenen Weg als Schauspieler.*[50]

Kühle Worte, aber die Sonnensysteme im Star-Universum verbreiten sicher nicht das, was wir unter mitmenschlicher Wärme (oder gemütlichem Mief) verstehen. Dass Deans jäher Tod ein schwerer Schock für die sensibleren Typen in Hollywood war, wird nur bestreiten, wem der Tod selber noch keine Rechnung aufgemacht hat.

Nach drei Nominierungen erhielt Marlon Brando schließlich mit knapp 31 Jahren den Oscar als »bester Schauspieler des Jahres 1955« für *Faust im Nacken.* Und siehe, der Rebell kam, sah und siegte – in einem Auftritt als Hollywoods neuer Darling: *Nachdem die weniger interessanten Oscars verteilt worden waren, stapfte Bette Davis auf das Podium, gekleidet wie eine moderne Irre von Chaillot, und öffnete den kleinen weißen Umschlag mit dem Wasserzeichen von Price, Waterhouse. »Marlon Brando!«, verkündete sie mit einem kehligen Trompetenstoß.*[51]

Seine Annahmerede war typisch: »Ich danke Ihnen sehr … ah, das Ding ist viel schwerer, als ich dachte« – er wog den Oscar in seiner Hand – »ah, äh, ich wollte etwas sagen, und, äh, jetzt weiß ich nicht mehr, ah, was ich, äh, sagen wollte. Ich glaube nicht, dass, äh, je in meinem Leben so viele Menschen dazu beigetragen haben, dass ich mich, äh, so wohl fühle. Das ist ein wundervoller Augenblick, und ein sehr besonderer, und ich bin in Ihrer aller Schuld. Danke schön.«[52]

»Ich bin entzückt, dass Marlon gewonnen hat«, sagte Miss Davis später. »Er und ich haben vieles gemeinsam. Er hat sich auch eine Menge Feinde gemacht. Und er ist auch ein Perfektionist.«[53]

Er küsste jede weibliche Wange, die in Sicht war, und hätte auch fast seine Erzfeindin Louella Parsons abgeschmatzt, bevor sie realisierten, dass sie sich beinahe vergessen hätten.[54]

Plötzlich waren viele Leute von Brando enttäuscht. Musste er gleich so weit gehen und den Oscar in einer Art und Weise akzeptieren, die wie ein Canossagang ins Allerheiligste Hollywoods wirkte? Pappfiguren, die nie in ihrer Karriere einen Kniefall vor Cohn & Co. ausgelassen hatten, vermissten jetzt plötzlich bei Brando »das Rebellische«. Und auch die, die echte Außenseiter in der Flimmerwelt geblieben waren, waren von Brando im Smoking, mit Grace Kelly, der weiblichen Hauptsiegerin, vor der Presse paradierend, betroffen. Und nur wenige erkannten seine wahren Motive: *Viele dachten, der Oscar würde ihn zu einem angepassten Jasager machen. Die wilden Jahre waren vorbei, und Brando hatte seinen Friedensengel. Aber damit lagen sie völlig falsch. Jetzt kam erst seine Zeit als ausgewachsener Star, und ein Rebell mit Macht in den Händen ist ein äußerst gefährlicher Mann.*[55]

Um diese Macht ausspielen zu können, musste natürlich die Situation reif und eine Krise am Horizont sein. Und diese Krise sah Brando wahrscheinlich deutlicher als die Mogule samt ihren aufgedonnerten Machtträumen und verschwenderischen Mätressen: *Um 1954 war Hollywood in schlechter Verfassung. Als Brando Ende der 40er Jahre dort angekommen war, bewegten sich die großen Studios gerade vorsichtig in Richtung kontroverser Filmstoffe, aber die Hexenjagd des HUAC setzte dem ein Ende. Dann verloren die Studios ihr Publikum an das Fernsehen, und diese Konkurrenz beantworteten sie in der einzigen Sprache, der sie mächtig waren: Sie warfen das Geld wie die Narren zum Fenster hinaus. Die Filme wurden breiter, länger, lauter, farbiger und vollgepfropft mit Stars. Es war die Ära, in der*

Marilyn Monroe ihren zwei Meter fünfzig großen Hintern auf Cinemascope wackeln ließ, in der die Kamera auf Breitleinwand über jeden Stein der Fontana di Trevi fuhr, die Ära der Rührstücke in grauem Flanell und der biblischen Epen wie Das Gewand.

Es war eine Ära, in der Streifen wie Marty *als Meisterstücke galten und ein Film wie* Die Faust im Nacken *als der »intelligenteste« Film etlicher Saisons.*

Die Annahme schien nur logisch, dass es für Brando noch eine ganze Reihe Désirées *geben würde. Und die Kassandras in der Branche sagten voraus, dass Brando sie allein mit seinem Make-up bestreiten werde, bis sein Talent verbraucht sei. Oder er werde in die Fußstapfen der Gary Cooper, Henry Fonda und James Stewart treten und seine Originalität und Vitalität in Rollen wie Abe Lincoln oder Mr. Deeds oder Mr. Smith verpulvern, und am Ende werde er einer dieser beliebten schrulligen Käuze sein, die zu nichts mehr nütze sind, außer um gebrochene alte Cowboys zu spielen. So oder so, es waren trübe Aussichten.*[56]

Eins stand fest: Mit dem Oscar wurde Brando in eine Honorarzone katapultiert, die jede Verpflichtung für eine unabhängige Außenseiterproduktion ausschloss. Und: Seine nächsten Rollen ließen tatsächlich befürchten, dass man ihn in Kostümfilmen und reinen Kommerzstreifen verschleißen wollte. Aber Brandos Talent ließ sich nicht verschleißen, und dem Idol Brando gelang, was kaum einem Idol gelingt: Er räumte Image auf Image beiseite und fand seinen eigenen Weg.

Marginalien

DIE FAUST IM NACKEN

Erinnerungen: »Marlon ist ein wunderbarer, warmherziger Mensch. Er ist wahrscheinlich der sanfteste Mann, dem ich je begegnet bin. O sicher, er hat auch seine Probleme, aber er erkennt sie und versucht niemals, ihnen auszuweichen. Ich wünschte, wir hätten nach *Faust im Nacken* weiter zusammengearbeitet, aber es hat nie geklappt … Ich habe es schon früher gesagt, und ich sage es immer noch: Marlons darstellerische Kunst in diesem Film ist das Größte, was je ein amerikanischer Filmschauspieler geleistet hat.« Elia Kazan, Herbst 1972.[57]

Brando wollte die Rolle ursprünglich nicht spielen (»Ich mach' es nur wegen dem Geld« – die Viehzucht ging ihm bei fast allen Engagements dieser Jahre nie aus dem Sinn); einer der Gründe liegt sicher darin, dass er genau erkannt hat, wie sehr der Film Kazans persönliche Problematik enthält (Terry Malloy vor dem Untersuchungsausschuss der Crime Commission!).

Film und Realität: »Kazan und (Drehbuchautor) Budd Schulberg machten ausgedehnte Streifzüge in die Gegenden, wo der Film spielte – die Docks von New York und Hoboken New Jersey –, und interviewten Arbeiter und Gewerkschafter. Nachdem Schulberg das Script abgeschlossen hatte, beschloss Kazan, den Film an den tatsächlichen Orten zu drehen. Während der ganzen Dreharbeiten wurde das Team scharf kontrolliert, und Kazan erinnert sich, dass es eine gespannte und bisweilen gewalttätige Atmosphäre war. Die Schauerleute beobachteten, wie ihr Leben verfilmt wurde, und Kazan gibt heute zu, dass er sich selbst auf eine gewisse Korruption einlassen und bestimmte Individuen schmieren musste.«[58]

Roland Barthes über Mythen: »So wird an jedem Tag und überall der Mensch durch die Mythen angehalten, von ihnen auf den unbeweglichen Prototyp verwiesen, der an seiner Statt lebt und ihn gleich einem ungeheuren inneren Parasiten zum Ersticken bringt, seiner Tätigkeit enge Grenzen vorzeichnet, innerhalb deren es ihm erlaubt ist zu leiden, ohne die Welt zu verändern. Die Mythen sind nichts anderes als das unaufhörliche, unermüdliche Ersuchen, die hinterlistige und unbeugsame Forderung, die verlangt, dass alle Menschen sich in dem ewigen – und doch datierten Bild erkennen, das man eines Tages von ihnen gemacht hat, als ob es für alle Zeiten sein müsste. Denn die Natur, in die man sie unter dem Vorwand, sie ewig zu machen, einsperrt, ist nur eine Gewohnheit. Diese müssen sie, so stark sie auch sein mag, in die Hand nehmen und verwandeln.«[59]

DÉSIRÉE

Späte Einsicht: »*Désirée* war ein ernstlicher Rückschritt und die beschämendste Erfahrung meines Lebens.«[60]

Désirée machte übrigens in den USA mehr Geld als *Faust im Nacken*.

SCHWERE JUNGEN, LEICHTE MÄDCHEN

Brando im Musical: »Ich war diese intensiven Filme leid, in denen ich die Leute mit einem Krokodil auf den Kopf schlagen und in einem fort brüllen und schreien musste.«[61]

Er hatte seine Rolle Sinatra weggeschnappt, und zwischen den beiden – Sinatra spielte den jüdischen Spieler Nathan Detroit – gab es böses Blut.

Fiore: »Sinatra ist ein ›Ein-oder-zwei-Takes-Man‹, wie man in Hollywood sagt, und er geriet bald außer Rand und Band, weil Marlon so viele Takes brauchte, bis er mit einer Szene zufrieden war. Nach acht oder mehr Out-Takes knallte Sinatra, der in dieser

Szene Käsekuchen essen musste, die Gabel auf den Tisch, sprang auf und schrie Mankiewicz (den Regisseur, Anm. d. Verf.) an: ›Diese abgewichsten New Yorker Schauspieler! Was glauben Sie eigentlich, wie viel Käsekuchen ich essen kann?‹ Und er verließ den Set.«[62]

Go home, Joe: »Marlon ging zu Mankiewicz und sagte: ›Joe, Frank spielt seine Rolle ganz falsch. Er soll mit einem Bronx-Akzent singen. Er soll die Rolle wie ein Clown spielen. Stattdessen singt er wie ein romantischer Held. Wir können doch nicht *zwei* romantische Helden haben!‹«

»Ich geb' Ihnen recht«, sagte Mankiewicz. »Sagen Sie mir, was ich machen soll.«

»Sagen Sie es ihm!«, sagte Marlon. »Sagen Sie es ihm!«

Der Gedanke, Sinatra »zu sagen«, wie er einen Song vorzutragen habe, brachte ein zaghaftes Lächeln auf Joes Lippen. »Sagen *Sie* es ihm doch«, sagte er und ging weg.

Marlon war wie vom Donner gerührt. Als er zu sich kam, sagte er: »Es ist doch nicht *meine* Sache, ihm das zu sagen. Das ist die Aufgabe des Regisseurs. Ich werde nie mehr mit Mankiewicz zusammenarbeiten.«[63]

DIE SCHÖNSTE SACHE DER WELT

Aus Fiores Nähkästchen: »Eines Tages beredete ich mit Marlon etwas auf dem Set, als ich sah, wie er auf einen Punkt über meiner Schulter starrte.

›Dreh dich jetzt nicht um‹, sagte er, ›aber da steht eine Statistin mit schwarzen Haaren, rotem Kleid und roten Schuhen. Moment … Moment … jetzt kannst du hinschauen, aber diskret!‹

Ich drehte mich um, sah das Mädchen, das er gemeint hatte, und machte Stielaugen. Mädchen? Sie war mindestens 55, ihr schwarzes Haar war auffallend gefärbt, ihre schweren Brüste hingen wie Säcke auf ihren Nabel herab, und ihre Beine waren im Verhältnis zu ihrem massigen Oberteil so dünn, dass sie topplastig wirkte.

›Mann, willst du mich auf den Arm nehmen?‹, sagte ich. ›Du

musst ja noch kurzsichtiger sein, als ich dachte. Die Puppe ist steinalt, und außerdem ist sie hässlich wie die Nacht.‹

›Du fickst deine Frauen, und ich fick meine‹, sagte Marlon seelenruhig. ›Versuch, ihre Telefonnummer zu bekommen‹, fügte er hinzu.

Ich näherte mich der Dame und erzählte ihr, Marlon würde sie gern nach des Tages Arbeit anrufen. Fast außer sich gab sie mir ihre Telefonnummer, und ich kehrte damit zu ihm zurück.

›Wie hast du das denn so schnell hinbekommen?‹, fragte Marlon allen Ernstes. ›Wie machst du das bloß?‹

Ich hatte gerade das Leichteste in der Welt vollbracht und war mir sicher, dass Marlon mich auf den Arm nahm.

›Das ist mein unwiderstehlicher Charme‹, sagte ich sarkastisch.

Am nächsten Tag versuchte ich herauszufinden, ob er sie tatsächlich getroffen hatte, aber er wollte nicht darüber reden. Ich konnte mir das nur so erklären, dass er gelegentlich genauso ein Sex-Freak war wie ich.«[64]

BAUDELAIRE ÜBER BRANDO

Baudelaire, ein Verehrer der Schauspielkunst und ihr genauer Kenner, in *Fanfarlo*: »Rechtschaffen von Geburt und ein wenig schuftig aus Zeitvertreib – Schauspieler aus Anlage –, spielte er für sich selbst und bei verschlossenen Türen eine gleichliche Tragödie, oder besser gesagt Tragikomödie. Fühlte er sich von Lustigkeit ergriffen, so musste er das entschieden konstatieren, und unser Freund übte sich in Salven von Gelächter. Trat ihm bei irgendeiner Erinnerung eine Träne ins Auge, so eilte er vor den Spiegel, um sich weinen zu sehen … Doch glaube man nicht, dass er eines tieferen Gefühls nicht fähig gewesen und dass die Leidenschaft nur seine Haut geritzt habe. Er hätte sein Hemd verkauft für einen Mann, den er kaum kannte … Er würde sich duelliert haben für einen Autor oder einen Künstler, der seit zwei Jahrhunderten tot war.

Er war immer *der* Künstler, den er gerade studiert hatte, und er schwor auf das Buch, das er gerade las, und doch, trotz dieser Schauspielerbegabung, blieb er im tiefsten Herzen originell.«[65]

Der Prinz

Edel bleibt der Edelstein,
ist er auch in den Schmutz gefallen.
Doch schmutzig bleibt der Straße Staub,
und mag er auch zum Himmel wallen.
Scheich Saadi: Aphorismen

Eine Folge des Hollywood-Systems, das sich in den 50er Jahren herausbildete, war, dass einige Top-Stars sich ihre eigenen Produktionsfirmen zulegten. Es wäre schofel, als Motiv dieser Firmengründungen nur Profit und Steuerfreibeträge anerkennen zu wollen; Leuten wie Bogart, Cagney und Mitchum ging es auch um die professionelle Kontrolle über ihre Filme. Zu ihnen gesellte sich 1955 Marlon Brando, der mit George Glass und Walter Seltzer, alten Geschäftsfreunden und versierten Hollywood-Agenten, eine Produktionsfirma namens Pennebaker (das war der Mädchenname seiner Mutter) aufzog und seinen Vater offiziell als Finanzdirektor, in Wahrheit wohl eher als eine Art Faktotum einsetzte.

Wenn die Firma auch eine lange Anlaufzeit brauchte (ihr Einstieg in die Branche war 1959 immerhin der Cagney-Film *Ein Händedruck des Teufels*) und später mit Brandos schwindender Fortüne dahinwelkte, stand ihr Chef doch um das Jahr '56 als astreiner Crack da. Ein Streifen wie *Schwere Jungen, leichte Mädchen* mag »künstlerisch« ein zweifelhaftes Produkt sein, in Hollywoods Chefetagen löste er mittlere Begeisterungsstürme aus:

... 1956 war der Film die zweitgrößte Attraktion in den amerikanischen Filmtheatern (nach Giganten*). Ende 1955 lag Brando in der Umfrage der Kinobesitzer im Motion Picture Herald an sechster Stelle (der Kassenmagneten, Anm. d. Verf.). Vor ihm rangierten an männlichen Kollegen lediglich James Stewart, John Wayne, William Holden und Gary Cooper, und in einer Umfrage des* Box Office-Magazins, *die einige Monate später erstellt wurde, war Holden der einzige Schauspieler, der vor ihm lag; mit anderen Worten, abgesehen von Holden (der nie für seine Vielseitigkeit bekannt war) war Brando für jeden Produzenten, der einen jungen Star brauchte, die beste Besetzung.*[66]

In diese Zeit seiner wachsenden Macht im verachteten Hollywood fallen Brandos erste, wenn auch noch vollkommen unverbindlich und höchst manschettenliberal klingende Statements politischer Natur. (Wem die heute lächerlich vorkommen, der sollte sich kurz die Zeit ins Gedächtnis rufen, falls er denn eins hat: Kalter Krieg, Eisenhower / Nixon im Weißen Haus, Letzterer Chefideologe der McCarthyisten, die immer noch das Land mit ihrem Terror überziehen, in der BRD Verbot der KPD und kulturell alles von links bis rechts von der CIA finanziert, in Ungarn der Aufstand in der Tauwetter-Luft, bei uns übrigens die »Lieber tot als rot« & »Rettet die Freiheit!«-Komitees, und im Kino laufen mit großem Publikumszuspruch *Charleys Tante, Die Trapp-Familie* und *Liane, das Mädchen aus dem Urwald* – o Zauber der Kindheit, o Horror des Wirtschaftswunders!).

Brando auf die Frage nach seinen Ambitionen, an die sich immerhin die dezidierten Hoffnungen der geistigen Elite Hollywoods knüpften: »Ich habe genug Geld gemacht, um den Rest meines Lebens komfortabel verbringen zu können, also ist Geldverdienen nicht meine Hauptsorge. Ich würde gern einen kulturellen Beitrag leisten und einige der großen sozialen Probleme unserer Zeit lösen helfen.« Also nicht Revolte, sondern »kultureller Beitrag« und »große soziale Probleme«, aber man sollte bedenken, der Mann spricht bei solchen Gelegenheiten die offizielle Hochsprache, d.h. die Niedrigsprache der Politiker / Journalisten / Kulturfunktionärsschleimer.

Um die gleiche Zeit entdeckt Brando öffentlich den amerikanischen Indianer: »Die Indianer sind heute eine Rasse, die am Boden zerstört ist. Der weiße Mann hat ihnen ihre Kultur geraubt und ihre Lebensphilosophie und Moral zerstört.« Gary Carey mit seiner typischen New Yorker Kodderschnauze vermerkt dazu: »Manchmal redet Marlon wie Jane Fonda.« Ich finde, wenn Brando allgemein bleibt, klingt er wie eine Mischung aus Jimmy Carter und Elia Kazan, aber wenn er (privat wohl schon damals, später auch öffentlich) konkret wird, dann trifft er meistens ins Volle und lässt niemanden im Unklaren, worum es ihm geht. Wie sanft und verschwommen diese Bekundungen sein mögen – sie markieren den Anfang eines Weges, den Brando zögernd, tastend, immer abgelenkt und oft zur Ablenkung neigend, aber unbeirrt ging. Und er ging ihn allein.

Dem konservativen Hollywood hatte er sich ja schon 1950 komplett verweigert, dazu genügten eine Lederjacke und ein paar bissige Bemerkungen über Louella Parsons;

mit seiner Radikalisierung, die keine Radikalisierung für *weiße* Problematiken und *weiße* Leader, sondern für *farbige*, ja *unamerikanische* Anliegen darstellte, entfremdete er sich auch dem liberalen Hollywood, das seit der Kennedy-Ära das Establishment-Hollywood ist. Diese Liberalen, die Warren Beattys, Shirley McLaines und wie sie alle heißen, geben zwar auch Geld und gute Worte für alle möglichen *causes* und *issues*, aber sie bleiben doch immer innerhalb des Systems, und dieses System ist die amerikanische Demokratie, die Kazan, anlässlich des *Zapata*, mit Worten charakterisierte, die für praktisch jeden »politischen« Hollywood-Film gelten können: »Ich glaube an die Demokratie. Ich glaube, dass sich die Demokratie durch mörderische Kriege, durch konstante Spannungen entwickelt – wir wachsen nur durch Konflikte. Und das eben macht eine Demokratie aus ... Ich glaube«, fügte er dann hinzu, und wer gäbe ihm nicht recht, dem Wackeren, »dass alle Macht korrumpiert.« Aber Kazan und die Liberalen à la New Frontier / New Hollywood / New Politics / Neue Kuckucksuhr und wie die Etikettierungen alle heißen, sie möchten zwar »alle Macht« beaufsichtigt und eingeschränkt wissen, vielleicht sogar in »besseren Händen«, womöglich etwelcher »Räte«, aber sie akzeptieren diese Macht doch und machen ihren Frieden mit ihr und hofieren sie auch. Brando hat sich mit keiner Macht arrangiert, sich in keinem Wahlkampf »engagiert«, keinem »Volksvertreter« die Hand und das Gewissen angedient, keiner Partei das Kontor gefüllt und keiner Ideologie seinen Nimbus verliehen. Sondern sich ihr, wie jeder Weise das tut, entzogen, so gut es ging, und ihr auch, wie jeder Mann das muss, wenigstens einmal seine Rechnung aufgemacht, und zwar, der Mann ist Schauspieler, im Film: Wie immer man den *Letzten Tango* tanzen mag, es ist Brandos Film, und sein Thema ist die Befreiung des Menschen von aller Macht.

Im März 1956 unternimmt Brando seinen ersten Asien-Trip. Anlass: Er möchte (für Pennebaker) einen Film drehen, der die Entwicklungshilfe der UNO zum Thema hat. Mit dem Drehbuchautor Stewart Stern und dem Regisseur George Englund zieht Brando eine Reise von über 20 000 Meilen durch.

Brando, der Mann aus Middle America, der die Zivilisation Amerikas instinktiv für eine Horrorshow hält, fühlt sich im Orient glücklich. An diesem Wohlbehagen und dieser Wonne, die jeder kennt, dem über Üsküdar schon einmal die Sonne aufging, mag viel Oberflächenkitzel und mehr seelische als zerebrale Wahrnehmung und Reizung sein. Von der Suche nach Nirwana sind wir aber alle zerschunden, und dass der Weg, wie manche sagen, das Ziel ist, kann kaum wissen, wer nie hinterm Ofen hervorkroch. Brando, der Unstete *on the road*, das ist mehr als der Star auf der Flucht vor den Fans, das Idol auf der Suche nach neuer Identität – wir alle irren auf den Highways irgendeines Orients, wir alle suchen zwischen Millionen Träumen und Phrasen und Nieten unser eigenes, gebrochenes Ich, und diesem Ich die Höhle eines Nirwana und den Regenbogen eines Du. Und diese Reise führt glücklicherweise nirgendwohin, denn die Bilder am Rande, das ist die Ausdruckswelt, das Diesseits, das zählt, der Mondschein auf dem Metroschacht, der Hauch der Huris und das letzte

Glas, das zerebrale Zittern nach großen Erschöpfungen. »Mit dem Leid allein ist es nicht abgetan, Musik muss sein und immer neues Leid« (Céline).

Ein Film kommt auch heraus bei Brandos erstem Exkurs nach Fernost, allerdings nun kein Film über die Entwicklungshelden der UNO, sondern Hollywood, wie es lacht und lügt, eine Broadway-Adaption für MGM (»Ich mache Filme nur noch, weil ich Geld brauche«, M. B.): *Das kleine Teehaus*, und Brando spielt – *yessir*, einen Japaner: *Um der Rolle des Sakini eine authentische Fassade zu verleihen, arbeitete Brando mit dem berühmten Make-up-Artisten Keyston Weeney zusammen. Die Tränenkanäle wurden ausgestopft, indem man um die Augen ein Gummilid klebte. Um seine Wangenknochen hervorzuheben und das Fleisch auf seinen Wangen und Kiefern wegzuretuschieren, wurde eine spezielle kosmetische Grundschicht appliziert. Und als Tüpfel auf dem i gab es dann noch die schwarze, strohgemaserte Perücke. Mr. Weeney benötigte eineinhalb Stunden, um dieses Make-up aufzutragen, das dennoch keineswegs überzeugend wirkt. Ein Kritiker behauptete, Brando sähe aus wie Fu Manchu, aber in Wirklichkeit ist er Jerry Lewis in* Geisha Boy *wie aus dem Gesicht geschnitten.*[67]

Und Carey steuert auch den Kommentar eines Fans bei, der alles sagt, was zu dem Streifen zu sagen ist: »Es wird schwer, aber ich werde versuchen, diesen Film zu vergessen.«

Mit diesem leichten Thespiskuss war Brandos Japan-Periode aber nicht beendet. Gerade hatte James Michener, einer der Dauerbrenner unter den amerikanischen Wälzer-Autoren, großen Erfolg mit dem Roman *Sayonara*, einer Schmonzette mit dem Thema: US-Besatzungsoffizier liebt schöne japanische Schauspielerin, kann selbige, da im Offizierkorps Borniertheit und Rassenwahn vorherrschen, nicht heiraten, worauf man am Schluss »Sayonara«, japanisch für »Auf Wiedersehen«, schluchzt.

Michener hatte nun einen Spezi namens Joshua Logan, seines Zeichens Bühnenregisseur und in Hollywood Fachmann für Kitsch & Kunstgewerbe. Logan liest, schmilzt und sagt: »Herrlich! Ich liebe Japan! Ich liebe das Kabuki-Theater, die Nō-Dramen und die Bunraku-Puppenspiele! Und das alles werden wir an Ort und Stelle authentisch drehen! Schluchz! Und als Hauptdarsteller nehmen wir, ja wen wohl: Marlon *Brando*!« Zap! Zack! Irre!, sagte sich Brando, und außerdem sagte er in etwa: »Junge, schieb die Kohle rüber!« Und man schob: Brando bekam das coole Sümmchen von 300 000 Dollar gleich 260 000 Mark plus Einspielbeteiligung, und der Film spielte nicht wenig ein; er war einer der Top-Kassenfilme der Jahre 57/58 und Brandos erfolgreichster Film bis zum *Paten*.

Ansonsten hat David Shipman den Streifen so beschrieben: *Brando machte sich bald keine Illusionen mehr über den Versuch, mit diesem Film irgendetwas Substantielles über die Rassendiskriminierung auszusagen, und der Film wurde in England auch als platte Klamotte abgetan (von der amerikanischen Kritik wurde er wesentlich besser aufgenommen) … Es war eine fast zweieinhalb Stunden lange romantische Schwelgerei, in der Liebe & Sehnsucht sich aus allen Poren ergossen … Davon abgesehen, brachte nur Brandos Gegenwart eine Art Relevanz. Seine Romanze, Miss Taka, verfügte über keinerlei schauspielerische Erfahrung und glich in mehr als einer Hinsicht einem Hackklotz, aber Brando gab ein durchaus eindrucksvolles Porträt eines Mannes, den Amors Pfeil mittenmang getroffen hat. Die Rolle war absolut konventionell, und er wusste es; er gab eine seiner am wenigsten glamourhaften Darstellungen mit diesem milden, etwas komischen Texaner und suggerierte dabei noch Güte und Rücksichtnahme, welche im Skript nur angedeutet und vom Regisseur ignoriert wurden.*[68]

Bezeichnend bleibt wohl die Tatsache, dass Brando den Part nur unter der Bedingung übernommen hatte, dass er, als liebender Offizier, die Japanerin am Schluss doch noch kriegt (das war nicht nur realistischer, denn die entsprechenden Verordnungen waren längst geändert und die ersten japanischen Bräute schoben in den Staaten schon die Kinderwagen, es entsprach auch seiner persönlichen Situation: Schließlich heiratete er kurz nach den Dreharbeiten eine angebliche Inderin …). Dass mit diesem »Happy-End« eigentlich auch der traurige *Sayonara*-Titel überflüssig wurde, ließ die Herren kalt (»*Shit*, Josh, was machen wir denn jetzt mit dem schönen Titel?« – »*Goddam it*, wir lassen ihn natürlich stehen, oder soll Mich sein Buch umschreiben, wo er gerade die deutschen Rechte verkauft hat? Das würden die Krauts doch nie schlucken …! Und außerdem: Wenn ich einen Film mache, heißt der am letzten Drehtag noch so wie am ersten, auch wenn der Held zwischendrin 'ne Sexoperation hinter sich bringt, klar?«); vielleicht fiel es ihnen auch nicht auf.

Der Film wurde übrigens für elf Oscars nominiert (darunter auch Brando als bester Hauptdarsteller, zum letzten Mal für 15 Jahre), und er bekam immerhin vier: Wer den Dollar mehrt, ist auch 'n Oscar wert …

In Kioto, dem japanischen Drehort von *Sayonara*, ereilte Marlon Brando, der angeblich keine Romane liest, schließlich und endlich auch die moderne Literatur, und zwar in Form der menschlichen Giftspritze Truman Capote. (Wer jetzt Zeter und Mordio schreit, besorge sich jenen *Rolling Stone* vom Sommer 1973, in dem Truman Capote und Andy Warhol mit einem Rührstück namens *Sunday with Mr. C* vertreten sind; Teile davon nachzulesen in *Gasolin 23*, Nr. 3.)

Capote, für den die wirklich Reichen erst jenseits der 100-Millionen-Dollar-Grenze angesiedelt sind, hat schon in allerjüngsten Jahren sein gar nicht unbeträchtliches Prosatalent ganz darauf verwandt, sich in die physische Nähe seiner Lieblinge und ihrer geistigen Zubringer zu schreiben, was ihm vielleicht auch gelungen ist. Ein Society-Fetischist also, und wovon möchte die Society unterrichtet werden? Natürlich auch von Marlon Brando, diesem ach so herrlich amerikanischen, urwüchsigen, rebellischen, sexy Superstar, der natürlich nie wirklich reich sein wird (Schauspieler werfen ihr Geld ja immer zum Fenster raus!), aber dafür hat er doch all diese sündhaft armen Schlucker so aufregend dargestellt, kurz: Der Mann ist ein Thema nicht nur für den *Hollywood Reporter*, sondern auch für jene Kreise, die sich intellektuell gern »auf dem Laufenden« halten, aber bitte ohne größere Anstrengung, und deshalb den *New Yorker* lesen – und in eben diesem Blatt der reaktionären Bourgeoisie der Ostküste fungierte Truman Capote damals als eine Art Vermittler von allem, was etwas *chichi* ist und nach *Camp* riecht, also Kitsch mit Kitzel.

Capote sieht es freilich anders, unterm Erhabenen macht

er's einfach nicht: »Ich dachte mir, dass das Banalste im Journalismus ein Interview mit einem Filmstar sei, und so tat ich eine Anzahl von Namen in einen Hut und zog, Gott weiß warum, den von Marlon Brando heraus ... Dann reiste ich nach Japan und verbrachte die vorgeschriebene Zeit – einen Abend – mit Brando und hängte dann ein Jahr an den Text, denn meine Aufgabe bestand darin, aus diesem banalen Ding ein *Kunstwerk* zu machen.«

Das »Kunstwerk«, das dabei nach einem Jahr herauskam, ist in der deutschen Übersetzung knapp 50 Seiten lang, aber wer nun denkt, welche Maus hat denn da der Berg hervorgebracht, der weiß eben nicht, und will es vielleicht auch gar nicht wissen, mit *welch* heroischem Kunstwillen Mr. Capote an seinen Sätzen feilt, dass sich die Späne biegen ... Interessanter als sein Wille zur Kunst ist bei Capote etwas anderes: Er rühmt sich, ein »absolutes Gedächtnis« zu haben, weswegen er für seine Interviews auch keine Tonbandgeräte verwendet, und er gibt selbst gern zu, dass er einer der boshaftesten Menschen ist, die es je gegeben hat.

Das bringt etwas Perspektive in seinen Essay *The Prince in His Domain*, der 1958 im *New Yorker* erschien – und der schon deshalb in einer Brando-Betrachtung nicht unerwähnt bleiben darf, weil sämtliche Biographen einen Großteil ihrer Informationen noch immer aus diesem Giftspritzenprodukt beziehen. (So breiten Morella / Epstein, zwei Filmjournalisten, deren Brando-Riemen laut deutschem Verlag »ein Höhepunkt ihrer schriftstellerischen Zusammenarbeit ist«, seitenweise Stellen aus Capotes Aufsatz aus, ohne freilich ihre Quelle je zu erwähnen.)

Fiore, der anfangs dabei war, schildert Capotes Auftritt nicht ohne Bewunderung und Grauen: *Es klopfte an der Tür, und das Dienstmädchen öffnete sie. Eingerahmt vom Korridor, auf der Schwelle posierend, stand dort Capote. Er gab ein äußerst hübsches Bild ab. Er war in harmonischen gelbbraunen Farbtönen gekleidet: Wüstenschuhe, hellbraune Kordhosen und ein gestrickter, lohfarbener Pullover aus dicker Wolle. Er tänzelte in seiner komischen, graziösen Gangart in das Zimmer. In seiner Armbeuge hütete er eine Flasche Wodka. Ich hatte gehört, dass Capote klein sei, aber ich war dann doch überrascht, wie winzig er wirklich war. Er war rank und schlank wie ein Knabe, und seine Füße und Hände waren die eines Kindes. Obwohl er 30 Jahre oder mehr zählte, hatte er den offenen Blick und die glatten Gesichtszüge eines unschuldigen Zwölfjährigen. Ich hatte ihn noch nie sprechen hören, und die hohe Lage seiner nasalen Stimme, die die Worte sanft verschliff, gab mir das Gefühl, als spräche ein Amateur-Bauchredner durch eine unterlebensgroße, aber perfekt proportionierte Puppe. Weder ich noch sonst jemand hätten aber je gewagt, über seine Erscheinung und Sprechweise zu lachen oder auch nur zu lächeln. Es war nur zu gut bekannt, dass hinter diesen babyblauen Augen eine vife Intelligenz lauerte, die einen mit dem gesprochenen Wort zum Krüppel und mit dem geschriebenen zur Leiche machen konnte.*[69]

Was geschah, als Fiore sich verabschiedete, berichtet Capote in seinem »Kunstwerk«. Die Lektüre erstaunt allerdings weniger wegen der nur vom Autor vermuteten Brillanz der Darstellung, sondern wegen der Offenherzigkeit, mit der Brando über sich, seine Verachtung für den

Regisseur Logan, sein Verhältnis zu seiner Mutter, deren Trunksucht und andere private Dinge plauderte. Seine Bemerkungen über Logan und die Produktion von *Sayonara* brachten ihn später in erhebliche Schwierigkeiten. Brando erklärte, er habe Capote gebeten, nichts, was über Dritte gesprochen wurde, in den Artikel aufzunehmen, und er schrieb nach dessen Veröffentlichung Capote auch einen wütenden Brief, auf den dieser natürlich nicht reagierte. Bei seiner hemmungslosen Giftspritzerei hat Capote allerdings nicht gemerkt, dass die Verachtung, die er für sein Gegenüber hegte, letztlich auf ihn zurückfällt – Gift, Bosheit und Ressentiment sind vielleicht Ingredienzen der Literatur, sie können niemals deren einziger Inhalt sein. Insofern bewegt sich Capote durchaus, wenngleich mit anderen Stilmitteln, auf der Ebene des miesesten Revolverjournalismus, der seine Inhalte, um sie aufzumöbeln, fertigmacht, und sich dabei doch immer nur selbst in die Hose scheißt, und wieder kommt mir Agnew in den Sinn, »eine Bande grausamer Schwuler«, mein Gott Spiro, auf wen, wenn nicht Capote, war dieser Satz gemünzt?

Hier ein Absatz, der die Vorstellungswelten, in denen diese merkwürdigen Gesprächspartner sich bewegten, enthält – und die Kluft zwischen ihnen und das leise Zischen von Capotes Giftspritze: *Als das Abendessen kam, beantwortete ich gerade einige Fragen, die Brando einen meiner Bekannten betreffend an mich gerichtet hatte, einen jungen amerikanischen Anhänger des Buddhismus, der seit fünf Jahren ein Leben der Betrachtung – wenn auch nicht gänzlich der Welt entsagend – innerhalb der Mauern von Kiotos Nishi-Honganji-Tempel führte. Der Gedanke daran, dass ein Mensch sich von der Welt zurückzieht, um ein geistiges Dasein zu führen – dazu noch ein orientalisches –, ließ Brandos Gesicht still und verträumt werden. Mit überraschender Aufmerksamkeit hörte er auf das, was ich ihm über das gegenwärtige Leben des jungen Mannes erzählen konnte. Er war verwundert – in der Tat enttäuscht –, dass es gar nicht, absolut nicht eine Angelegenheit der Absonderung, der Stille und der vom Gebet wunden Knie war. Im Gegenteil, hinter den Mauern von Nishi-Honganji bewohnte mein buddhistischer Freund drei gemütliche sonnige Zimmer, vollgestopft mit Büchern und Schallplatten; neben der Beschäftigung mit seinen Gebeten und der Ausübung der Tee-Zeremonie war er durchaus in der Lage, einen Martini zu mixen; er hatte zwei Diener und einen Chevrolet, in dem er sich häufig zu den Kinos am Platze begab. Und was das betrifft, so hatte er gelesen, dass Marlon Brando in der Stadt war, und freute sich darauf, ihm zu begegnen. Brando war wenig erfreut. Seine puritanische Ader, die nicht unwesentlich ist, war angerührt worden; seine Auffassung von wahrer Frömmigkeit konnte jemanden, der so weltoffen war wie der von mir beschriebene junge Mann, nicht begreifen. »Es ist wie bei den Dreharbeiten neulich«, sagte er. »Wir arbeiten in einem Tempel, und einer der Mönche kam herbei und bat mich um ein Bild mit meinem Autogramm. Also, was in aller Welt kann wohl ein Mönch mit meinem Autogramm anfangen? Mit einem Bild von mir?«*[70]

Ich muss sagen, mir kommt das Bild eines buddhistischen Mönches mit Dienern und Chevrolet, und sei er Amerikaner, allerdings auch merkwürdig schief vor, und Mister C hat leider in diesem Aufsatz nichts unternommen, um es geradezurücken; Weltoffenheit, geschenkt; Capote, der von Jack Kerouac einmal sagte, er sei kein Schriftsteller, sondern eine Schreibmaschine (er hätte lieber bei Kerouac oder Snyder nachlesen sollen, wie man weltoffen buddhistisch leben kann, ohne sich mit dem Chevrolet zu den »Kinos am Platze« zu begeben), bleibt für mich der in der Literatur dieser Zeit gar nicht so seltene Fall – kein Autor, sondern ein Auto.

Brando selbst hat den besten Kommentar zu dieser Episode gegeben, und damit geht er zwar lädiert, aber als eigentlicher Sieger aus dem Ring von Kioto: *Marlons Freunde waren bass erstaunt, dass er so offen mit jemandem geredet hatte, der ihre Konversation veröffentlichen würde. »Wie konnte das passieren?«, fragte George Glass Marlon.*

»Na ja, der kleine Scheißer hat die halbe Nacht damit verbracht, mir mit seinen Problemen die Ohren vollzuquasseln«, sagte Marlon. »Ich dachte, das mindeste, was ich für ihn tun könnte, wäre, ihm ein paar von meinen zu erzählen.«

»Ein alter Trick«, bemerkte Glass. »Würdest du gern irgendetwas unternehmen, um es ihm heimzuzahlen?«

Marlon überlegte eine Weile. »Yeah. Ich würde ihn gern mit einer nassen Nudel totschlagen.«[71]

»Prince« nennt Capote Brando, natürlich ironisch/höhnisch, aber tatsächlich haben Brandos Erscheinungsbild und sein Status in Hollywood, dem Glitzer- und Glanzkackreich, zu jener Zeit etwas Prinzenhaftes. Für *Sayonara* bezahlen ihm die Produzenten eine komplette Entourage mit eigenem Maskenbildner. Seine Produktionsfirma beschäftigt ein Heer von Drehbuchautoren und Hilfsschreibern, um geeignete Stoffe auszubrüten (bis 1957 hat Brando an die 200 000 Dollar dafür ausgespuckt), und es kommt weniger dabei heraus als heiße Luft – auch das vielleicht ein Zeichen fürstlicher Verschwendung. Und wie so oft, wenn Menschen auf der sichtbaren Spitze ihrer Macht und ihrer Möglichkeiten stehen, bieten sie einen Anblick der Ratlosigkeit, ja der Ahnungslosigkeit: wohin in dieser Fülle, wofür die ganze Pracht?

Was liegt näher als Heirat. Und wenn schon Heirat, was liegt näher als eine indische Prinzessin? Eine oberflächliche und inkomplette Namensliste mit Brandos damaligen Freundinnen zeigt ja, wohin die Liebe in seinem Falle schweift (mit Namen wie Movita, Blossom Plumb, Josanne Mariani-Bérenger, France Nuyen, Barbara Luna, Marie Cuix und Rita Moreno): »Mit ein paar Ausnahmen gehörten alle Frauen in Marlons Leben zum Sarong- oder Serape-Typus, dunkelhaarige Feuerteufel, die aus den sinistren Schatten eines Charlie-Chan-Thrillers zu treten schienen.«[72] Mit den heimischen White-Anglo-Saxon-Protestant-Gewächsen hatte dieser Sexbesessene aus dem Korn- und Bibelgürtel des mittleren Amerika rein gar nichts im Sinne, und ein Teil seiner Unbeliebtheit in Hollywood geht sicher darauf zurück, dass er niemals Audrey Hepburn oder Elizabeth Taylor schöne Augen machte, sondern nur diesen Schlampen aus Mexiko oder irgendeinem Orient.

Am 11. Oktober 1957 heiratet Marlon Brando also »in aller Stille« die Schauspielerin Anna Kashfi, und über dieser Ehe könnte durchaus als Motto stehen CHINESE VERMÄHLT SICH MIT INDERIN, denn so wie Brando ja einmal in Shanghai zur Welt kam, steht in den Publicity-Papieren der Kashfi als Geburtsort: Kalkutta. Damit hatte es – eventuell – sogar seine Richtigkeit, und in ihrem Sarong sah die Kashfi, braun, zart und sehr orientalisch, auch absolut echt aus. Allerdings verifizierte sich schon bald nach der Hochzeit ein Hollywood-Gerücht, das Brando bis dahin mit einem Achselzucken abgetan hatte: Anna Kashfi war als Joanne O'Callaghan und waschechte Waliserin in Kalkutta (oder Darjeeling? oder doch Cardiff?) geboren worden. Sobald das feststand, war die Ehe, wie Carey sagt, *»on the rocks«*, denn Brando verträgt nun mal keine Lügen, vor allem nicht, wenn er sie von seinen Frauen serviert bekommt. Pech!

Pech dazu, dass Mrs. Brando eine eifersüchtige Wildkatze war, die ihrem Marlon (ein *»legs & ass-man«*, wie Bukowski sagen würde) wegen jedem lächerlichen Seitensprung die Hölle heißmachte. Wäre die Kashfi nicht schwanger und Brando ein Gentleman gewesen, er hätte sie schon nach ein paar Monaten rausgeworfen. So fand die Scheidung erst am 22. August 1959 statt, und der Kampf der Geschiedenen um das Erziehungsrecht für den Sohn Christian beschäftigte die Gerichte und die Bildzeitungen noch bis in die 70er Jahre, als die Kashfi den *Letzten Tango* zum Anlass nahm, ihren Ex-Mann als Teufel zu verketzern, dem man seine Kinder entreißen müsse etc. pp.

Ja, manchmal kommt auf den Höhen starker Nebel auf, und der Blick ins Tal wird ratlos. Wohin, wohin? Der Prinz und die Jahre der Versilberung, und der Lack der Märchen hält nicht lange in der Wegwerfwelt. Und der Rebell? Wovon träumt der Rebell?

Brando Mitte der 30, das ist ein Mann voller Unruhe,

voller Krämpfe. Er fühlt sein Leben unter den Füßen wegrutschen, nicht mehr die Ranch in Nebraska, sondern das eigene Ego und das Ziel: »Der Menschheit was geben. Kultureller Beitrag. Soziale Probleme. Blabla. Was machen. Sich realisieren. Was ändern, Mann, vielleicht sogar, will's der Teufel, was ändern für andere.« Leute berichten, Brandos Blick auf dem Set, wenn er seine Texte sagt, bekomme einen Glanz, der etwas ganz anderes enthalte als die Worte und die Szene und der Film. Wo starrt er denn hin? Sieht er Silber, sieht er Gold? Oder sieht der Rebell die Wirklichkeit?

Brando Mitte der 30, das ist ein Mann, der wieder die Angst kennt, ein Besessener, den etwas ganz anderes packt als das Weib und der silberne Wahn: »Die Kunst ist ein in Form gebrachtes Verlangen nach dem Unmöglichen. Wenn der herzzerreißendste Schrei seinen stärksten sprachlichen Ausdruck findet, entspricht die Revolte ihrer Forderung und gewinnt aus dieser Treue zu sich selbst die schöpferische Kraft. Obwohl das die Vorurteile unserer Zeit verletzt, ist der größte künstlerische Stil eben doch der Ausdruck der höchsten Revolte.«[73]

Auf dem Höhepunkt seiner Erfolge, auf dem Zenit des Ruhms, der Eitelkeit und des Nichts, setzt Brando, der versilberte Rebell, seinen Ruf, seinen Status, seine Höhen und sein Silber aufs Spiel und dreht, als Hauptdarsteller, Produzent und Regisseur, einen sechsstündigen Western:

One-Eyed Jacks, vom deutschen Verleih mit einem Anflug von Genialität *Der Besessene* getauft.

Sayonara, Mr. C. Und passen Sie in den Kurven auf, die Kunst nimmt keine Rücksicht auf Ihre Marke, geschweige die Rebellion.

Der Besessene

We all need someone we can bleed on
And if you want it why dont you bleed on me
We all need someone we can bleed on
And if you want it, baby, well you can bleed on me
The Rolling Stones: Let it bleed

Brando schuldete Zanuck noch einen Film für den Vertragsbruch von 1954, und er schuldete sich, nach vier ideellen Flops in Reihenfolge – nach Geschichtsklamotte, Musical und zwei Abstechern in einen Orient reinster Burbank-Provenienz –, wohl auch endlich wieder einen Film, der seinen Ansprüchen gerecht werden konnte. Edward Dmytryks Verfilmung von Irwin Shaws Roman *Die jungen Löwen* kam ihm da gerade recht, und obwohl der Film bestimmt nicht in die Kategorie der Kunstwerke gehört und Brandos Part ihm in den Augen und Gemütern der ohnehin arg gebeutelten Idol-Verehrer sicher keinen besonderen Glanz einbrachte (die Reihen der hartgesottenen Brando-Fans mit den ölverschmierten Jeans und den coolen, leeren Gesichtern waren um diese Zeit ohnehin schon stark gelichtet), gelang ihm wieder eine glatte Provokation der herrschenden Meinung und des amerikanischen Geschmacks.

Die jungen Löwen, das ist die etwas krass und krud

montierte Story eines New Yorker Juden (Montgomery Clift) und seines Kumpels (Dean Martin) Ende der 30er Jahre und im Zweiten Weltkrieg, die mit der eines deutschen Offiziers (Brando) kontrastiert. Erst im Showdown bei Kriegsende schneiden sich ihre Wege: In der Nähe eines französischen KZ wird Brando von Dean Martin erschossen. Das alles verläuft in den üblichen Bahnen der Hollywood-Klischees (Krieg, aber bitte nicht zu grässlich, Nazis, aber denkt an den Marshall-Plan, Jungs, Tod und Teufel, aber gut geschminkt, und immer im Ohr: *America, Home of the Brave, Land of the Free*, und bitte, Monty, wenn wir auch alle wissen, dass du kurz vorm Durchdrehen und Abschnappen bist, und die Welt ist ja auch wirklich ein Eimer Scheiße und deine ganz speziell, aber nun ring dir doch noch mal dein gottverdammt *goldenes* Lächeln ab, Junge, und vergiss nicht, bei den Nazis wärst du womöglich glatt im KZ gelandet ... na siehst du! Cut! Kopieren! Gestorben!) und wird getragen vom demokratischen Gusto der 50er Jahre, und es knirschen die Gebeine der Gemarterten, aber die Geschichte bedeckt sie, und es heulen die Opfer der Geschichte, aber wir hören sie nicht. Und auf diesen sicher gut gemeinten Film trifft vom ersten bis zum letzten Zentimeter Zelluloid Buñuels Verdikt zu: »Abgesehen von einigen Ausnahmen haben alle Filme einen großen Fehler: sie sind zu konformistisch.«[74]

Aber ein junger Löwe hat hier doch gut gebrüllt, und das war Brando. In Berlin diktierte er den verdutzten Reportern folgendes Statement in die Griffel: *Dieser Film wird zu zeigen versuchen, dass der Nazismus eine Geisteshaltung und keine Angelegenheit der Geographie ist und dass es in jedem Land Nazis und Menschen guten Willens gibt. Die Welt kann nicht dauernd in die Vergangenheit zurückblicken und weiterhassen, sonst wird es nie einen Fortschritt geben.*[75]

Prompt versuchte Brando, aus seinem Deutschen einen sympathischen Mann zu machen. Mit seinem gebleichten Haar und seinem deutschen Akzent (Brando ist ein Meister in der Kunst, Klang und Rhythmus einer fremden Sprache zu adaptieren) wirkt er wie ein sanfter Bubblegum-Siegfried, der sich in eine Wehrmachts-Uniform verirrt hat. Als er bei seiner Sterbe-Szene auch noch mit ausgebreiteten Armen (wie Christus am Kreuz) auf einen Stacheldraht fallen wollte, soll Clift, der im Film die Märtyrerrolle hatte, mit seiner sofortigen Abreise gedroht haben (oft kolportierter Kommentar eines Team-Mitglieds: »In Montys Filmen darf es nur einen Jesus geben!«). Aber selbst ohne diese letzte und äußerste Pose war das Publikum alles andere als angetan von seinem Versuch, auch den Nazi als Opfer zu zeigen. Der Film war zwar ein Kassenerfolg (Brandos letzter bis 1973), aber er war auch der erste in einer Reihe von Filmen, die Brando in *Middle America* zur Unperson machten.

Zu Clift hatte Brando damals ein distanziertes, aber nicht unfreundliches Verhältnis, das eine Episode kennzeichnet, die sich kurz nach den Dreharbeiten ereignete. Brando war wie alle anderen auf dem Set in Sorge wegen Montys körperlichem Verfall und seiner psychischen Tristesse (nach einem Unfall 1956, bei dem auch sein Gesicht in Mitleidenschaft gezogen wurde, kam der von seinen Furien gehetzte Clift keinen Tag mehr ohne Visite beim Zeremonienmeister der künstlichen Paradiese aus, den Hans Fallada, auch ein häufiger Besucher jener Gefilde, den »Kleinen Tod« nannte). So kam es zu einer fast beklemmenden Szene in New York: *Vor dem Unfall hatte Monty ständig der Flasche zugesprochen, aber er war nicht immer betrunken. Jetzt war er es – Tag und Nacht. Kurz nachdem* Die jungen Löwen *abgedreht waren, stattete Brando ihm einen Besuch ab. Er hatte sich mit Maureen Stapleton** *beraten, und sie waren sich einig, dass die Anonymen Alkoholiker Monty helfen konnten, so wie sie Maureen und anderen gemeinsamen Bekannten geholfen hatten. Brando setzte sich mit Monty zusammen und sagte: »Schau, Monty, du bringst dich doch um.« Monty bestritt, Alkoholiker zu sein. Brando sagte: »Ich gehe mit dir zu den* AA. *Ich gehe mit dir zu jedem Meeting … Wir werden die Sache gemeinsam ausstehen. Ich werde alles tun, Monty.« Er redete noch eine Weile auf ihn ein. Und die ganze Zeit leerte Monty große Gläser Wodka, wie um Brando die Sinnlosigkeit seiner Vorhaltungen zu demonstrieren. Schließlich ging Brando weg.*[76]

Junge Löwen, wahrhaftig – ausweglos vergattert vom amerikanischen Traum, unter Qualen zur Strecke gebracht in der Wildbahn der Ausdruckswelt. Und nun sagen Sie solch jungen Löwen mal: »Macht kaputt, was euch kaputtmacht!« Sie werden sich vor lauter Verlegenheit selber auffressen.

Ende der 50er Jahre war Brando der am meisten kopierte und imitierte Schauspieler der Welt. René Jordan: »Brando

* Schauspielerin *(Lonely Hearts, Airport)* und Freundin Clifts. Anm. d. Verf.

sorgte sich, wie Frankenstein, um die Filmmonster, die er hervorgebracht hatte … Um ihn herum spielte jeder Brando, und er musste einen anderen spielen.«[77]

Als er im Sommer 1959 die Hauptrolle in *Der Mann mit der Schlangenhaut*, der Verfilmung von Tennessee Williams' Theaterstück *Orpheus steigt herab*, übernahm, quietschten die Leute, die Brando immer noch für Kowalski und alle seine seitherigen Filme im Grunde für Aberrationen vom Leitmotiv hielten (und dazu gehörte namentlich Williams selbst), vor Entzücken: »Mein Gott, endlich, Marlon ist zur Vernunft gekommen!«

Nun lag der Fall allerdings ganz anders. Marlons Vernunft stand außer Frage, nicht hingegen diejenige des Stückeschreibers Williams, der seit 1940, als er *Orpheus* zum ersten Mal auf die Bühne brachte, bis 1957, als das Stück am Broadway durchfiel, nicht einsehen mochte, dass das Stück die Mühe nicht wert war. Und er und alle New Yorker Theaterleute, die Brando unbedingt auf die Bühne und auf »The Method« und Kowalski fixieren wollten, setzten aufs falsche Pferd. Seit Anfang der 50er Jahre lag die ganze amerikanische »Hochkultur« in einer schweren Krise darnieder, eingeengt und eingeschüchtert von der beklemmenden Atmosphäre, mit der die kalten Krieger und heißen Hexenjäger unter Führung der Oberkretins Eisenhower / Dulles / Nixon das Land verpesteten (die Kulturrevolution der Beats kam ja nicht von ungefähr). Von dieser Krise war das Theater keineswegs ausgenommen, und wenn auch Hollywood in der Front der Schleimproduzenten ganz vorn marschierte, sah Brando der Nüchterne ohne Illusion, dass der Film *sein* Medium und *seine* Chance war.

Viermal hatte er Williams' Bitten, die Hauptrollen in seinen Stücken zu übernehmen, mit der Begründung abgelehnt, er wolle nichts mehr spielen, was an Kowalski erinnern könnte. Aber Williams ist nicht der Mann, der sich von vier Absagen einschüchtern lässt. Schließlich köderte er Brando mit Hilfe der Produzenten: Als erster Star bekam Brando eine Gage von einer Million Dollar, und dieses Angebot konnte er nicht in den Wind schlagen. Brando senior hatte mit seinen Nebraska-Investitionen kläglichen Schiffbruch erlitten, Brandos Ersparnisse aus zehn Jahren harter Arbeit waren futsch, die Kashfi molk ihn in bester amerikanischer Tradition, Pennebaker Productions siechten dahin, und *One-Eyed Jacks*, gerade abgedreht, hatte mit sechs Millionen Dollar Produktionskosten so viel Geld verschlungen, dass es fraglich war, ob der Film je einen Dollar einbringen würde. Brando stand mit dem Rücken zur Wand, und so übernahm er gegen besseres Wissen die ihm angediente Rolle.

Das Stück ist eins der schlechtesten Melodramen aus der Schwulst-Kiste Tennessee Williams', und auch die Starbesetzung des Films (die weiblichen Hauptrollen spielten Anna Magnani, Joanne Woodward und Maureen Stapleton) retteten ihn an den Kinokassen nicht vor einem mittleren Desaster. Das Publikum hatte 1960 die Edelschmonzetten aus dem Williamsschen Süden, wo es ewig 1930 war und Held und Heroine im Duft des Jasmins und in der schwülen Nacht des Leguans zueinander nicht kommen konnten, bis obenhin satt, und Williams, der wohl zu lange am Erfolgsmuster von *Endstation Sehnsucht* gestrickt hatte, verschwand denn auch in den 60er Jahren nicht ohne Grund in der Versenkung, aus der er, ein wahrer Crack, sich in den letzten Jahren wieder herausgeschrieben hat. (Ein Kulturbeitrag am Rand: Sagt Tennessee Williams zu Gore Vidal: »Gore, ich habe die ganzen 60er Jahre verschlafen!« Erwidert Vidal: »Keine Sorge, Bird, Sie haben nichts versäumt!«)

Und Brando/Magnani, war das nicht ein Traumpaar – die heißblütige Tragödin und der coole Zornige, die römische Wölfin und der blonde Orpheus aus Omaha?

Von wegen.

Sie konnten sich nicht riechen, und das lag nicht nur am völlig unterschiedlichen Temperament, sondern auch an Training und Einstieg ins Metier. (Und südliche Señoras mag Brando lieber wollüstig/willig als professionell selbstbewusst/egozentrisch.) So schreibt Thomas: *Brando und Magnani gerieten von Anfang an aneinander. Auf ihren Schutz bedacht wie eine Wölfin, nutzte die Italienerin jeden Trick in ihrem Repertoire, um in ihren Szenen den Vorteil davonzutragen. Marlon war von ihrer Flatterhaftigkeit überrascht; sie brachte seine kühle Distanziertheit aus der Fassung. Er fand sie anmaßend und aggressiv; sie glaubte, er habe vor ihr Angst und hasse sie. Sie hatte recht.*[78]

Regisseur Sydney Lumet, damals noch am Anfang seiner distinguierten Karriere, brachte den Film mit Mühe über die Runden, nachdem die Produzenten der Eitelkeit der Magnani Tribut gezollt und ihr zugestanden hatten, dass ihr Name in Italien im Vorspann vor dem Brandos käme. Den eigentümlichsten Kommentar zum Film steuerte ausgerechnet Williams selbst bei: »Marlon Brando ist Marlon Brando. Ich wünschte nur, er würde sich nicht so gut an Kowalski erinnern.«

Als in den 20er Jahren Charlie Chaplin, Mary Pickford und Douglas Fairbanks mit »United Artists« ihre eigene Filmfirma aus der Taufe hoben, war *tout* Hollywood sich einig: »Die Irrenanstalt ist von den Insassen übernommen worden.« Ähnliche Gedanken irrten wahrscheinlich durch die Hirne der Paramount-Bosse, als ihnen Marlon Brando 1958 mitteilte, er werde in dem seit Jahren geplanten Western, über den sie ihm tatsächlich bereits die volle »künstlerische Kontrolle« eingeräumt hatten, nicht nur die Hauptrolle übernehmen, sondern auch Produktion und Regie. Größenwahn?

Truman Capote hatte in seinem Artikel nicht mit Andeutungen gespart (damals schrieb Brando – unterstützt von Carlo Fiore – auch noch am Drehbuch): »Produktion, Regie, Drehbuch und Hauptrolle. Charlie Chaplin brachte dies fertig und hat es sogar übertroffen, indem er noch seine eigene Musik komponierte. Aber Profis mit weitreichender Erfahrung – Orson Welles zum Beispiel – sind unter einer geringeren Anzahl von Aufgaben zusammengebrochen, als Brando auf sich nehmen wollte.«[79]

Schwerer als die Sticheleien Capotes könnte der Einwand wiegen, dass ein Western nicht unbedingt ein Vehikel für Brandos ideelle Absichten (»kultureller Beitrag ... soziale Probleme«) sein müsste; aber wenn auch *Der Besessene* vielleicht keine schonungslose Analyse des Kapitalismus im Übergang zum technischen Zeitalter und keine gellende Anklage daraus resultierender sozialer Ungerechtigkeiten ist, ich halte den Film doch für stellenweise grandios und insgesamt für eine von Brandos wichtigsten Arbeiten: denn er enthält seinen ganzen Hass auf die Bourgeoisie, auf das bourgeoise

Zeitalter, dessen sogenannte Zivilisation den Menschen degradiert und zum Zerstörer der Erde pervertiert, und er enthält Brandos leidenschaftliche, romantische, irrationale und deshalb widerstandsfähige Liebe zur Freiheit, jenem Traum, den der bürgerliche, der sozialdemokratische, der kommunistische, der Staat schlechthin in den Seelen seiner Sklaven noch immer nicht ganz vernichtet hat, noch immer nicht.

Die Vorgeschichte dieses Western ist so kompliziert wie eine Transaktion unter Traumtänzern und Märchenaktionären und so wirr wie ein Deal mit Rosstäuschern und Teppichhändlern, also das typische Hollywood der 50er Jahre.

Dabei ist die Ausgangssituation natürlich ganz simpel: Pennebaker Productions will mit einem Western ins Geschäft einsteigen, Paramount mit Brando als Westernheld abkassieren. Es werden also Autoren angeheuert und mangels Talent gefeuert (Fiore berichtet von einer Niete, anders kann man den Typ nicht nennen, der Brando für 35 000 Dollar ein 30-Seiten-Treatment liefert, mit dem sich nicht mal ein Alfred Weidenmann aus dem letzten Hohlzahn pfeifend abgegeben hätte). Nach gut einem Jahr und 200 000 sinnlos verbratenen Dollar sagt sich Brando: »Kann ich selbst.« Er setzt sich also hin und produziert ein Script mit dem Titel *A Burst of Vermilion* (etwa: *Explosion in Zinnober*). Aber zur Lektüre des Prinzen mit Weltverbesserungsplänen gehören Nietzsche, Freud, Buddha, Spinoza, Hindumystik, französische Philosophen, deutsche Theologen, es gehört kaum zu ihr die erzählende Literatur, schon gar nicht deren Trivialableger, und ohne deren Kenntnis, ohne ihre Topoi und ihre Sprache dürfte nur einem Naturtalent gelingen, was ja selbst Profis öfter als erlaubt in die Hosen geht: das

Herstellen einer stimmigen Action-Story. Immerhin hat Brando Bilder im Kopf, die seine Intentionen enthalten. Fiore hat sie sich gemerkt; aber anscheinend eher, weil er sie für spinnert hielt: *Marlon hatte beschlossen, den Western* Explosion in Zinnober *zu nennen. Es war ein ausgefallener Titel, der auf einen so kindischen Einfall zurückging, dass Hopalong Cassidy sich vor Scham im Staub gewälzt hätte. Marlons Idee bestand darin, dass seine Gang von Bankräubern und Mördern blutrote Halstücher tragen sollte, die im Wind flatterten, wenn sie über die purpurfarbene Prärie in irgendwelche ruchlosen Abenteuer ritten. Explosion in Zinnober – sehen Sie's?*

Ich war etwas verwirrt, als er mir diese Idee mitteilte. Mir war nicht ganz klar, warum die Outlaws ihre Absicht, zu morden und zu brandschatzen, mit ihren roten Halstüchern aller Welt mitteilen sollten. Würden sie nicht eher versuchen, als normale, ehrliche Cowboys auf Durchreise aufzutreten?

Marlon blickte an die Zimmerdecke und dachte darüber nach. Nein, sagte er schließlich, die roten Halstücher würden filmisch wirken. Am Anfang würden die Unternehmungen nicht ernst, sondern eher wie Kinderspiele aufgefasst. Die Outlaws wählten ihren Lebensstil weniger des Geldes wegen, sondern weil er ihnen aufregende Abenteuer brachte. Tatsächlich bedeutete Geld ihnen nur wenig. Sobald sie eine Beute in die Hände bekamen, verpulverten sie den Zaster bei Frauen, Schnaps und Karten. Die Outlaws waren Nullinger, die nach einer Identität suchten, selbst als Diebe. Und die roten Halstücher sollten all das, laut Marlon, symbolisieren.[80]

Also der Rebell als Naiver, aber gehört das Naive nicht zum Geschäft – der Rebellion wie des Western? Fiore würde mir da nicht recht geben, und die Jungs von der *Filmkritik* womöglich auch nicht, und das, obwohl ich immer in ihren Heften lese, wenn ich das Gewicht der Welt so recht auf meinem Kopf spüren möchte. Nun gut. *Let's spend the night together*, kreischt Mick Jagger im Radio. Die Dachlawinen poltern über die Regenrinnen und erschlagen harmlose Passanten. Aber gibt es 1978 in diesem Land noch harmlose Passanten? Natürlich nicht. Der große Bruder weiß das längst. Und auch die, die es lieber mit dem kleinen Tod als mit dem großen Bruder hielten, werden sich noch nach den Dachlawinen sehnen, wenn sie erst in einer Explosion aus Zinnober vom Gewicht des Staates zerrissen werden. Und die Asche ihrer Menschlichkeit im Nordwind weht. *Let's spend the night together?* Aber sicher, sagt der Terror zur Psyche. Und auch der Stammtisch weiß: *»Homo homini lupus.«*[81]

Die roten Halstücher wurden ad acta gelegt, das Thema Bankräuber / Männerfreundschaft / Highlife im Sattel, am Tresen und am Busen näher ins Auge gefasst, als Sam Peckinpah, ein 31jähriger Autor von Fernsehdramen, im Regal seines Produzenten Frank P. Rosenberg ein Exemplar von Charles Neiders Westernroman *The Authentic Death of Hendry Jones* erblickte und sich erbot, daraus ein Filmdrehbuch herzustellen.

Peckinpah – oh ja! Seine Filme gehören natürlich inzwischen zum Besten, was das Genre zu bieten hat, und Peckinpah ist wahrscheinlich heute *der* Outlaw-Regisseur schlechthin. Aber damals war er eben noch ein unbeschriebenes Blatt im großen Walde Hollywoods, und Brando goutierte zwar zunächst sein Script, ließ es aber nachher – warum, wüsste ich auch gern – fallen.

Und wieder vergingen Monate. Nach Peckinpah wurde Calder Willingham, ein renommierter Pro, verschlissen, und schließlich gab Guy Trosper, auch er ein alter Hase im Geschäft, dem Buch den letzten Touch. Brando hatte den neuen Titel beigesteuert: *One-Eyed Jacks*. Als Regisseur war Stanley Kubrick engagiert worden, er hatte Spencer Tracy als Brandos Gegenspieler vorgeschlagen, aber Brando bestand auf Karl Malden, einem alten Freund aus den New Yorker Tagen, der schon in *Endstation Sehnsucht* und *Die Faust im Nacken* mitgespielt und exzellente Arbeit geleistet hatte. Nach monatelangen Vorbereitungsgesprächen wurde auch Kubrick fallengelassen, und inmitten des Wirrwarrs, der enormen Vorproduktionskosten (bis zum ersten Drehtag bereits eine halbe Million) und des gegenseitigen Hickhacks (gegen den Rat Rosenbergs und Kubricks wurde auch Fiore dem Autoren- und Produktionsteam eingegliedert) beschloss Brando, selbst Regie zu führen: Was Wunder – dieser Film sollte doch endlich Hollywood zeigen, was eine Harke ist, er sollte, wie Brando sagte, »die Festung der alten Klischees erstürmen«, er sollte mit Donner und Gloria den Zanucks heimleuchten und der Welt zwingend den eigentlichen Brando enthüllen. Den Bossen war es recht: Ging es schief, waren sie Brando den Regisseur mit einem Schlag los; ging es gut, konnten sie auf seinen Ehrgeiz setzen und ihn in ihrem Sinn verschleißen, wie sie das noch mit jedem gemacht hatten, der nicht von selbst zu Kreuz gekrochen war.

Nach dreijährigen Vorbereitungen wurden im Sommer und Herbst 1958 die Rollen besetzt. Brando der Besessene, der kein Detail dem Zufall überließ und sich um jede Knospe und jeden Knopf kümmerte, wurde von Fiore dabei beobachtet: *Brando suchte nach einer Schauspielerin, deren Emotionen er kontrollieren konnte. Dabei interviewte er eines Tages ein Mädchen namens Nina Martinez, eine Person mit sehr viel Sex-Appeal, die später das Playmate des ganzen Teams wurde. Bevor sie engagiert wurde, wurde sie in unserer Gegenwart interviewt.*

»Hat Sie je ein Produzent dazu aufgefordert, Ihren Rock zu lüpfen?«, fragte Marlon sie abrupt.

»Ja«, gab sie mit betonter Ruhe zu.

»Wer?«, wollte Marlon wissen.

Sie deutete auf Frank P. Rosenberg, der sichtlich zurückwich.

»Sind Sie Jungfrau?«, fragte Marlon.

»Nein.«

»Haben Sie in Ihrer Heimat Familie?«

»Hab' ich«, sagte sie und zählte sie auf.

»Wen mögen Sie am liebsten von Ihrer Familie?«

Sie nannte eine achtjährige Nichte. Daraufhin dachte sich Marlon die schrecklichste Geschichte aus, die ihm einfiel – wie die Nichte in einen Unfall geriet, von einem Lastwagen überfahren und auf der Straße mitgeschleift und zerrissen wurde. Während er das erzählte, begann die Martinez zu weinen und geriet an den Rand einer veritablen Hysterie.

Marlon war zufrieden. »Okay«, sagte er, »Sie haben die Rolle.«[82]

Kathy Jurado, eine Freundin Brandos aus früheren Tagen, eine südliche Señora, wie sie in der Sonne steht, bekam die Rolle von Maldens Frau*. Der wichtigste Part war aber der ihrer Tochter Louisa. Dabei bewies Brando seltenes Gespür, wenn auch ein dunkles Schicksal seine Hand führte. Pina Pellicer, eine junge mexikanische Schauspielerin, die noch nie vor der Kamera gestanden hatte, ein fragiles Geschöpf, dem die Welt ihre Leiden in die Augen gelegt und in die Seele gebrannt hatte (sie hatte kurz zuvor in Mexico City in einer Theateraufführung des berühmten Tagebuchs die Anne Frank gespielt), gab unter Brandos sicherer Führung eine bewundernswerte Louisa; vielleicht legte sie zu viel in diese Rolle, in diesen Film, vielleicht wurde ihre Psyche mit dem Erfolg nicht fertig: Sie beging wenige Jahre später in Mexiko Selbstmord.

Eine weitere wichtige Rolle, die des Modesto, der mit Brando aus dem Gefängnis von Sonora nach Monterey geht und am Schluss von der Hand der Desperados umkommt, ging an Brandos langjähriges Lichtdouble Larry Duran, einen ehemaligen Taschendieb, den er in seinen ersten Hollywoodjahren aufgegabelt hatte. Auch Duran gab eine starke Figur ab.

Und die Story, Mann, wo bleibt die Story? Das fragten sich die Paramount-Leute auch, als Brando ihnen seinen sechsstündigen Rohschnitt zeigte. Selten in einem Western hat die nackte Story dabei eine solch nebensächliche Funktion wie in diesem Film. Sie ist im Übrigen rasch erzählt.

* Sie spielte, wie die Schurken Ben Johnson und Slim Pickens, später auch in Peckinpah-Filmen. Anm. d. Verf.

Westernexperte Joe Hembus macht's kurz und konzis: *Rio kommt nach fünf Jahren aus dem Gefängnis frei und reitet mit einigen Freunden nach Monterey, um die dortige Bank auszurauben. In dem Sheriff von Monterey erkennt er seinen alten Freund Dad Longworth wieder; Longworth war der Partner Rios bei dem Banküberfall, der ihn ins Gefängnis brachte, während Longworth ihn im Stich ließ und alleine mit der Beute flüchtete. Jetzt verführt Rio aus Rache Longworths Stieftochter Louisa. Als der Sheriff das erfährt, peitscht er Rio öffentlich aus und verstümmelt ihm mit einem Gewehrkolben die Revolverhand. Rio zieht sich in ein abgelegenes Fischerdorf zurück. Dort besucht ihn Louisa, und er beginnt sie zu lieben. Ohne zu wissen, dass seine Freunde den ursprünglich geplanten Bankraub durchgeführt haben, kehrt Rio nach Monterey zurück. Der Sheriff will ihn aufhängen. Mit Louisas Hilfe entkommt er aus dem Gefängnis. Im Showdown erschießt er den Sheriff und reitet fort.*[83]

The Authentic Death of Hendry Jones beschrieb die Geschichte des berühmten Outlaws Billy the Kid, und Rio und Daddy Longworth (die unterschwellige Vater-Sohn-Beziehung zwischen ihnen ist Teilstück eines komplizierten tiefenpsychologischen Mosaiks) nehmen in manchem Peckinpahs *Pat Garrett and Billy the Kid* vorweg. Die politische Komponente – der Outlaw Pat Garrett erkennt die Zeichen der Zeit und schlägt sich auf die Seite des bürgerlichen Staats und seiner Finanziers – ist in Peckinpahs Film deutlicher ausgesprochen, und sein melancholischer Anarchismus steht denn auch für eine Minorität schöpferischer Verlierer; aber auch Brandos Film spart nicht mit antibourgeoisen Affekten und elementarer Aggression gegen verordnete Meinung und vorgeschriebenes Leben. Natürlich war es einem Western Ende der 50er Jahre nicht möglich, das ganze zivilisatorische System als Lüge und Unmenschlichkeit zu zeigen, aber wenn sich Longworth mit dem mit Rio geraubten Gold zum Sheriff von Monterey wählen lässt und prompt die puritanische Heuchlermoral der Kapos und Ladenschwengel verinnerlicht, dann ist das schon ein ganz brauchbarer Kommentar zur weißen Welt am Ausgang ins Zeitalter der Gulags und Demokraturen.

Aber nicht die Story (sie wurde von den fickrigen Kompromisslern Paramounts am Schneidetisch so entstellt, dass der »fertige« Film mit der ursprünglichen Fassung des Regisseurs durchaus nicht übereinstimmt und von Brando auch abgelehnt wird), sondern die großartig dichte Atmosphäre, die brillant fotografierten Landschaften im Death Valley und an der kalifornischen Küste von Monterey und Big Sur – *Der Besessene* ist einer der ganz wenigen Western, die am Meer spielen* – und die hervorragenden Schauspieler verleihen dem Film eine Aura des Ursprünglichen.

Berge und Wüste, Flüsse und Seen, Bäume und Felsen sind hier mehr als Versatzstücke einer Filmkulisse, sie sind organische Zeichen von Welt und Gegenwelt, in der die Männer – die Trinker und Träumer, die Besessenen und Resignierten, die Verlierer, die töten, und die Verlierer, die getötet werden, es gibt keine Sieger – nur Flüchtende und

* Einer dieser wenigen ist, nach Auskunft von Joe Hembus (*Western von gestern*) der Streifen *In Old Caliente*, in welchem der singende Cowboy Roy Rodgers den Bösewicht sogar im Meer erledigt. Anm. d. Verf.

Flüchtige sind, die keine anderen Spuren als Blut und Dreck hinterlassen, und Frauen, denen sie ihre Wunden schlugen, aber Wunden verheilen, und einen Hauch von Irrsinn und Gewalt und scheue Pferde.

Sandsturm im Tal des Todes; schmutzige *cantinas* wie wilde Blumen der Freiheit; in der Kaschemme eine Reproduktion der Mona Lisa, die das Herz-As herzeigt; Veilchensträuße auf dem Rummelplatz; das Mädchen auf dem Schimmel; Bierleichen und Blutlachen und das Knallen der Peitsche auf Rios Rücken; die Wellen, die Gischt, die leeren klebrigen Flaschen im Sand; die Señorita in Weiß, die Flamencotänzerin, Margarita, die Rothaarige, die Putas, die Mamas und die Psyche Mexikos und der Frauen des Südens; Freundschaft; Freundschaft und ihre Korruption; Hass; die Sinnlosigkeit des Lebens und das dreckige Nada des Todes; Liebe; und scheue Pferde.

Ich mag diesen Film, ich mag ihn, auch wenn ich ihn kaum kenne; denn von Brandos vier Stunden und zweiundvierzig Minuten wurde er auf das Maß der Bosse, der herrschenden Meinung und des normierten Geschmacks zurechtgestutzt, er wurde kastriert auf eine matte Länge von zwei Stunden einundzwanzig. Freiheit oder Tod, wahrhaftig! Die Götter und das Geld und das Grinsen der Macht.

»Das ist kein Film«, frotzelte Produzent Rosenberg bei den Dreharbeiten, »das ist ein *way of life*.« Ein etwas merkwürdiger Satz, denn was sollte echte kreative Besessenheit anderes sein? Rosenberg meinte natürlich die Drehzeit, die statt der angesetzten sechzig Tage drei Monate dauerte, er meinte die Produktionskosten, die sich am Ende statt auf 1,8 Millionen Dollar auf deren 6 beliefen. Der »Stanislawski im Sattel«, wie Brando von den erbitterten Geldgebern genannt wurde, wollte sich nun mal nicht mit dem Erstbesten zufriedengeben, er übertrug die mühsame, zeitraubende »Methode« des Darstellens auf jedes filmische Detail und wartete auch schon mal ein paar Tage auf das richtige Licht und den optimalen Wellengang. Dass er dabei das vertretbare Maß überzog und den Kostenplan außer Acht ließ, sei konzediert; mühelos schraubte er den Weltrekord an verbrauchten Filmmetern auf stolze 400 000 Meter (Durchschnitt pro Film: 50 000). Die Studio-Bosse hangelten sich von Tobsuchtsanfall zu Tobsuchtsanfall und von Herzattacke zu Herzattacke, und Brando lächelte. Wahrscheinlich war ihm klar, dass er von diesen Leuten nie mehr eine Regie bekommen würde, und so kostete er jeden Augenblick des Filmes aus wie der Trinker jeden Tropfen der letzten Flasche vor der großen Ernüchterung. Gelassen setzte er Bild an Bild, indes die Leute bei Paramount drohten, bettelten und immer wieder nachgaben, und exakt ein halbes Jahr nach Drehbeginn fiel die letzte Klappe zum letzten Take.

Obwohl der Film gute Kritiken bekam und mit der Zeit über 12 Millionen Dollar einspielte, womit er plus minus null machte (verglichen mit gewissen Reinfällen wie *Der Ägypter* gar kein schlechtes Ergebnis), markierte er einen Meilenstein im rapiden Verfall von Brandos Hollywood-Prestige. Es spricht für den inhärenten Wahnsinn des Filmsystems, dass ausgerechnet dieser Film Brando als Regisseur unmöglich machte und professionell für ihn die tristen Jahre starteten. Für Brando den Rebellen beginnt freilich in diesen Jahren sein direktes Engagement für eine Welt, in der die elementaren Erfahrungen und Leiden des

Menschen wieder eine Stimme haben sollen und ein Recht auf Bilder. Utopie? Ja freilich, und sie geht, das macht ihre Humanität, von der Überwindung des materialistischen Zeitalters, des Zeitalters der Zerstörung aus. Den Brando mit seiner Utopie charakterisiert Regisseur Joshua Logan mit Worten, die den ungetrübten Blick dieses Schmonzetten-Meisters verraten, der Brando gerechter wurde als dieser ihm: *Brando ist das größte Naturtalent unserer Zeit. Ein eigenständiger Mann mit eigenständigen Möglichkeiten. Er kann alles darstellen. Sein Komplex besteht darin, dass er annimmt, jeder wolle ihn heruntermachen. Er hasst jede Autorität. Er wird jeden, der Macht hat, herausfordern – Produzenten, Regisseure, Autoren, Politiker. Er vertraut nur denen, die arm und anonym sind.*[84]

Marginalien

ONE-EYED JACKS

Der Titel geht auf die Doppelfiguren der Spielkarten zurück, bei denen immer eine Seite des Gesichts verborgen ist. Die Helden können Schurken und die Schurken Helden sein, aber Brandos schurkischer Held Rio wurde von Paramount auf mehr Held als Schurke getrimmt, und Louisa, das Mädchen, das laut Brando auch dunkle Seiten haben und am Schluss umkommen sollte, bleibt die positive Reine auf dem Schimmel.

DIE FACHWELT SPRICHT

Joe Hembus: »In seiner lyrisch-pathetischen Getragenheit ist *Der Besessene* einer der schönsten Western.«[85] Drei von vier Sternen.

John Baxter: »Nur wenige Western haben so erfolgreich das Potential für psychologische und psychosexuale Auseinandersetzungen realisiert, das in dieser wirkungsvollsten amerikanischen Kunstform verborgen liegt.«[86]

Theodor Kotulla: »Als Darsteller ist Brando in *One-Eyed Jacks* nicht wesentlich schlechter als unter anderen Regisseuren.«[87] Einer von drei Bewertungspunkten in der, ja wo denn sonst, *Filmkritik*.

LETZTE WORTE EINES GEFEUERTEN

Während der Dreharbeiten kühlte die Freundschaft Brandos mit Carlo Fiore – wie dieser meint, weil er Brando nicht immer recht gab – auf null ab, um sich nie mehr zu erwärmen. Schließlich feuerte Brando seinen alten Kumpel, nachdem dieser von Kubrick engagiert worden war, um das Drehbuch für *Laughter in the Dark* (nach Nabokovs Roman) zu schreiben. Fiore sah den *Besessenen* so: »Es war nicht Marlons, sondern Paramounts Film. Nachdem er angelaufen war, ging ich zu Frank P. Rosenberg und fragte ihn: ›Was macht ihr eigentlich mit dem Material, das ihr aus Filmen wie dem von Marlon herausschneidet?‹

›Nichts. Ich schätze, man wirft es weg.‹

›Wenn der Film einmal gelaufen ist, warum stellt ihr dann nicht die ganzen sechs Stunden zusammen und zeigt sie‹, schlug ich vor. ›Eine Menge Leute würden sie gern sehen.‹

›Kommt nicht in Frage.‹ Rosenberg schüttelte den Kopf. ›Das würde einen sehr unangenehmen Präzedenzfall schaffen – und es wäre gegenüber dem Kinopublikum nicht fair.‹

›Es gibt aber nicht viele Filme, mit denen man das machen kann‹, sagte ich.

›Vergessen Sie's‹, sagte er barsch.«[88]

GUTEN TAG, DOKTOR FREUD

Für Amateurfischer im Teich des Unbewussten geben Brandos Filme viel her.

Schreibt Carey: »Es gab einen Insider-Witz über Brando und die Brutalität in seinen Filmen: ›Willst du Brando für einen Film? Gut, schreib einfach eine Szene rein, in der er zusammengeschlagen wird. Er mag das.‹

Vielleicht ist es nur Zufall, aber in seinen repräsentativsten Filmen bekommt Brando jedes Mal eine fürchterliche Abreibung. *Endstation Sehnsucht, Der Wilde, Die Faust im Nacken, Viva Zapata* – in jedem dieser Filme wälzt Brando sich in einem verschwenderischen Blutbad. Diese Momente masochistischer Entladung werden von Fall zu Fall sinnlicher, und im *Besessenen* ist die Gewalt fast wollüstig.«[89]

CODA I

In seinem Essay *Der Arme*, erschienen 1913 in der expressionistischen Zeitschrift *Die Aktion*, schrieb Carl Einstein, dessen Prosa Gottfried Benn zum Besten zählte, was je in deutscher Sprache veröffentlicht wurde, über Figuren, wie sie später von Brando und Peckinpah in ihren poetischen Western geschaffen wurden: »Der Arme, der seinen Pflanzentraum entlässt und Handlungen vollzieht, aus denen neue Gesetze wachsen, wird das Spielen verrosteter Harmonikas aufgeben; diese Frauen werden einige Zeit keine Löcher, um die noch Fransen hängen, pflegen wie kleine Kinder; sie gehen nicht auf dem Weg zum Vergleich; sie legen liebe gewohnte Topfscherben beiseite, um laut schreiend in einer Nacht, ungeführt von Sozialdemokratie, das Pflaster, das ihre nackten Füße härtete, mit spitzen Fingern und murmelnd, ja beschwörend aufzuheben, um den Sternenhimmel vor dem Blick solcher, die ihn zu messen und zu zahlen suchen, zu schützen.«[90]

CODA II

Ladies and Gentlemen, the Rolling Stones:
»Yeah we all need someone we can dream on
And if you want it well you can dream on me
Yeah we all need someone we can cream on
And if you want it well you can cream on me«[91]

Meuterei

> Voller Wut gedachte er all der Menschen, die er in all den Jahren kennengelernt hatte, und ihrer Verachtung für den Film. Ja, der Film musste wohl eine verachtungswürdige Kunst sein – eine Kunst des Italien im fünfzehnten Jahrhundert, und wer dafür arbeiten wollte, musste Fürsten umschmeicheln, den Condottieri die Füße küssen, Intrigen schmieden und alle anderen betrügen. Und wenn man dazu noch tüchtig war, könnte man eventuell vorankommen, und fünf Jahrhunderte später würden die Touristen die Museen durchstreifen und gehorsam sagen: »Welch ein großer Künstler. Das muss ein vortrefflicher Mensch gewesen sein. Seht nur die Durchschnittsgesichter dieser Aristokraten!«
>
> *Norman Mailer: Der Hirschpark*

Brandos nächster Film war ein 26-Millionen-Missverständnis: MGMs Remake der *Meuterei auf der Bounty*, zusammen mit der fast gleichzeitig gedrehten *Cleopatra* (Kostenpunkt 40 Millionen Dollar, der teuerste Film, der je gemacht wurde) ein unbeschreibliches Fiasko des Star-Systems und Totengräber für die alten Bosse Hollywoods.

Und wieder wurde Brando mit Tricks und leeren Versprechungen, mit finanziellen Superangeboten und mit hohlen Phrasen gegen Instinkt und besseres Wissen in ein Unternehmen verstrickt, das ihm diesmal fast den professionellen Ruin gebracht hätte. Brando der Meuterer scheiterte zwar, aber das System, gegen das er rebellierte, war auch schon gescheitert und erstickte schließlich an seiner Agonie. Die 60er Jahre waren eine schwarze Dekade für Hollywood, und dass das Gesetz, gegen das einer kämpft, immer auf ihn abfärbt, belegt die Tatsache, dass auch für Brando diese Jahre eine schlechte Zeit waren und dass Hollywood erst mit seinem Comeback im *Paten* den bis dahin größten finanziellen Triumph der Filmwirtschaft feiern konnte.

Der Brando von 1960 hat nur noch wenig Ähnlichkeit mit dem jungen Mann, der zehn Jahre zuvor mit Lederjacke und einem Koffer voll T-Shirts in East Los Angeles aus dem Zug gestiegen ist. Zehn Jahre Hollywood, fünf Jahre davon als Superstar, dreizehn Filme, ein Oscar, Rummel, Ruhm, lädierte Seele, zwei Ehen, eine Scheidung und auch die zweite Ehe nur noch auf dem Papier, Millionen gescheffelt, Millionen verpulvert, lädiertes Leben, hermetisch abgeriegelt in der Villa in Beverly Hills, Rebell, Idol, Prinz in einem Reich, das von Film zu Film zu verfallen scheint, und das Silber verfärbt sich dunkel, und der Lack splittert ab. Marlon Brando Superstar, aber es sieht so aus, als ob das immense und vielleicht einzigartige Talent dieses Mannes keine Folie, keinen Raum, kein Ziel mehr erhalten solle. Ist der Mann nicht mehr fähig, mit seinem Talent zu wuchern, ist am Ende Hollywood nicht mehr in der Lage, dieser Genialität Mittel und Wege zu schaffen, in denen sie sich zu entfalten vermöchte?

1960 wird John F. Kennedy zum Präsidenten gewählt, in Amerika macht sich eine Aufbruchstimmung breit, die den Gefühlen eines optimistisch und lebensbejahend gestimmten Volkes viel mehr entspricht, als das ein knappes

Jahrzehnt später bei Anbruch der »sozial-liberalen« Götterdämmerung in Westdeutschland der Fall sein sollte. *New Frontiers, Expanded Consciousness*, das führte natürlich letztlich trotzdem zu Vietnam und Nixon, aber immerhin, einige wenige Jahre hatte selbst die Politik in Amerika eine Aura von Pop und Glamour, wurden Volkskultur, Bewusstseinsindustrie und Bürgerrechtsbewegung von denselben Impulsen getroffen, saß im Weißen Haus ein Mann, der diesen Impulsen seine Wahl verdankte und nicht dem Hass, der Angst, der Intoleranz, der Niedertracht und Dummheit.

In Hollywood ist davon zunächst wenig zu spüren. Brandos persönliche Situation wird geprägt von ständigen Auseinandersetzungen – davon viele vor Gericht – mit der zank- und rachsüchtigen Kashfi. Sein Privatleben, dem er, um zumindest seine Ehe und seine Kinder vor der Presse zu schützen, viele Freunde, seine Bewegungsfreiheit und seinen lockeren, offenen Lebensstil geopfert hat, wird erbarmungslos bei jeder sich bietenden Gelegenheit von der Revolverpresse durchgehechelt und an den Pranger gestellt. Diesem Mann verzeiht man Nonkonformismus und Unabhängigkeit der Meinung nicht; der schweinische Puritanismus des korporativen Amerika vergiftet mit Häme und Hass das Leben der erfolgreichen Außenseiter, und wenn Brando zu protestieren wagt, darf eine Louella Parsons ohne Wimpernzucken dekretieren: »Dann hätte er sich eben einen anderen Beruf suchen sollen. Wir Amerikaner erlauben auch unseren Präsidenten kein Privatleben.«

Brandos Karriere steuert einem Bruch entgegen, und es scheint, als ob sie an Hollywood zerbrechen solle. In diese

Zeit fallen seine bitteren Bemerkungen über die Sinnlosigkeit des Schauspielerberufs. In einem Interview hat er später den Schauspieler mit einem Haustier verglichen: *Die Leute bezahlen Geld, damit ein anderer ihre Phantasien darstellt. Das ist wie mit einem Haustier, dem man Qualitäten andichtet, die es vielleicht gar nicht hat. Das Gleiche beim Schauspieler: Sie machen eine oder zwei emotionale Erfahrungen mit ihm, und schon schenken sie ihm ihr Vertrauen. Er wird der bevorzugte Erfüllungsgehilfe ihrer Phantasie. Aber wenn seine Darstellung ihren Gefühlen widerspricht oder ihrem* way of life, *dann ist es eben ein lausiger Film.*[92]

Ausgerechnet in dieser Zeit – Brandos *Besessener* wird gerade am Schneidetisch verhunzt, und die Magnani macht ihm mit ihrem Mama-Roma-Gehabe die Hölle heiß – kommen die Sparschweine bei MGM auf folgende glorreiche Idee: Das Bare wird uns knapp, die Bestseller kosten ein Heidengeld, wozu sich mit originalen Einfällen und verdrehten Schriftstellern abgeben, wir möbeln einfach mal wieder einen Knüller aus der guten alten Zeit auf, und was liegt da näher als eine prächtige Südseeromanze, Vistavision auf Breitleinwand, volle Power Cinemascope, dass die Sonne sich verzieht, also her mit der *Meuterei auf der Bounty*, und war Clark Gable damals nicht ein so herrlich urwüchsiger Seemann und Meuterer? Haben wir nicht den Oscar für den besten Film von 1935 dafür eingeheimst? Und Marlon, unser lädierter Rebell, Gott gnade dem Elementaren, aber ist das nicht eine Superrolle für unseren Miesmacher – ah, wir hören die Kassen schon klingeln – und zwar vorgestern! Und zwar wie! O Hollywood! O Gold der Glimmergötter!

In Nathaniel Wests Hollywoodroman *Tag der Heuschrecke* schildert das junge Mädchen Faye, das so gern zum Film möchte, dem Maler Tod Hackett, der es so gern lieben möchte, »eine glänzende Idee … eine Idee, wie wir eine Menge Geld verdienen können. Sie brauchen sie bloß auszuarbeiten, und dann verkaufen wir sie einer Gesellschaft.« Es ist ein Südseemädchen, ein Mädchentraum, ein sanfter Wahn, natürlich purer Kitsch, vielleicht der ideale Film: »Ein Mädchen befindet sich auf einer Kreuzfahrt in der Südsee mit ihres Vaters Jacht. Es ist mit einem russischen Grafen verlobt, der groß, schlank und alt, aber von feiner Lebensart ist.« Auftritt des Helden: »Sie beginnt sich für einen jungen Matrosen zu interessieren, der zwar weit unter ihrem Stand ist, aber sehr gut aussieht.« Der Matrose will sie aber nicht, und so geht es hin und her, bis die Natur eingreift: »Dann kommt ein großer Sturm, und die Jacht geht in der Nähe einer Insel unter. Alle ertrinken, nur ihr gelingt es, an Land zu schwimmen.« Wo die Tropensonne und die Mangos sie am Leben erhalten, aber dann: »Eines Morgens wird sie, während sie nackt in einem Bach badet, von einer Riesenschlange überfallen.« Zuletzt das Wunder: »Doch der Matrose, der sie aus dem Gebüsch beobachtet hat, eilt ihr zu Hilfe. Er kämpft mit der Schlange und überwältigt sie.« Bleibt der Schluss: »Nun, er heiratet sie natürlich, und sie werden gerettet. Ich meine, sie werden zuerst gerettet, und dann heiraten sie. Vielleicht stellt sich heraus, dass es ein reicher Junge ist, der nur aus Abenteuerlust als Matrose dient, oder etwas dergleichen. Sie kriegen das mit Leichtigkeit hin«, sagt Faye zu Hackett, und der weiß auch, was zieht: »Eine todsichere Sache, bemerkte er ernsthaft.«

Haben wir hier nicht alles, was ein Film braucht? Große Kunst ist schon mit weniger ausgekommen. Der Schluss zieht einem natürlich manche Löcher in den Socken zusammen, aber wie Faye sagt, Sie kriegen das mit Leichtigkeit hin. Ich weiß nicht, diese Geschichte enthält für mich auf eine merkwürdig starke Weise die Story der *Bounty*, eine phantastische Story, eine Story für einen großen Hollywood-Film, vielleicht muss man am Ende noch ein bisschen herumdoktern, aber sonst Spitzenklasse, eine absolut todsichere Sache, und 26 Millionen Dollar sind heutzutage ja auch nicht mehr, was sie mal waren.

Die Verfilmung des klassischen Abenteuerstoffs aus dem 18. Jahrhundert mit seiner gut geschmalzten Mischung aus Dramaturgie und Charakter, aus geschlossenem Raum (Schiff) und Panorama (Südsee), aus Männermut und Frauenanmut, aus Tyrannei, Meuterei und Liebe an exotischen Stränden war 1935 mit Clark Gable als Fletcher Christian, Charles Laughton als Captain Bligh und Movita als Christians Tahiti-Mädchen Tarita tatsächlich ein großer Erfolg gewesen. Und jetzt, da Movita pikanterweise Brandos Frau war, lag für die Bosse der MGM eine Breitleinwand-Schwelgerei mit all den neuen technischen Wundern einfach zu fett und farbig auf dem Teller, als dass sie das potentielle Desaster auf der Gabelspitze hätten erkennen mögen. Ihr erster Fehler war die Verpflichtung Brandos. Bereits von da an lief alles falsch. Wie und warum, darüber ließ sich später nicht das mindeste Einvernehmen erzielen. Als ob ein böses und tückisches Schicksal ihren Kurs gesteuert hätte, lief die *Bounty* auf jede Klippe auf, die sich ihr anbot. Für den Leser wirkt das heute wie eine wahnwitzige Groteske, für die

Betroffenen war es damals ein professionelles Desaster. Auf 6 Millionen Dollar geplant, verschlang der Film schließlich 26 Millionen, von denen er nur 10 wieder einspielte (nach anderen Quellen zwanzig, aber er hätte über 50 Millionen einspielen müssen, um der MGM auch nur einen Dollar Profit einzubringen, ein Debakel, von dem sich die Firma nie mehr recht erholt hat; sie ist heute vorwiegend in der Hotel- und Gaststättenbranche tätig).

Für die Katastrophe wurde einzig und allein Marlon Brando zum Sündenbock gemacht. *Die Meuterei auf der Bounty* versetzte seiner Karriere den fast letalen Knick Richtung *box office poison*, jenem gefürchteten Label der 30er Jahre, das bedeutete, dass ein Star kein Geld mehr brachte, sondern Geld verlor. Die Kombination Brando / Elizabeth Taylor 1967 in *Spiegelbild im goldenen Auge* war das *box office poison* der 60er Jahre schlechthin, überhaupt nur möglich, weil die Taylor immer noch manchen Moguln, die kurz vor der Entmachtung standen, ihren Willen diktieren konnte, und ein finanzielles Fiasko, obwohl der Film von vielen für Brandos beste Leistung in diesem Jahrzehnt gehalten wird.

Aber zurück zur Meuterei und zu den Streiflichtern aus einer Desasterzone.

Produzent des Films war Aaron Rosenberg, früherer Football-Verteidiger und Spezialist für Tony-Curtis-Schmonzetten und zweitklassige Western. Da die *Bounty* ein britisches Schiff und Tahiti von Cook entdeckt und das Ganze ein quasi britischer Stoff war, besorgte sich Rosenberg ein vorwiegend britisches Team. Der distinguierte Thriller-Autor und bewährte Hollywood-Schreiber *(The Magic Box, The Cruel Sea)* Eric Ambler wurde ans Drehbuch gesetzt, als Nachfolger Laughtons in der Rolle des tyrannischen Kapitäns Bligh wurde Trevor Howard *(Der dritte Mann, Das Herz aller Dinge)* verpflichtet, ferner Richard Harris, der damals auf dem Sprung nach Hollywood war, und etliche andere englische und australische Schauspieler für die Besatzung der *Bounty*.

Die Regie übertrug Rosenberg dem Briten Carol Reed, der sich als Regisseur intellektuell ansprechender Publikumsknüller wie *Der dritte Mann* einen Namen gemacht hatte. Reeds Verpflichtung sollte dem etwas anspruchsvolleren Publikum in aller Welt signalisieren: Schaut her, wir machen hier zwar eine teure Abenteuerschwelgerei (wir brauchen nämlich dringend Flöhe, Leute!), aber wir haben Sir Carol Reed als Regisseur, und der wird schon drauf achten, dass auch die Intellektuellen ihre wahre Freude und womöglich eine »Message« haben werden (wir brauchen nämlich dringend auch ein gutes Image!).

Es gab aber nun in der ganzen Welt wahrscheinlich nur einen Mann, der der *Meuterei auf der Bounty* unbedingt eine Botschaft unterjubeln wollte, und das war natürlich wieder dieser Miesepeter Marlon Brando.

Denn ohne Superstar durfte es ja nicht abgehen, und Brando war eben immer noch ein Superstar. Also sollte der Rebell mal wieder ins Geschirr und einen Rebellen spielen, auch wenn dieser Typ Fletcher Christian wahrscheinlich nur ein degenerierter englischer Snob gewesen war. Aber an einer solchen Rolle allein und an Clark Gables herzig rauhem Matrosenimage war Brando nicht interessiert, er wollte etwas anderes: »Ich möchte herausfinden, was mit den Seeleuten *nach* der Meuterei geschah. Warum gingen sie auf die Insel Pitcairn und brachten sich im Verlauf von zwei Jahren gegenseitig um? Was ist an der menschlichen Natur, das Männer selbst auf einer Paradiesinsel gewalttätig macht? *Das* ist es, was mich interessiert!«[93]

Und sein Agent bei MCA ließ keinen Zweifel: »Marlon möchte die Message rüberbringen, dass so, wie unsere Gesellschaft konstruiert ist, die Menschen selbst in einem Paradies nicht ohne Hass leben können.«[94]

Nun tendieren Historiker zu der Auffassung, dass Fletcher Christian von seinen Leuten umgelegt wurde, weil er sie zwingen wollte, wieder nach England zu segeln, und ich halte es für ziemlich wahrscheinlich, dass all diesen harten und abenteuerlustigen Männern das sanfte Leben mit willigen Frauen, Warzenschweinen und Mangos unter dem ewigen Blau des Südseehimmels etwas fad wurde, aber wahrscheinlich ist Brando nicht der Typ, der sich mit den naheliegenden Antworten zufriedengibt, insbesondere wenn sie aus dem Mund von Hollywoodproduzenten und britischen Thrillerautoren kommen. Nicht seine andere Auffassung von der Natur wetterfester Gintrinker stand indes zur Debatte, sondern dies: dass die MGM in der Person ihres Produktionsleiters Sol Siegel (*Filmgoers Companion:* »In films since 1929«) und ihres Produzenten Aaron Rosenberg und in Form eines rechtsverbindlichen Vertrages Marlon Brando eine Sequenz zusicherten, in der die Episode auf Pitcairn geschildert werden sollte und über die er die »künstlerische Kontrolle« haben sollte. Das heißt aber nichts anderes, als dass Brando vom Schauspieler zum

Drehbuch-Autor und für den Schluss des Films letztendlich Verantwortlichen aufgewertet wurde – eine fast groteske Situation, die dem Desaster Tür und Tor weit aufsperrte.

Einen weiteren Fehler machten die Produzenten, als sie Brando zu seiner Nettogage von einer halben Million Dollar und einer zehnprozentigen Bruttogewinn-Beteiligung (die freilich nie akut wurde) für jeden Drehtag über den festgesetzten Drehtermin hinaus eine Gage von 5000 Dollar zubilligten, was dem Star schließlich zusätzliche 750 000 Dollar einbrachte. Und weil Hollywood nun mal nicht von Subventionen lebt wie das deutsche Theater und man seine Kunst nicht von den Steuerzahlern und schöngeistig belasteten Provinzpolitikern und Kulturamtsbonzen, sondern von knauserigen Aktionären und ausgebufften Agenten pekuniär abgesichert bekommt, summierten sich solche Summen rasch auf einem Konto, auf dem in roten Lettern stand: MARLON BRANDO, MINUSMACHER.

Zu viel Geld für lausige Filme? Sicher, wie auch zu viel Geld für lausige Politiker und lausige Meinungsmanager. Die Zerstörung der Erde kostet überhaupt eine Menge, da fällt unter die Rubrik Fluchtpunkt Kunst noch am allerwenigsten. Es ist ja etwas anderes, was diese Summen auslösen, es ist die Verachtung, die ein Mensch mit Heftigkeit verspüren muss, wenn aller Dinge Maß die Mark und allen Lebens Sinn das Produkt und das Ende jeder Meuterei die Macht in neuer Maske sein soll. Sind Sie etwa Anarchist, Herr Fauser? Ja, ich bin Schriftsteller in Europa, einem Kontinent versunkener Königreiche, davon war eines auch die Anarchie:

Zeiten von einst Nun tot Götter die mich umfangen
Ich leb und geh vorbei wie ihr vorbeigegangen
Wend ich die Blicke ab von leerer künftger Zeit
So seh ich tief in mir wächst die Vergangenheit
Guillaume Apollinaire [95]

Am 15. Oktober 1960 sollte der erste Drehtag auf Tahiti sein, aber erst zwei Monate später segelte die in Kanada gebaute Replik der *Bounty*, ein richtiges Segelschiff, wenn auch mit modernstem Komfort ausgestattet, nach abenteuerlicher Reise – zwei Bordbrände, alle Mann sterbenskrank, fast eine echte Meuterei – in den Hafen von Papeete ein. Pech, denn nun geriet das Team in die Regenzeit, wovor die Eingeborenen nachdrücklich gewarnt hatten. Aber die Eingeborenen von Tahiti waren ohnehin nur Staffage; wo Hollywood zahlt, hat nur Hollywood das Sagen, was Hollywood verwüstet, bleibt in der Regel Wüste. Glücklicherweise sind die Leute in Tahiti ein Menschenschlag, der für Tand & Tändelei und Brot & Spiele von Natur aus verschwenderisch ausgestattet ist (und nicht für Arbeit, Ordnung, Sicherheit wie wir vorwärtsgerichteten Zentralweißen). In einem Klima, in welchem, wie berichtet wird, selbst ein dressierter scharfer deutscher Wachhund nach wenigen Monaten jedermann die Hand ableckte,[96] geriet auch das gestählte Team aus Hollywood an den Rand einer Identitätskrise. Allerdings natürlich nur an den Rand, aber dort kam es doch zu erheblichen Erschütterungen. Diese waren weniger moralischer Natur (obschon die fälligen Geschlechtskrankheiten auch Brando nicht verschonten), sondern gehören durchaus ins Zentrum dieser Betrachtungen, es waren mittlere Erdbeben im Bereich der Ausdruckswelt.

Ihr erstes Opfer war Eric Ambler, der auch nach mehrmaligen Bemühungen keine Pitcairn-Episode zu Rande brachte, die Brandos Billigung gefunden hätte. (Mit ihm mussten zwei eigens angeheuerte Szenaristen ihren letzten Scheck kassieren.) Als Nachfolger wurde Charles Lederer, einer von Hollywoods besseren Ausputzern (man nennt sie dort »Mr. Fixit«) angeheuert. Lederer bestand selbstverständlich auf einer kompletten Neufassung; da er mit der Arbeit nicht nachkam, musste er später jeweils den Dialog des nächsten Tages in der Nacht per Telegraf oder gar Kurzwellenfunk durchgeben. An Brandos Botschaft war nicht mehr zu denken. Und bald verabschiedete sich Sir Carol, dessen Pingeligkeit Brando ebenso auf die Nerven ging wie ihm Brandos Starallüren. Denn diese brachen nun auf wie eine Wunde voll Brand und Eiter.

Nach zehn Jahren, so schien es, war auch Brando der Star-Status zu Kopf gestiegen. Er war ausgeflippt. Da hieß es, er wolle plötzlich eine ganz andere Rolle spielen. Selbst wenn es nur eine Zeitungsente war oder ein übles Gerücht, musste so etwas die Briten mit ihrer steifen Auffassung von Professionalität bis ins Mark erschüttern. Sie waren Brando ohnehin gram. Er war keiner von den *good old boys*, badete nicht wie sie im Gin, sondern hielt sich nur am Strand und in den Betten der Tahiterinnen auf und spielte die Rolle des Fletcher Christian, als sei dieser britische Gentleman ein dekadenter Fatzke gewesen. Und wozu brauchte er jeden Sonntag die *New York Times*, und wozu wollte er mit einem eigenen Schnellboot zur Bounty gebracht werden? Nein, mit den Briten stand Brando auf keinem guten Fuß.

Er ließ sich gehen. Er aß so unmäßig, dass sein Gewicht während der Dreharbeiten um fast 20 Kilo zunahm und sämtliche Kostüme umgeschneidert werden mussten. Der Völlerei entsprach sein sexueller Appetit. Die Mädchen kamen und gingen, eine blieb, sie hieß Tarita und spielte jenes Mädchen, das vor 26 Jahren Movita gespielt hatte. Dann vergaß Brando seine Dialoge, er konnte keinen Text mehr behalten – hieß es. Vielleicht war der ganze Mann am Ende. Die Gazettengeier, die die Insel überfallen hatten, rochen die Sensation. Der Film und seine Folgen. Die Produktion von Massenkunst und die Produktion von Massenlügen.

Es kam ein neuer Regisseur, es kam Lewis Milestone (*Filmgoers Companion:* »In Hollywood from 1919«), ein 66-jähriger Veteran, der schon 1929 mit *Im Westen nichts Neues* einen Oscar gewonnen hatte und als Ästhetiker der Routine galt. *Bounty* war sein letzter Film, und er wusste es wohl. Als er kam, hatte Reed erst sieben Minuten abgedreht und Brando praktisch das Kommando über die Produktion übernommen. Milestone merkte bald, dass der Kameramann den Film erst rollen ließ, wenn Brando ihm das Zeichen gegeben hatte – etwas absolut Unerhörtes für einen alten Regie-Profi. Fortan pflegte er Zeitung zu lesen oder zu schlafen. Darüber ging das Drehbuch kaputt, darüber ging der Film zwar nicht kaputt, er wurde mit neuen Drehbuchautoren und später noch einem Regisseur zu Ende gedreht, aber was immer an Motiven hinter dieser Produktion gesteckt hatte, und letztlich war es natürlich das Motiv Profit, das war alles kein Traum, nur noch

Alptraum. Brando: »Alle waren außer sich vor Verwirrung, Verzweiflung, Enttäuschung und Abscheu.«

Brando wirkte tatsächlich in Tahiti damals wie ein Meuterer, aber wie einer, dem jedes Ziel egal und jedes Morgen nur ein Furz wert ist. Aber er konnte sich immerhin darauf berufen, dass man ihm Zusagen gemacht hatte, die nicht eingehalten wurden, und wenn Hollywood nicht in der Lage war, einen Drehbuchschreiber aufzutreiben, der das bisschen Botschaft, das Brando haben wollte, szenisch umsetzen konnte, und einen Regisseur, der das drehen konnte, dann war es vielleicht richtig, diesem System und dieser Industrie in den Arsch zu spucken, auch wenn die britischen Profis vor Wut heulten und die Buchhalter bei MGM mit den Zähnen klapperten.

Marginalien

René Jordan: »Die Kolumnisten beuteten den wilden Wind aus, der um die *Bounty* wehte. Die Anekdoten waren so saftig, dass die meisten gedruckt wurden, ohne auf ihren Wahrheitsgehalt überprüft zu werden, und so klingt die Saga der *Bounty* heute verdächtig wie eine Ausgeburt von Reklamefritzen, die den Aktionären der MGM ein Bild von korporativer Vernunft auftischen wollten. Im Kielwasser des Debakels fielen die MGM-Aktien um zehn Punkte, und die Anti-Brando-Presse hatte mit Storys über das arme Studio, das der unvernünftige Schauspieler in einen Belagerungszustand versetzt hatte, das Feld für sich. Milestone zog das Resümee. Er sagte, dass die letzten Tage der *Bounty* wie ein Schiff im Sturm ohne Steuermann oder Kompass waren. Er gab dem Studio die Schuld, weil es nicht den Mut aufgebracht hatte, Brando seine Auflagen aufzuzwingen oder ihn zu feuern. Aber Milestone war fair genug, um hinzuzufügen, dass Brando im Grunde recht hatte: ›Er war zu intelligent und sensibel, um die Rolle wie Clark Gable zu spielen.‹«[97]

Der Schauspieler und Regisseur John Cassavetes hielt Brandos Kritikern entgegen: »Wenn Brando schwierig sei, dann deshalb, weil er ›mit einigen Aspekten des jeweiligen Projektes – dem Regisseur, dem Drehbuch oder was immer – oft zu Recht unzufrieden ist. Aber wenn diese Dinge in Ordnung sind und wenn die Leute ehrlich mit ihm umgehen, dann ist keiner besser – fragen Sie jeden Schauspieler.‹«[98]

Brando selbst: »Der Grund aller großen Fehlschläge ist derselbe. Kein Drehbuch. Wenn das passiert, wird der Star zur Zielscheibe der Verwaltungsleute, die ihre Daseinsberechtigung unter Beweis stellen wollen ... Verwaltungsleute, die fast den Nebel und Smog in Los Angeles in den Hirnen haben ... *Die Meuterei auf der Bounty* kann nicht als Film betrachtet werden, der neue Dynamik oder neue Erkenntnisse in die Kunst des Films bringt (*sic*) ... den Film muss man oberflächlicher sehen, unter Verkaufsgesichtspunkten. Die Leute in Hollywood halten sich für Künstler, obwohl der Film keine Kunstform ist, er erfüllt lediglich plebejische Gelüste. Niemand hat je zugegeben: ›Wir biedern uns an, prostituieren uns und wollen Geld machen.‹«[99]

Tahiti überdauerte die MGM. Von allen, die damals dort waren, kehrte nur Brando zurück, und zwar, scheint es, für immer. Er kaufte sich schon 1963 ein kleines Atoll, ein paar Klippen im Meer, wo er heute, mit oder in der Nähe seiner tahitischen Frauen und Kinder, lebt. Er beschäftigt sich dort mit Fischzucht und ökologischen Fragen – Tahiti, wen wundert es, ist auch vom Müll der Zivilisation bedroht.

Vor der Jahrhundertwende hatte sich bereits ein Flüchtender aus der Bürgerwelt Frankreichs dorthin begeben, der frühere Börsenmakler Paul Gauguin, der von den Behörden in Tahiti als »Anarchist, eingefleischter Alkoholiker und gefährlicher Irrsinniger« gebrandmarkt wurde. Er starb, ein wilder Europäer, ein Maler und Visionär, im Elend, von der Paralyse, vom Alkohol und der Armut zerfressen. Sein letztes Bild, es stand auf der Staffelei, als er krepierte, hatte er *Bretonisches Dorf im Schnee* genannt. Es wurde von den Ratten, die seine kümmerliche Habe in Papeete versteigerten, um das Geld für seine letzte Verurteilung in dieser Welt, 1000 Franc wegen Polizistenbeleidigung, aufzubringen, unter dem Hohngelächter der anwesenden Spitzen der Gesellschaft verkehrt herum vorgezeigt und als »Niagarafälle« verramscht. Paul Gauguin gehört der Schluss dieses Kapitels. In einem seiner letzten Briefe vor dem Tod schrieb er: »Es gibt zwei Arten von Schönheit: Die eine erwächst aus dem Instinkt, die andere ist das Ergebnis eingehender Studien ... Wir sind in der Kunst lange Zeit in die Irre gegangen, verführt durch die Physik, die Chemie, die Mechanik und das Studium der Natur. Die Künstler hatten alle ihre ursprüngliche ›Wildheit‹ eingebüßt. Sie besaßen keinen Instinkt mehr, man könnte auch sagen, keine Einbildungskraft mehr. So hatten sie sich in alle möglichen Seitenwege verirrt auf der Suche nach produktiven Anregungen, die sie nicht mehr die Kraft besaßen aus sich selbst heraus zu erzeugen. Deshalb traten sie nur in ungeordneten Haufen auf. Allein gelassen, hatten sie Angst und kamen sich verloren vor. Deshalb darf man auch nicht jedermann zuraten, sich in die Einsamkeit zu begeben. Denn man muss stark sein, um sie zu ertragen und für sich allein zu handeln. Alles, was ich von den andern gelernt habe, hat mich nur gehemmt. Ich kann also sagen: Niemand hat mir irgendetwas beigebracht, wenn ich auch nur wenig weiß. Aber mir ist dies Wenige lieber, weil es von mir stammt. Wer weiß, ob dies Wenige, wenn andere es ausbeuten, nicht doch noch eine große Sache wird? Wie viele Jahrhunderte dauert es doch, um etwas zu schaffen, was so aussieht wie eine Bewegung!«[100]

Wigwam

Tolling for the rebel, tolling for the rake
Tolling for the luckless, the abandoned an' forsaked
Tolling for the outcast, burnin' constantly at stake
An' we gazed upon the chimes of freedom flashing
Bob Dylan: Chimes of Freedom

Sie läuteten für den Rebellen, läuteten für den Geschassten
Läuteten für die Glücklosen, Verbannten, Verlassenen
Läuteten für den Ausgestoßenen, den alle hassten
Und wir schauten hinauf zu den leuchtenden Glocken der Freiheit.
(In der Übersetzung von Carl Weissner)

Die 60er Jahre: Blick zurück ohne Zorn oder Trauer von meinem Platz an der Schreibmaschine in dieser Münchner Bude im März 78. Für meine Generation war es die Jugend. Und im Zauber des bengalischen Feuers unserer Jugend brach sich der neue Morgen einer Rebellion, und seither zittert die Dämmerung manchmal noch vom Echo der Trommeln, aber keine Sorge, was blieb, war Europas lange Nacht.

Im österreichischen Fernsehen äußerte unlängst ein Dr. Kraus, Verfasser eines Buches mit dem Titel *Kunst und Macht*, unverhohlene Befriedigung; man habe doch den Rummel jener Zeit, ihre hanebüchene Ästhetik, die unbegreifliche Verleugnung traditioneller humanistischer Werte Gott sei Dank überwunden und bewege sich, vom Geist der Tendenzwende getragen, wenn auch noch nicht mit letztem Schwung, wieder auf das abendländische Christentum als dem wahren Hort der zivilisatorischen Entwicklung der Menschheit zu. Und Jean Améry zog nervös an seiner Zigarette und sagte: »Ich als Mensch der Aufklärung und immer noch überzeugter Agnostiker, ja Atheist, und alter Linker, das heißt eigentlich allerneuester Linker, begrüße natürlich gewisse Aspekte dieser Tendenzwende, wenn auch längst nicht alle, aber die Geschichtslosigkeit jener Jahre, das konnte ja nicht gutgehen etc.!«

Das heißt, weder der christliche Humanist noch der alte Neulinke sehen, dass der aufgeklärt christlich / bürgerliche Staat, dem sie bis in die atomaren Mülldeponien noch ihre Reverenz erweisen, jenem Europa, jenem »Abendland«, jener reinen Utopie längst den Garaus gemacht, das Hirn zertrampelt, die Kinder erschlagen hat. Sie seichen immer noch, von den Managern der Bewusstseinsindustrie ins Fernsehen gehievt, ausgehalten von den Zuhältern jener Konzerne, die das Abendland und das Morgenland und diese ganze Erde bis auf den letzten Quadratmeter ausplündern, um sich sodann dem Weltraum zuzuwenden, und das Ganze natürlich verbrämt mit Politik / Kultur / Humanismus / Aufklärung und bewusstseinsmäßig gut geölt von den gemieteten Schreiberlingen jeder Provenienz, sie seichen, schleimen und laichen, bezahlte Zuträger der Macht, Kulturkorrektoren der Multis und ihrer Politkommissare, sie sagen Abendland, und was genau meinen sie damit? Wohl doch die Perpetuierung von dessen Untergang.

Der weise Mann wendet sich von solchen Bildern ab und der Gefährtin seiner Nächte, der Poesie und dem Trunk, zu.

Der Rebell zieht weiter, jenseits des Untergangs liegt vielleicht ein anderes Bewusstsein, eine andere Gemeinschaft, eine andere Welt. Der Politik kommt man mit Politik nicht bei, dem Staat nicht mit Staat, der sterbenden Kultur nicht mit sterbender Kultur, dem Westen nicht mit dem Osten. Der Weg nach außen führt übers Innere, der Weg in die Zukunft über die Vergangenheit, gute Reise, Brüder, und ihr wisst ja: Es ist nicht notwendig zu erleben, es ist nicht notwendig zu erfahren.

Also die 60er Jahre – und in allen Büchern steht, sie seien Brandos schlechte Zeit gewesen, seine »dunklen« (Thomas), seine »mageren« (Jordan) Jahre, die Periode seines »Niedergangs« (Shipman). Vom Standpunkt sowohl der Cineasten wie auch der Industrie vollkommen richtig. Brando bekam nach seinen kommerziellen Misserfolgen (allesamt eigentlich Misserfolge des Systems) zwar immer noch genug Rollen, um seine Familien auszuzahlen und selbst seinen Star-Status halten zu können, aber bis auf *Der hässliche Amerikaner* und *Spiegelbild im goldenen Auge* waren die elf Filme bis zum *Paten* allesamt künstlerische und/oder kommerzielle Misserfolge. Aber ein Schauspieler, der auch noch Mensch, ja ein Rebell ist, lebt nicht von Kunst und Kommerz allein und lässt sich nicht von Kunst und Kommerz allein bestimmen. Warum Brando mit den Rollen, die er in den Jahren nach der *Bounty* verkörperte, sich von Misserfolg zu Misserfolg spielte, stellt René Jordan recht einleuchtend dar:

Brando war nicht länger ein Halbstarker. Seine Filme nach der Bounty *wurden nicht abgelehnt, weil sein Name unter einem bösen Fluch stand, sondern weil er als Mensch und Schauspieler erwachsen geworden war. Der frühere Rebell wagte es, seinen ganzen Mythos auf den Kopf zu stellen und Figuren mit Autorität zu verkörpern, unangepasste Männer einer anderen Gesellschaftsschicht. Der erdgebundene Peter Pan hatte seine Fähigkeit für befreiende Grenzübergänge verloren, und genau das konnten Publikum und Kritik ihm nur schwer verzeihen.*

Als Mac White, der amerikanische Botschafter in Der hässliche Amerikaner, *spielte Brando zum ersten Mal einen geborenen Verlierer, einen existentiellen Helden, der mit vollem Bewusstsein einen vergeblichen Kampf unter unmöglichen Voraussetzungen wagt. Dies sollte das Muster für seine besten und am meisten unterschätzten Darstellungen in den 60er Jahren sein, von* Ein Mann wird gejagt *bis* Spiegelbild im goldenen Auge *und* Queimada. *In den Fünfzigern hatte Brando immer den Eindruck vermittelt, dass er am Ende obenauf sein werde, selbst in der Züchtigung und im heroischen Tod. Mit dem* Hässlichen Amerikaner *erreichte ein Brando-Charakter zum ersten Mal den totalen Nullpunkt.*[101]

Also der Schauspieler als Haustier, Brando hatte es vorhergesehen, und sobald der Wilde einen Binder trägt und Charaktere oberhalb des Arbeitnehmereinkommens verkörpert, wird er ausgebuht. Wo Louella Parsons dem Schauspieler kein Privatleben verstattet, liegt es natürlich auf der Hand, dass das Publikum sein Idol immer nur in derselben mählich verschimmelten Montur, mit denselben Gesten und denselben Sätzen den ewig gleichen Typ Mensch darstellen sehen will. Es ist diese Affinität des Menschen zum Gewohnten, zum Genormten und zum Gestrigen, die dem schöpferischen Impetus der kleinen kreativen Minderheit immer wieder Dämpfer verpasst oder ihn ins Leere lenkt; wer ihr nachgibt, sollte lieber Senfkörner stecken, Blaupausen zeichnen oder Bestseller schreiben, in der Kunst und der Ausdruckswelt hat er nichts verloren. Brando hat verloren und ist deshalb ein Sieger, einer der Sieger, von denen Hemingway sagte: *Winner take nothing*.

Der hässliche Amerikaner war Brandos erster Film für die Universal, die inzwischen von der MCA gesteuert wurde (damals übernahmen die großen Agenturen die eigentliche Macht in Hollywood) und die, für eine Million Dollar, ein Jahr später auch Brandos Pennebaker Productions schluckte. Kein guter Deal, findet Carey: *Es war das erste Mal, dass Brando einen Vertrag über mehrere Filme abschloss, und obwohl er dadurch einer schweren finanziellen Last enthoben wurde (sämtliche Pennebaker-Produktionen hatten Geld verloren), erwies es sich als ein großer Fehler. MCA versuchte tapfer, das Niveau der Universal-Produktionen anzuheben, aber in neun von zehn Fällen ging das in die Hose. Ob Missmanagement, ob Pech oder Unvermögen, das Geld zusammenzuhalten – die Gesellschaft brachte in einem weg Multimillionen-Dollar-Filme auf den Markt, die aussahen, als wären sie von einem Fotoautomaten in der U-Bahn gedreht worden. Preisgekrönte Spitzentalente, die woanders kommerzielle Riesenerfolge gemacht hatten, kamen zu Universal und lieferten prompt die dicksten Nieten ihrer Karrieren ab. Marlon war da keine Ausnahme: Seine Universal-Filme waren allesamt Fiaskos.*[102]

Von diesen Reinfällen war *Der hässliche Amerikaner* sicher noch der sanfteste. Bestimmt war er der bestgemeinte.

Das Thema – amerikanischer Botschafter wird in einem fiktiven asiatischen Land in die Auseinandersetzungen zwischen Reaktionären, Neutralisten und Kommunisten verwickelt – geht noch auf Brandos erste Asienreise zurück. Dass der Film die tatsächlichen Ereignisse in Vietnam ziemlich genau vorhersah, sei nur am Rande erwähnt; während die deutsche *Filmkritik* dem Film aber ihre schlechteste Note gab, wurde er in den Südstaaten der USA zum Teil erst gar nicht in die Kinos gebracht: Dem reaktionären Amerika ging selbst die vorsichtige Kritik des *Hässlichen Amerikaners* zu weit, und Brando, der mit Flanellanzug und schwarzer Krawatte an Bürgerrechtsdemonstrationen teilnahm, wurde für viele Haushalte nicht nur am Mississippi zum roten Niggerlover.

Im *Hässlichen Amerikaner* tritt auch Brandos Schwester Jocelyn auf. Weil ihr Mann, wie man sich im Hollywood der 50er Jahre auszudrücken beliebte, »mit radikalen Gruppen assoziiert« worden war, hatte sie, Sippenhaft à la Hollywood, lange Jahre keine Rollen in der Filmbranche mehr bekommen: Ein Fakt, der nicht vergessen werden sollte, wenn von Brandos Reibereien mit der »Industry« die Rede ist.

Brandos nächster Film – *Zwei erfolgreiche Verführer*, mit David Niven, eine an der Riviera angesiedelte Diebes- & Liebesklamotte – kann glatt vergessen werden. Carey etwas barsch: »Niedriger kann ein Schauspieler von Rang nicht fallen.«

Dann spielte er in *Morituri* einen Engländer, der im Zweiten Weltkrieg ein deutsches Schiff außer Gefecht setzen soll, ein psychologisch etwas überreiztes Melodram, dem Regisseur Bernhard Wicki viel kräftiges Pathos verlieh; ein oft unterschätzter Film. Auch er eine Rarität, nicht nur, weil Yul Brynner ihm seine Glatze lieh; Martin Benrath und Hans Christian Blech spielen ausgezeichnet, und Brando, der damals vielen Freunden half, deren Karriere zu versacken drohte, hatte auch seinen besten Freund Wally Cox bei *Morituri* untergebracht. Cox revanchierte sich, indem er bei den Talk-Shows, mit denen er eine Zeitlang seinen Lebensunterhalt bestreiten musste, auf Fragen nach Brandos Privatleben immer völlig verdrehte Antworten gab.

Auch *Morituri* war ein finanzieller Flop, und das, obwohl Brando sich gegen seine Gewohnheit sogar in die Publicity einspannen ließ. Er gab damals im Vanderbilt Hotel in New York eine ganztägige Pressekonferenz, die von den Gebrüdern Maysles (die später *Gimme Shelter*, den Rolling-Stones-Dokumentarfilm, drehten) auf Zelluloid gebannt wurde. *Meet Marlon Brando* war das Resultat, ein 29-minütiger Dokumentarfilm, dem folgende Sequenz entnommen ist. Eine junge TV-Reporterin aus Boston namens Metrinko stellt die Fragen:

METRINKO Unsere Zuschauer würden gerne wissen, warum Sie hier sind und ob Sie uns vielleicht etwas über Ihren letzten Film sagen könnten –

BRANDO Wie alt sind Sie?

METRINKO – *Morituri.*

BRANDO Nein, Sie? Dreiundzwanzig?

METRINKO Nein, im März werde ich einundzwanzig.

BRANDO Einundzwanzig …

METRINKO Ha, aber das soll ja das Privileg einer Frau sein.

BRANDO Was?

METRINKO Ihr Alter.

BRANDO Sie hören sich an wie ein amerikanisches Sprichwort.

METRINKO Nein, bitte, sagen Sie uns etwas über Ihren neuen Film.

BRANDO So, warum denn?

METRINKO Weil wir in Boston uns darauf freuen, ihn zu sehen.

BRANDO Recht so. Stimmt das auch?

METRINKO Natürlich.

BRANDO Entschuldigen Sie, ich wollte Ihre Wade nicht berühren. Was soll ich Ihnen denn erzählen?

METRINKO Oh, wenn Sie uns vielleicht etwas darüber erzählen würden, was, oh, so hinter den Kulissen vor sich ging, als Sie den Film drehten, oder –

BRANDO Wie weit hinter den Kulissen?

METRINKO Oh, einfach ein paar Dinge, die unsere Zuschauer gerne hören würden.

BRANDO Also …

METRINKO Ich bin sicher, dass Sie ganz schön –

BRANDO Bernie Wicki raucht die schlimmsten Zigarren, die ich je gerochen habe. Ich hasse seine Zigarren. Und … er raucht Zigarren, die werden aus – Es gibt da diese Schuhe, die italienische Fischer tragen, mit Schnursohlen, Schnursohlensandalen, die werden eingestampft und zusammengekocht und nach Wladiwostock geschickt. [Der Pressemann reicht Brando ein Blatt Papier.] Sie war eine Miss USA! Tatsache?

METRINKO Ja. Tatsache.

BRANDO Tja, das … das hätte ich mir denken können.

METRINKO Das ist nett von Ihnen.

BRANDO Ja wissen Sie, es ist nicht gerade üblich, jemanden zu treffen, der so hübsch ist wie Sie und noch dazu einen College-Abschluss hat und sich ernsthaft für das Weltgeschehen interessiert und auch noch Jura studiert.

METRINKO Na ja, mir machte es Spaß, Miss USA zu sein.

BRANDO Sie war Miss USA! In welchem Jahr war das?

METRINKO 1964.

BRANDO [zum Publikum] 1964 war sie Miss USA. Ich fragte sie, ob sie hübsch sei, und sie sagte – na ja, das wäre eine subjektive Meinung und sie wüsste nicht recht.

METRINKO Wissen Sie, es waren nur sechs Preisrichter, die die Entscheidung trafen, deshalb glaube ich nicht, dass das ein endgültiges Urteil darstellt.

BRANDO Ja, aber Sie mussten doch mehrere Ausscheidungen absolvieren, um den Titel zu gewinnen, hab' ich recht? Also waren es eigentlich mehr als nur sechs Preisrichter.

METRINKO Na ja, sechs hier und sechs da ... es war jedenfalls eine große Ehre für mich. Mister Brando! Ich danke Ihnen sehr, dass Sie unser Gast waren.

BRANDO Gute Nacht, Leute. Raucht Optima-Zigarren![103]

Nach *Morituri* kam *Ein Mann wird gejagt*, eigentlich ein Film, der das Zeug zu einem Knüller gehabt hätte. Es gab einen guten Regisseur (Arthur Penn), eine gute Autorin (Lillian Hellman, die Lebensgefährtin des 1961 verstorbenen Dashiell Hammett), eine gute Besetzung (Jane Fonda, Robert Redford in seiner ersten großen Rolle, in einer Nebenrolle auch wieder Jocelyn Brando), aber aus der Story kleinstädtischer Intoleranz und südstaatlicher Rassendiskriminierung wurde nur eine völlig überzogene Studie in Masochismus, in der Brando (der Rebell als texanischer Sheriff!) die wohl blutigste Abreibung seiner Filmkarriere bekommt. Und wieder die vertraute Melodie wurde laut: Das leider oberflächliche Script der Frau Hellman sollte umgearbeitet werden, Brando wurden inhaltliche Versprechungen gemacht, die nicht eingehalten wurden. So bleibt der Film trotz mancher atmosphärischen Reize im Gestrüpp nördlicher Klischees und Vorurteile hängen, und Brandos letzte Fans gingen stumm und steif aus den Lichtbildhäusern dieser Welt.

Nach einem Western *(The Appaloosa)* folgte die bitterste Farce in der sich rasch verdunkelnden Karriere Brandos: Charlie Chaplins *Die Gräfin von Hongkong.*

Und hatte es nicht ein Festschmaus werden sollen! Der alte Chaplin, aus Hollywood vormals vertrieben, sein erster Farbfilm, mit Sophia Loren (der »Duse des 20. Jahrhunderts«, wie Chaplin, wohl schon gaga, sie nannte), mit Brando, und noch dazu eine Romanze, die Chaplin 1931 auf seiner Hochzeitsreise mit Paulette Goddard von Schanghai nach San Francisco eingefallen war!

In Wirklichkeit war es wohl weniger Romanze als Klamotte, diese fade Story von der russischen Gräfin und dem Diplomaten in der Luxuskabine eines Überseedampfers, und dieser Mist, traurig genug, war des Meisters letzter Film. Als die Kritik ihn einhellig verriss (und Brando und Loren bekamen auch ihr Fett ab, und zwar reichlich), schäumte der Alte: »Diese Ignoranten! Wissen nicht, was Kunst ist! Mistige Bande von Dummköpfen! Dieser Film ist seiner Zeit zehn Jahre voraus!«

Mit der Loren hatte Brando wohl das Nonplusultra des ihm verhassten WASP-Frauentyps in südlicher Maske erwischt, und prompt brachte er sie mit Bemerkungen wie: »Sie haben ja schwarze Haare in der Nase!« an den Rand eines Kollapses. »Ich musste sie dauernd daran erinnern, dass sie eine Liebesgeschichte spielten«, gab selbst Chaplin zu, der wohl als einziger Mensch auf der ganzen traurigen Welt an dem Film seinen Spaß hatte.

Der nächste Film (der nächste Flop) war *Spiegelbild im goldenen Auge*, und es war der erste Film seit *Julius Cäsar*, in dem Brandos Name im Vorspann nicht mehr an erster Stelle kam. Und nicht nur das: Vor ihm war die Rolle schon Montgomery Clift (er starb 1966), Lee Marvin und Richard Burton (hatten andere Verpflichtungen, Marvin *Point Blank,* Burton *Die Komödianten*) angeboten worden. Was anderen Superstars schlaflose Nächte, was sage ich, Pandämonium und Zusammenbruch des Egos gebracht hätte, ließ Brando relativ kalt, wie ihn wohl ganz Hollywood mitsamt seinen Egotrips, seinen Zusammenbrüchen und aufgedonnerten Pandämonien längst kaltließ. Jahre zuvor hatte er seine Firma verkauft, 1965 war sein Vater gestorben, längst galten ihm seine Kinder, sein Atoll in der Südsee und sein gesellschaftliches Engagement mehr als die paar tausend Meter belichtetes Zelluloid, mit denen er seinen Lebensunterhalt und den seiner Kinder und Ex-Frauen zu bestreiten hatte, weil er, wie er sagt, sonst nichts konnte.

Nach dem Selbstmord Marilyn Monroes hatte er geäußert: *Die Leute können nicht begreifen, dass Marilyn Monroe ihr Leben nicht für bedeutend hielt oder dass irgendwem ihr Leben etwas bedeutete. Die Menschen haben in ihrem Leben nicht die Erfahrung machen können, was ein überwältigender Erfolg ist – sie kennen nicht die Leere, die der Erfolg mit sich bringt … Ich habe Erfolg. Ich bin die Horatio-Alger-Story. Ich bin der Junge aus mittleren Verhältnissen ohne Hochschulabschluss, der zum Individualisten wurde und es geschafft hat. Ich habe getan, was mein*

Land mir gesagt hat: »Mach weiter, Junge. Du kannst es! Das erwarten wir von dir!« Es ist Lug und Trug. Es ist eine einzige Enttäuschung.[104]

Manchmal auf den Höhen wird die Sonne kalt, und das Silber ist nur der Smog von vorgestern, und der Prinz schaut in sein Reich, es ist die Leere. Und vielleicht steigen auf anderen Höhen Rauchzeichen auf, dann sattelt er sein scheues Pferd und erinnert sich, es ist nicht notwendig zu leben, es ist notwendig zu rebellieren.

»Marlon Brando hatte seinen Finger auf dem Puls einer fiebernden Welt«, schreibt René Jordan, »und er diagnostizierte die Krankheit als akute Rebellion.«

Amerikaner haben gelegentlich die Gabe, komplexe Sachverhalte auf einen glatten Nenner und in ein einfaches Bild zu bringen, und: Sie sind in aller Regel nicht von europäischen Ideologien angefressen und vermufft. Deshalb haben sie auch einen viel direkteren Zugang zu allen Spielarten des Außenseiters und Outlaw, sie sehen ihn als Individuum und nicht als Agenten einer »gesellschaftlichen«, »historischen« Notwendigkeit und können auch den Gangster John Dillinger als Rebellen begreifen, was einem europäischen Marxisten denn doch schwerfiele. Unter der verharschten WASP-Norm lag in Amerika immer ein vitaler, volkstümlicher Underground, und Freiheit war in diesem Land, das sich über einen Kontinent erstreckt, nie die Prärogative des besitzenden Bürgerstandes, sondern gehörte dem, der sinnlich und sensibel genug war, um mit ihr etwas anzufangen. »*Freedom's just another word / for nothing left to lose*«, das drückt natürlich ein starkes Feeling der 60er Jahre aus, auch jedem von uns hier verständlich; aber in Amerika hätte Kris

Kristofferson es auch hundert Jahre früher singen können*, und die Wege dieser frühen amerikanischen Rebellen waren nicht immer mit Leichen gepflastert.

Brandos Rebellion lässt sich relativ leicht bis in seine Kindheit und Jugend im konservativen Milieu des ländlichen Mittelwestens, zum autoritären Vater und zur Militärakademie zurückverfolgen. Nach New York kam er noch früh genug, um etwas von dem sozialistischen Impetus des *Group Theater* und des frühen Actors Studio mitzubekommen. Sein Misstrauen gegen die Strukturen des amerikanischen politischen Prozesses, gegen das normierte Zwei-Parteien-System, gegen das Establishment schlechthin (das von bis zu 50 Prozent der Bevölkerung geteilt wird, die sich nie an Wahlen beteiligten) gab er nur einmal so weit auf, um für die Wahl eines Präsidentschaftskandidaten einzutreten. Das war 1948, und der Kandidat war der populistisch-progressive Henry Wallace, der gegen Truman und Dewey antrat. In den 50er Jahren verdrängten die Pressionen seiner Karriere jeden Gedanken an ein aktives politisches Engagement, und wofür und mit wem hätte er sich auch einlassen sollen? Für den harmlosen Liberalen Stevenson, dem zweimal von Eisenhowers *Middle America* der Scheitel glattgezogen wurde? Das Land lag unter der stickigen Dunstglocke von Antikommunismus und Prosperity, es herrschte Friedhofsruhe, bis eines Tages Mrs. Rosa Parks, eine schwarze Bewohnerin der Stadt Birmingham im Staat Alabama, sich im Omnibus auf einen den Weißen vorbehaltenen Platz setzte

* So wie Dolly Parton, die Country-Diseuse, ihr *It's a long time since I've known the taste of freedom.*

und damit den langen Bürgerrechtskampf der amerikanischen Neger auslöste.

Bis die Dinge wirklich in Bewegung gerieten, dauerte es noch einige Jahre, aber die Wahl Kennedys, der natürlich ein Liebling aller Swingers im Showbusiness war, brachte auch in Hollywood die liberalen Champions und Championetten (und alle, die gern etwas vom Rampenlicht abbekommen, die Profilneurotiker und Publicitymotten) auf die Bühne des Geschehens. Auch Brando reihte sich ein, aber er ging den Weg in einem Tempo, bei dem andere bald nicht mehr mitkamen. Nach der Ermordung Martin Luther Kings verschwand er eine Woche völlig von der Bildfläche, dann tauchte er beim Begräbnis von Bobby Hutton auf, einem 17-jährigen Black Panther, der bei einem Feuergefecht in Oakland von der Polizei erschossen worden war. Marlon Brando Superstar unter Dutzenden Schwarzer Panther in ihrer Baskenmützen-/Lederjacken-Uniform mit feierlich gereckten Gewehren, das war denn doch mehr als eine leere Geste. Und dann sprach er anschließend bei einer Kundgebung vor dem Gefängnis, in dem der Black-Panther-Führer Huey Newton einsaß, zu den Demonstranten: »Ich komme gerade vom Begräbnis Bobby Huttons … Das hätte mein Sohn sein können, der da lag. Der Prediger sagte, der weiße Mann kann es nicht bringen, weil er nie verstanden hat, worum es geht. Deshalb bin ich hier … Ihr habt die Weißen 400 Jahre angehört. Soweit ich sehe, haben sie einen Dreck für euch getan. Ich werde von jetzt an den Weißen klarzumachen versuchen, worum es geht. Die Zeit für jeden von uns läuft ab!«[105]

Brando erschien kurz darauf im Fernsehen in einer Talk-

Show und erhob schwere Beschuldigungen gegen die Polizei von Oakland, was ihm prompt seitens der Oakland Police Officers Association eine Forderung auf Zahlung von zweieinhalb Millionen Dollar Schmerzensgeld wegen übler Nachrede einbrachte. (Das Gericht lehnte die Einleitung eines Verfahrens ab.)

Anfang 1968 hatte Elia Kazan den Filmfreunden in und außerhalb der Filmwirtschaft eine freudige Mitteilung gemacht: Marlon Brando werde die Hauptrolle in seinem nächsten Film *Das Arrangement* übernehmen. Na bitte! sagten sich die Leute. Endlich wieder ein Film mit Kazan, dem Mann, der ihn auf jene Höhen der Schauspielkunst führte, auf denen er anschließend allein im Regen stehen gelassen wurde!

Ja, allerdings roch Brando gleich, dass *Das Arrangement*, nach Kazans gleichnamigem Roman, nicht gerade eine berauschende Story war. Erzählt werden Stationen aus der Lebensmitte eines frustrierten und am Sinn des Lebens verhalten zweifelnden Reklame-Managers, also Midlife-Crisis in Reinkultur, und die Tatsache, dass Kazan, längst überm Zenit seiner kreativen Kraft, dieser recht alltäglichen Sache acht Jahre vor Hermann Schreiber und dem *Spiegel* einige geschmäcklerische Nuancen abgewinnt, macht weder aus dem Buch noch aus dem Film eine Speise, die Rebellen schmecken könnte. Nach der Ermordung Kings und den Aufständen in den Ghettos von New York, Detroit und Washington gab Brando seinem Freund und Lehrmeister einen Korb, aus dem ein kräftiger Zaunpfahl dem alten Sozialisten zuwinkte: Er könne in dieser Zeit, sagte Brando, keine Filme über die Problematiken alternder Manager machen; mehr denn je wolle er von nun an nur noch in Filmen auftreten, die ein unmissverständlicher Beitrag zum Kampf des Menschen um seine Selbstbestimmung seien. (Vielleicht saß der Wink: Drei Jahre später drehte Kazan mit seinem Sohn Chris, der das Drehbuch schrieb, den Film *Die Besucher* – eine bittere Parabel über den Vietnamkrieg und die Verrohung der Menschen im Zeitalter Saturns.)

Brando aber traf 1968 den italienischen Regisseur Gillo Pontecorvo, einen 50-jährigen Marxisten, dessen *Schlacht von Algier* (1966) nicht nur ein packender, sondern auch unmissverständlicher Beitrag zum Thema Selbst- und Fremdbestimmung des Menschen in Rebellion und Freiheitskrieg ist. Brando, der ohnehin ein Faible für den europäischen Film hat, stimmte sofort zu, als Pontecorvo ihm die Hauptrolle in *Queimada* antrug, der Story eines Sklavenaufstands in der Karibik, dessen Protagonist ein englischer Agent ist, der die Revolution der farbigen Arbeiter für die kolonialistischen Zwecke Englands ausnützt. Quintessenz des etwas simplizistischen Streifens: »Wenn ein Mann dir die Freiheit gibt, dann ist es nicht die Freiheit. Die Freiheit musst du dir selbst nehmen!«

Das gute Einvernehmen mit Pontecorvo und dessen Absichten ging allerdings bald flöten (und das Budget des Films schnellte in schwindelerregende Höhen), als Pontecorvo darauf bestand, dass der Film in »echter« Dritter-Welt-Atmosphäre gedreht werden müsse. Dazu hatte er sich die Urwälder Kolumbiens ausgesucht. Die Logistik des Films übertraf fast noch die der *Meuterei auf der Bounty*. Bei glühender Hitze, tropischen Regenfällen und praktisch abgeschnitten von jedem erholsamen Komfort, litt das Team Strapazen, die dem Film nicht unbedingt zugutekamen. Pontecorvo drehte nahezu ausschließlich mit Laien, und Brando war der Einzige im Team, der das sanfte Leben in Hollywood und Tahiti gewohnt war. Jahre zuvor hatte er es abgelehnt, den Lawrence von Arabien zu spielen: »Der Teufel soll mich holen, wenn ich monatelang auf einem Kamel durch die Wüste schaukle!« Jetzt zwang er Pontecorvo nach acht Monaten im Urwald praktisch dazu, den Rest des Films in Marokko abzudrehen. Pontecorvo, der vom europäischen »Regisseur« und »Autorenfilm« kommt und vom amerikanischen »Schauspieler-Film« nicht viel hält, brachte Brando an den Rand von Gewalttätigkeiten: »Ich möchte Gillo am liebsten umbringen«, sagte er. Warum? »Weil er sich einen Dreck um menschliche Gefühle kümmert.«

Pontecorvo lächelte nur: »Brando ist ein großer Künstler. Ein großer Künstler. Er kann mehr geben, als es einem Schauspieler eigentlich möglich ist. Aber – ich habe noch nie einen Schauspieler erlebt, der solche Angst vor der Kamera hat. Und ich glaube nicht, dass ein Künstler so schwierig sein sollte. Wenn ich da an Bach denke mit all seinen Kindern, der trotzdem seine Arbeit tat ... Brando ist auch, glaube ich, ein bisschen – wie sagen Sie? – paranoid. Er denkt, wenn ich 40 Takes mache, will ich ihn zerbrechen. Warum sollte ich das wollen?«[106]

Trotz spektakulärer Sequenzen ist *Queimada,* wie *Viva Zapata*, nicht das grandiose Rebellen-Epos, das Brando, wenn er denn überhaupt noch an den Film als Vehikel für Rebellionen glaubte, sich erhofft hatte. Läuft in dieser Branche nicht immer alles auf Kommerz raus? Wird in ihr die Rebellion nicht immer versilbert, und ihre Poesie, was bleibt von ihr als das Neonlicht am Ende des Regenbogens? Und was soll der große Aufstand, wenn die Erde längst vergiftet und verkommen ist? Früher als andere hat sich Brando mit solchen Fragen beschäftigt. Und so ist es nur logisch und natürlich, dass er Freundschaft mit denen schloss, für die das Leben die Einheit des Menschen mit der Erde und all ihren Kreaturen bedeutet und die in ihrer Heimat Amerika buchstäblich einen Kampf ums Überleben führen.

Marlon Brando im Wigwam der Indianer – das ist ein Bild, das Amerika mit fast atavistischem Grauen, mit Furcht und Schrecken, mit Hass und Horror erfüllt, es ist die finale Herausforderung Amerikas schlechthin: Kann sich diese Nation ein schleichendes, der Öffentlichkeit weithin verborgenes Auschwitz erlauben, in welchem die Ureinwohner des Landes endgültig ausgerottet werden, oder muss sie Angesicht in Angesicht mit ihren Sünden dem Indianer die Hand reichen und ihn bitten, ihr beim Überleben zu helfen? Marlon Brando im Wigwam, das ist aber auch reinste Poesie, die Poesie der Hoffnung und der Träume, ohne deren Silber der Alptraum dieses 20. Jahrhunderts nicht zu ertragen wäre.

Brando hatte seinen Partnern Glass und Seltzer schon 1957, als er zum letzten Mal für den Oscar nominiert worden war, erklärt, er werde die Auszeichnung aus Protest gegen die Diskriminierung der Schwarzen und der Indianer ablehnen. (Da er den Oscar nicht bekam, brauchten Glass und Seltzer nicht, wie sie angedroht hatten, aus der Firma auszuscheiden.) Das Hollywood-Establishment nahm solche

Ankündigungen nicht ernst – wer hätte je einen Oscar abgelehnt? Und im Zeichen der neuen liberaleren Ära hatte man auch gar nichts dagegen, wenn die sensibleren Stars Geld für »gute Zwecke« sammelten, wie man zur Bürgerrechtsbewegung sagte, als ob es um die Missionierung irgendwelcher Mohren gegangen wäre. Selbst als Brando für die Beteiligung seiner Kollegen am berühmten Marsch auf Washington (1963) agitierte und das (recht bescheidene) Kontingent auch organisierte, ging das noch hin: Schließlich war Kennedy ja auch dafür. Als er dann eine Kampagne in Gang setzte, die darauf abzielte, dass Filmschauspieler in ihre Verträge eine Klausel hineinschrieben, mit der ausgeschlossen werden sollte, dass ihre Filme vor segregiertem Publikum gezeigt werden durften, kratzten die Bosse sich schon bedenklich an der Gesäßtasche. Aber als er im April 1964 am Puyallup im Staat Washington verhaftet wurde, weil er sich mit indianischen Freunden an einem »fish-in« beteiligt hatte (trotz der den Indianern zugesicherten Fischrechte hatte die Regierung ein generelles Fischverbot für diesen Fluss erlassen), ging man in Hollywood auf volle Distanz. Nicht dass man Brando ernst genommen hätte – wer ging schon mit Indianern fischen? –, aber Verhaftungen galten nicht als »gute« Publicity, und überhaupt ging der Mann allmählich zu weit.

Er ging noch viel weiter.

1975 gab Brando einem Filmjournalisten, Bruce Cook, die rare Gelegenheit zu einem Gespräch. Es fand während der Dreharbeiten zu *Duell am Missouri* in Brandos Campingwagen am Missouri statt. (Diesen Campingwagen stellte Brando später seinem Freund Dennis Banks, einem der Gründer des American Indian Movement und Besetzer von Wounded Knee, zur Verfügung. Banks wurde damals vom FBI gesucht. In dem Wagen explodierte eine Bombe, die, wie das FBI behauptete, bei einer Kundgebung mit Präsident Ford hätte hochgehen sollen.) In dem Gespräch sagte Brando am Schluss auf die Frage, welche Zukunft er sich selbst wünsche: »Ich würde gern in einer Gesellschaft leben, die so gut ist wie das Gras, das aus der Erde wächst. Ich wäre gern ein Grashalm in Harmonie mit anderen Grashalmen. Ameisen geht es gut; Haien und Kakerlaken. Sie überleben. Ich bin fürs Überleben.«[107]

Das ist natürlich die reine Sprache des Wigwams, vielleicht nicht die schlechteste Sprache, die ein Amerikaner, ein weißer, versilberter Rebell, ein Star, ein Künstler, ein Mann im Zeitalter der großen Ernüchterung und der großen Angst, noch lernen kann. Vielleicht hat er sie schon immer gesprochen, und es hat niemand hingehört. Oder er hat sie von Peter Blue Cloud gelernt, einem Dichter, der in seiner Sprache Aroniawenrate heißt und dieses Gedicht geschrieben hat:

Für ein Kind

Gehe behutsam um den Berg
  denn der Berg ist behutsam
denke an das offene Tal
  auf der anderen Seite
denke durch den Berg hindurch
  an das offene Tal auf der anderen Seite
vielleicht lauert dort Gefahr
  oder Schmerz an diesem offenen Ort

denke in einem Kreis
   um diesen Berg herum
und bald wird der Berg
   so klar wie Kristall
und du wirst das offene Tal
   durch den Kristallberg sehen
und die ganze Wahrheit von Berg
   und Tal wird dein sein

und umgehe behutsam den Berg
   und behutsam betrete
   dies friedliche Tal
wo das Herz des Kristalls
   sein Wigwam hat[108]

Don Brando

Verlangt bloß nicht, dass ich da hingehn soll. Ich will nicht. Trotzdem, ich will ihn nicht im Weg haben. Einen Krawall veranstalten, das bringt nichts. Auf dem Trottoir gab's Ärger, und die Jungs waren in Schwierigkeiten, und ich bin dazwischengegangen. Bitte schafft mich in das Zimmer. Lasst ihn ja nicht aus den Augen. Mein Zeug war erstklassig, und diese dreckigen Ratten haben sich reingehängt. Bitte, Mutter, zieh nicht dran, reiß nicht dran. Das ist was, davon sollte man nicht reden. Bitte helft mir hoch, Freunde. Seht euch bitte vor, die Schießerei ist ein bisschen wild, und so ein Geballer hat schon einem das Leben gerettet.
Aus dem Protokoll der letzten Worte des sterbenden Gangsters Dutch Schultz

Und manchmal ist es an der Zeit, sich zurückzulehnen, eine philippinische Capricho anzubrennen und den Rauch über die Tasten der Maschine zu wedeln. Das Eis klinkert im Glas, aber sonst klinkert recht wenig, und kein Komet zeigt sich über den Dächern und Fernsehantennen. Wahltag in Bayern. Ich habe nicht vor, meine Stimme abzugeben. Der Mensch wählt jeden Tag, er wählt zwischen Schinkennudeln und Schmalznudeln, aber ist er selbst *dieser* Wahl gewachsen? Und ist es nur eine Frage des Geschmacks, wenn er vor ihr davonläuft, atemlos und geduckt auf der Flucht vor den Anträgen des Obers? In solchen Augenblicken brauchen wir dringend das ermunternde Lächeln der Dame am Nebentisch, aber gerade dies Lächeln jagt uns dann eher Angst als Adrenalin ein; statt zu schmelzen, vereisen wir, und auch das Herz aller Dinge, der Tod, verfehlt seinen tröstlichen Aspekt vollkommen, wenn das Leben vorher nur Mehlspeise war.

In der Toilette eines D-Zugs zwischen Frankfurt und Hannover las ich vor fast zehn Jahren folgendes Sgraffito:

If I am not for myself,
Who will be for me?
If I am only for myself,
What am I?
If not now,
When?[109]

Eine zentrale Fragestellung, seit sich der Mensch aus den Höhlen in die Savannen vorwagte und aus Steinen Funken schlug. Und so schleppen wir uns durch unsere Tage und Nächte, durch unsere Träume und Räusche, durch unsere Schmerzen und durch die Leere, und manchmal trägt der Wind uns den Fetzen einer Melodie zu, oder ein Schatten fällt zwischen Bild und Realität, und für einen Augenblick glauben wir ... aber es rührt sich nichts. Nichts rührt uns an. Und wir lehnen die Schulter wieder ans Rad. Was sollten wir sonst tun?

Auch Brando lehnte, aber es schien, als stünde das Rad still. Seine Karriere war praktisch zum Erliegen gekommen. Und wenn er auch lächelte und sagte, mir macht das alles nichts, es kümmert mich nicht, der Erfolg, diese

Droge, dieses High, dieses seltsame Brennen des Adrenalins musste ihm abgehen, wie jedem Junkie der Stoff abgeht, dem er entwöhnt wird. Wie oft liegt er nachts wach und schweißgetränkt auf den zerwühlten Laken und starrt auf einen Punkt in der Leere, und dieser Punkt ist Junk, es ist die Spitze der Nadel, die unter die Haut sticht und die Vene trifft … nein, zwei Büchsen Bier und ein Valium helfen da nicht, und es hilft kein Film wie *Das Loch in der Tür*, wenn man *Die Faust im Nacken* gespielt hat. Aber Anfang der 70er Jahre schien es mit Brando definitiv vorbei, was Hollywood anging: *Aus der Sicht Hollywoods war Brandos Karriere am Ende. Sicher, er konnte weiterhin in ausländischen Filmen auftreten und mit irgendeinem europäischen Regisseur arbeiten, der seine Launen tolerierte. Aber die Männer, die jetzt das Filmgeschäft unter sich hatten, würden ihn nicht beschäftigen. Es waren ausgebuffte Geschäftsleute – frühere Verkäufer, Buchhalter und Agenten, die den Wert des Dollars kannten und fest entschlossen waren, die Studios wieder auf eine solide finanzielle Grundlage zu stellen. Die Verschwendungssucht gehörte der Vergangenheit an. Filme wurden mit knapp gehaltenen Budgets gedreht, und wer Geld verplemperte, flog. Marlon Brando war der Inbegriff des verschwenderischen und starrköpfigen Stars. Hatte er nicht MGM mit der* Meuterei auf der Bounty *fast in den Bankrott gestürzt? Ihn in den 70er Jahren zu engagieren wäre glatter Selbstmord.*[110]

Nun war Brando, dem selbst die *Illustrierte Film-Bühne*, das Programmblatt der deutschen Lichtspielhäuser, noch anlässlich des *Hässlichen Amerikaners* attestiert hatte: »Er fährt als vielfacher Millionär einen alten Ford und ist den kleinen Leuten, die das Leben links liegenlässt, noch immer mehr zugetan als den Großen dieser Welt«, die Meinung der neuen Bosse wahrscheinlich so piepe wie die Meinung der alten und, was das angeht, der Bosse schlechthin. Aber er konnte das Filmen nicht an den Nagel hängen, und nicht nur, weil er Familien zu versorgen hatte und Geld für seine ökologischen Experimente in Tahiti und für seine indianischen Freunde brauchte; der Rebell war sich einfach die Rebellion schuldig, der Profi einen starken Film, der Artist einen perfekten Balanceakt, der Erfolgsgewohnte schuldete seiner Psyche den Erfolg.

In den letzten Jahren hatte Brando eine Reihe von vielversprechenden oder zumindest aufsehenerregenden Stoffen abgelehnt. Darunter waren *Mademoiselle*, geschrieben von Jean Genet, verfilmt von Tony Richardson; *Das Arrangement*; die geplante Zelluloidfassung von Hochhuths *Stellvertreter*, ein Werk, das dem Kinogänger bislang erspart blieb und hoffentlich bleiben wird; und der Erfolgswestern *Butch Cassidy and the Sundance Kid*, in dem Paul Newman die zuerst Brando angebotene Hauptrolle spielte. Brando hatte stattdessen einen Flop nach dem anderen gespielt, der Superstar der 50er Jahre war eine Dekade später nicht nur Gift für die Galle jedes Studiobosses und Inkarnation des gefallenen Engels, seine berühmten Worte aus der *Faust im Nacken* – »Ich hätte Klasse haben, ich hätte der Herausforderer sein können« – hätten auch fast sein Epitaph sein können.

Und dann kam *Der Pate*, der bis dahin erfolgreichste Film aller Zeiten, und Marlon Brando spielte die Titelrolle. Und Hollywood lag ihm wieder zu Füßen und trug ihm wieder den Oscar an. Kehrte der Rebell nun endlich heim in den Schoß der Familie und ließ sich schmücken und auf den Ehrenplatz setzen und feiern und krönen?

Hollywood hätte ihm alles geschenkt für diesen Film, für diesen Erfolg. Denn sie kannten ja nicht nur den Wert des Dollars, diese kühlen jungen Bosse mit den lässigen Manieren und den harten Mienen (die Brando-Fans der 50er Jahre, an die Macht gekommen), sie liebten ihn nicht minder als die Cohns und Zanucks von einst. Liebe, die im Computer spielt, Business in der Ausdruckswelt, die Götter und das Geld und das Grinsen der Macht, Gnade dem Elementaren, seine Tränen an Babylons Ufern, und der Geist der Konzerne tickert das Credo dazu.

Es entbehrt ja nicht der Pikanterie, und der Kulturkritiker vom Dienst soll auch seine Stirn gerunzelt haben, dass Brandos großes Comeback ausgerechnet ein Film über den korporativen Geist und den Zusammenhang zwischen Kapitalismus und Verbrechen war. Ein solcher Film kann in Amerika nicht anders denn als modernes Märchen präsentiert werden, und so ranken sich denn liebevoll gepflegte, märchenhafte (und deshalb nichts weniger als durchaus wahrscheinliche) Berichte und Geschichten um die Story vom unaufhaltsamen Aufstieg eines Gangsterromans zum singulären Kometen am Hollywoodhimmel, und man beachte, wie die Grundtendenz an jenes rührende Filmstöffchen erinnert, das in Wests *Tag der Heuschrecke* das Mädchen Faye dem Maler Tod Hackett erzählt. Hier nur ein paar Glanzlichter des Märchens, in welchem erzählt wird,

wie der erfolglose Schriftsteller und verschuldete Spieler Mario Puzo sich eines Tages an das bittere Wort des Komikers Lenny Bruce erinnert: »Jetzt ist es an der Zeit, erwachsen zu werden und sich zu verkaufen«, und es für einen Vorschuss von 5000 Dollar übernimmt, einen Roman über die Mafia zu schreiben;

wie er mit hundert Manuskriptseiten ein Flugzeug nach Hollywood besteigt, wo er noch nie gewesen war, und die Option für die Filmrechte für 125 000 Dollar an Paramount verkauft; wie er das Buch *Der Pate* im Juli 1968 beendet und die Leinenausgabe sofort in die Bestsellerliste der *New York Times* kommt und dort 67 Wochen verbleibt, und wie er die Taschenbuchrechte für 410 000 Dollar verkauft;

wie aber die Bosse bei Paramount gerade mit einem Film über die Mafia einen Flop gelandet haben und sich gegen eine Verfilmung des *Paten* lange sträuben;

wie sie dann auf die Idee kommen, das Buch, zusammen mit Dino De Laurentiis, mit Charles Bronson oder Carlo Ponti (richtig: eben jenem) in der Hauptrolle zu verfilmen;

wie das alles nicht zustande kommt;

wie dann der ziemlich erfolglose Produzent Al Ruddy von Paramount den Produktionsauftrag bekommt;

wie dieser Al Ruddy als Erster die Idee hat, den Buchautor Mario Puzo mit dem Drehbuch zu beauftragen, und wie dieser bei einer Besprechung im Plaza Hotel in New York (nie mehr arm, Mario!) den Ausspruch tut: »Es gibt nur einen Schauspieler, der den Paten spielen kann, und das ist Marlon Brando!«;

wie Puzo inzwischen eine halbe Million gebundene Exemplare und über zehn Millionen Taschenbuchexemplare von seinem Buch verkauft hat, indes nur noch vier von zehn Hollywoodfilmen einen mageren Profit einspielen;

wie Paramount am Rande des Bankrotts dahinsiecht und endlich, mehr aus Verzweiflung als aus Überzeugung, Ruddy grünes Licht für eine 2,5-Millionen-Dollar-Produktion (»Aber ja nicht überziehen!«) gibt, und wie Ruddy sich einen billigen jungen Regisseur, den Italoamerikaner Francis Ford Coppola, Jahrgang 1939, besorgt;

wie Puzo bei Paramount mit seinem Vorschlag betreffs Marlon Brando auf taube Ohren, glasige Augen und hässliche Bemerkungen stößt;

wie inzwischen die *Love Story* Paramount 50 Millionen Dollar eingespielt hat und der Abgrund wieder vergessen ist und wie Coppola sein Budget auf 6 Millionen (»aber keinen Cent mehr!«) erhöht bekommt;

wie Puzo, Ruddy und Coppola den von ihnen immer noch favorisierten Brando dazu bekommen, das Drehbuch und sogar den Roman zu lesen;

wie zu ihrer größten Verblüffung Brando drei Tage später anruft und erklärt, ja, er wolle die Rolle übernehmen, er sei der Auffassung, dass in diesem Buch ein Statement über die amerikanische Gesellschaft und ihren Verfall enthalten sei, dem er nur zustimmen könne;

wie daraufhin Ruddy und Coppola den Paramount-Bossen Vortrag halten und erklären, Marlon Brando solle die Hauptrolle spielen;

wie sie daraufhin fast gefeuert werden;

wie sie dann Marlon Brando zu seinem ersten Leinwandtest seit den Tagen von *Julius Cäsar* überreden und wie Brando sich in seiner Villa in Beverly Hills mit Hilfe einiger Accessoires und etwas Schminke in die Figur des Don Corleone verwandelt;

wie Coppola diesen Test den Bossen vorführt, ohne dass diese die Identität der Testperson kennen, und wie einer sagt: »Italienisch sieht er ja aus, aber kann er auch spielen?«;

wie Coppola daraufhin die Identität enthüllt, und wie den Bossen allmählich dämmert, dass ihnen Brando nicht erspart bleiben wird;

wie sich inzwischen bei »der Mafia« herumgesprochen hat, dass da ein »realistischer« Film über »die Mafia« gedreht werden soll, und wie »die Mafia« – damals gerade durch Joe Colombos plötzlichen Tod in den Schlagzeilen – durch die »Italian-American Civil Rights League« sicherstellen lässt, dass die Begriffe »Mafia« und »Cosa Nostra« im Film nicht erwähnt werden;

wie Brando die Rolle bekommt;

wie sich alles zum Besten aller fügt, fügt und immer noch fügt. Einspielergebnis *Der Pate*, Stand Ende 1977: Paramount gibt die Summe nicht bekannt.

Marlon Brando als Vito Corleone, das ist Don Brando, der *pater familias* und große Regent des amerikanischen Filmschauspiels: Ob er in Puzos Vorlage, die mit Recht als *Vom Winde verweht* unter den Gangsterromanen gilt*, wirklich einen Stoff sah, der alle Übel der amerikanischen Profit-

* Heinz Friedrich schoss in der Filmkritik übers Ziel hinaus – für ihn war *Der Pate* die Trapp-Familie als Gangster-Operette; für eine authentische Schilderung der Mafia und ihrer neuen Finanzoperationen siehe übrigens: *Memoirs of a Scam Man, The Life and Deals of Patsy Anthony.* Lepera, Farrar, Strauss, Giroux, New York, 1974, die hochinteressante Story eines Finanzgenies und Mafia-Geld-Beschaffers, der heute, mit neuer Identität versehen, versucht, der Rache seiner früheren Geschäftspartner zu entgehen. Anm. d. Verf.

gesellschaft beschrieb, mag dahingestellt sein; dass der Roman einen so beispiellosen Erfolg hatte, kommentiert das Niveau dieser und der ihr angegliederten Zivilisationen ja zur Genüge. Mit Sicherheit erkannte Brando in dem Film ein Vehikel, um der Filmwirtschaft und den Kinogängern, seinen Fans und seinen Kritikern zu zeigen, dass er auch in seinen dunklen Jahren nicht ein Gran von seinem künstlerischen Potential verloren hatte. Für den Vollblutmimen Brando war die Rolle eine der größten Herausforderungen seiner Karriere. Der Don ist ein Mann Ende der Sechzig, der im Film noch etliche Jahre älter wird, ein Sizilianer, der Anfang des Jahrhunderts nach New York gekommen ist und sich dort zum Chef der großen Mafiafamilien aufgeschwungen hat. Ein Mann des Südens, aber aus einer Provinz des Südens, die verdunkelt ist von Armut und Angst, Geheimnis und Gewalt; ein Sizilianer in Amerika, der nicht von unbegrenzten Möglichkeiten träumt, sondern dessen Maxime lautet: »Ein Mann hat nur ein Schicksal«; ein Entrepreneur, ein Realist, aber auch ein weiser Alter, gezeichnet von der Gewalt der Menschen und von der Poesie der Macht.

Ein großer Stoff, gewiss, von Puzo zwar schmählich auf Bestsellerformat getrimmt (am meisten Spaß scheinen ihm die Szenen gemacht zu haben, in denen er die »Verkommenheit« Hollywoods gezeichnet hat, wo sich anscheinend alles ums, wie es in der Übersetzung heißt, »Vögeln« dreht), aber Coppola und Brando haben daraus eine grandiose romantische Studie über die Psyche der Gewalt und die Politik des Verbrechens gemacht. Und so, wie der Film vor uns abläuft, wird Brandos Interpretation der Sache durchaus gerecht: *Ich glaube nicht, dass es in dem Film überhaupt um die Mafia geht. Ich glaube, es geht um den korporativen Geist. Auf ihre Weise ist die Mafia das beste Beispiel des Kapitalismus, das es gibt. Ich glaube, die Praktiken, die Don Corleone anwendet, unterscheiden sich nicht sehr von denen, die General Motors gegen Ralph Nader anwandte. Im Gegensatz zu manchen korporativen Industriemanagern hat Corleone eine tiefe Loyalität zu seinen Leuten, die ihn und seine Sache unterstützen. Er ist ein Mann mit festen Prinzipien, und es drängt sich natürlich die Frage auf, wie so ein Mann die Ermordung von Menschen zulassen kann. Aber die amerikanische Regierung tut genau dasselbe aus Gründen, die sich von denen der Mafia kaum unterscheiden. Die großen Konzerne töten uns alle ohne Unterlass und mit vollem Wissen – sie töten uns mit Autos, Zigaretten und Luftverschmutzung.*[111]

Coppola, einer der smartesten und politisch bewusstesten Regisseure des »Neuen Hollywood«, präzisierte noch: *Die Mafia ist das Phänomen des Kapitalismus in Reinkultur. Die Mafia kam von Sizilien in die Vereinigten Staaten, weil dort dieses System floriert. Ich meine, ich habe nie gedacht, dass das Buch etwas anderes als reine Fiction ist. Ich glaube nicht, dass diese Leute so waren oder so sind – romantische Figuren. Ich halte sie für schauerliche Typen … Es fiel mir nur auf, dass ihr Ehrsinn – sich seiner Familie anzunehmen – etwas ist, was dem Lande abgeht. Was wäre denn, wenn sich die Vereinigten Staaten ihrer Leute so annehmen würden, wie das Don Corleone tut?*[112]

So triumphal erste Kritiken und Zustrom des Publikums waren (in New York lief der Film in einem Kino durchgehend 24 Stunden, in den ersten zwei Wochen hatte er bereits 26 Millionen Dollar eingespielt), so richtig also der Instinkt Brandos und Coppolas gewesen war, den Film auf die Nixon-Ära, auf lizenzierten Staatskill und die Exzesse der Multis symbolisch auszurichten, so sicher wie der Smog der Schicht folgte diesem Triumph ein Rückschlag, und er richtete sich voll und ganz gegen Brando. Die Leute, die beim Establishment verschuldet sind, haben nun mal ihre Schulden abzutragen, da herrscht Cosa Nostra eben auch in Cultura. Leslie Halliwell sprach in der sechsten Auflage seines Nachschlagewerks *Filmgoers Companion* der konservativen Meinung aus der Seele: »Marlon Brandos vielgerühmte Darstellung der eher kleinen Titelrolle schien mehr ein Triumph von Make-up und Maske als von Schauspielkunst.«

Inzwischen war Brando in Paris und drehte einen neuen Film, über den bereits die wildesten Gerüchte die Runde machten. Es sollte sich tatsächlich um Pornographie handeln – um europäische Pornographie, auch das noch. Inzwischen war auch bekannt, dass Brando zu seinen neuen Freunden Gründungsmitglieder des American Indian Movement zählte, jener Rothäute also, die anscheinend von den Kriegsbeilen, die irgendwelche Hollywoodteams nach den Dreharbeiten für längst vergessene Western in Nevada und Arizona liegengelassen hatten, den Staub pusteten und sie aber nun nicht etwa Richtung Sunset Boulevard schwangen – das hätte sich ja vielleicht ganz hübsch gemacht –, sondern Richtung Osten … Richtung Weißes Haus, womöglich Aufstand und Rache und finales Shoot-out?

Um keinen Zweifel daran zu lassen, was er über Erfolg

und Amerika dachte, erklärte Brando damals in einem Interview: *Der Erfolg hat mein Leben angenehmer gemacht, weil ich Geld verdient habe und meine Schulden und Alimente und solche Dinge bezahlen konnte. Aber er hat mir nicht das Gefühl gegeben, dass ich mich jetzt jenem großen amerikanischen Experiment anschließen müsste, das sich Demokratie nennt. Irgendwie komme ich mir immer vergewaltigt vor. Jeder in Amerika und fast jeder in der Welt ist auf die eine oder andere Art ein Ganove. Ich glaube, wer die kleinen Ganoven nicht anprangert, muss schon ein großer Ganove sein, aber der Hang zum Ausbeuten liegt in unserer Kultur. Wir passen uns allzu leicht den Gesetzen des Ganoventums an. Persönlichkeit wird zur Ware. Charme wird zur Ware. Wenn man sich nicht verkauft, wollen die Leute nichts von einem wissen, und so steigen oder fallen deine Aktien wie an der Börse.*[113]

Ist das derselbe Brando, der 15 Jahre zuvor in Truman Capotes Artikel wie ein naiver Dummkopf geklungen hatte? Vielleicht hatten die dunklen Jahre Brando eine Eloquenz verliehen, deren Quellen Mr. C nicht angezapft hatte; vielleicht hatte dieser auch anderes im Sinn, vielleicht waren es Überheblichkeit und Arroganz; vielleicht, und das scheint mir am einleuchtendsten, ist für manchen Intellektuellen die Erkenntnis nur eine Prämisse der Verachtung, für manchen Prinzen dagegen der Erfolg eine Prämisse der Rebellion, und die Niederlage eine Prämisse des Erfolgs, und alles ein einziges Nada: »Wozu leben wir nur?« (Rimbaud)

Bei den Dreharbeiten zum *Paten* hatte der Schauspieler James Caan (dessen Clownerien und praktische Späße ihn als eine Brando verwandte Seele vermuten lassen) den Star in die Praxis des *mooning* eingeführt. *Mooning* bedeutet, in einem möglichst exponierten und gewagten Augenblick einem verblüfften Publikum den bloßen Hintern so fix zu zeigen, »dass alle, die es gesehen haben, nicht wissen, ob sie geträumt haben«. Bald übertrafen sich beide mit ihren Mondaufgängen, wobei Caan nicht sicher wissen konnte, dass Brando nur darauf lauerte, der ganzen Welt seinen Mond zu zeigen. Seine Chance kam bald. Sie hatte auch einen Namen. Sie hieß *L'Ultimo Tango a Parigi*: Marlon Brando, ein Amerikaner im Abendland.

Ein Amerikaner im Abendland

Und du noch geheimnisvolleres neuntes Tor
Das zwischen zwei Perlenbergen sich öffnet
Geheimnisvoller als alle anderen
Zauberträchtigen Tore du von dem keiner
zu sprechen wagt
Auch du gehörst mir
Erhabenes Tor
Mir der den wahren
Schlüssel besitzt
Zu allen neun Toren

O Tore tut euch auf vor meiner Stimme
Ich bin der Schlüsselmeister hier

Guillaume Apollinaire, Die neun Tore deines Leibes

Frühjahr. Der letzte Schnee ist geschmolzen. Winde aus Zwischenzonen. Weiche Äste im Regen, geschwungener Horizont, Eros der Erde. Es gibt noch den Stier, noch gibt es Europa. Gibt es den Dichter?

Es gibt ihn, wie es in Afrika den Wilden und in Asien den Derwisch gibt, ihn auszurotten ist dem Materialismus noch nicht gelungen. Aber er gehört, indes die Hybris des Fortschritts den europäischen Menschen sozial planifiziert, geistig entmündigt, sinnlich kollektiviert, wohl endgültig in die Zwischenzonen des Zwielichts. Der Poet als Paria – Peter Roseis Definition ist nichts hinzuzufügen: »Ich bin

Schriftsteller, ich bin Angehöriger einer Minorität, einer Randgruppe. Mir zunächst finde ich Schwindler, Gauner, Stromer, Wahnsinnige, Nutten, Weltverbesserer, Arbeitsscheue, Tippelbrüder et cetera. Man hört das nicht gern, aber da sind wir, da gehören wir hin … Auch der Desperado ist Mitglied der Gesellschaft, wenn auch nur randständiges. So kam ich zur Kunst.«[114]

Überhaupt Europa, dies ölverunstaltete, rachitische Abendland: Jeanne d'Arc und Villon, Fürst Myschkin und Raskolnikoff, Mythen und Myrrhe und Reiche, in denen die Sonne nicht unterging, und dann die Kollektivvergasungen und die Sozialfaschismen, die Wirtschaftswunder und Wachstumswucher, die staatliche Endversorgung und die atomare dazu, für die schönsten Wochen des Jahres die Träume der Titanen auf Rabatt, der Moloch macht's möglich; diesem Kontinent gehört eine artistische Gegenwelt gebaut, eine poetische Utopie der konsequenten Verweigerung, ein tyrrhenisches Reich der katholischen Revolte.

Der Dichter ist keine zentrale europäische Gestalt mehr, doch gibt es ihn noch, und es gibt das Abendland nicht nur als Untergang und psychisches Elend, noch existiert es auch als poetische Affirmation.

Brando, der Amerikaner aus Libertyville, der sich im Wigwam der Indianer und auf dem Südseeatoll wohler fühlt als im »vollklimatisierten Alptraum« (Henry Miller) der amerikanischen Zivilisation und für das romanische Europa eine starke Affinität empfindet, begegnete im Sommer 1971 in Paris einem jungen Europäer, der sich als Poet und Filmemacher ausgezeichnet hatte und gerade auf der Suche nach einem kongenialen Schauspieler für seinen nächsten

Film war. Als Marlon Brando Bernardo Bertolucci vorgestellt wurde, trafen sich nicht nur zwei verwandte Psychen, sondern auch zwei Artisten, die nicht ratlos, sondern ungebändigt rebellisch gestimmt, zwei radikale Nonkonformisten, die auf Zoff aus waren.

Bertolucci, Sohn eines distinguierten Lyrikers und Filmkritikers aus Parma, hatte selbst mit 21 einen preisgekrönten Gedichtband veröffentlicht und sich dann in richtiger Einschätzung der Verbreitungsmöglichkeiten auch preisgekrönter Lyrik dem Film zugewandt. Er lernte bei Pasolini und Godard, trat der Kommunistischen Partei bei, unterzog sich einer langjährigen Psychoanalyse und drehte 1970 nach einem Roman Alberto Moravias *Il Conformista (Der große Irrtum)*, ein glänzend inszeniertes Spektakel aus der Welt der Bourgeoisie zwischen Faschismus und Résistance. Mit diesem Film hatte der 31-jährige auch international großen Erfolg, und mit seinem Hauptdarsteller Jean-Louis Trintignant wollte er auch seinen nächsten Film machen: die Geschichte eines Mannes in mittleren Jahren, der nach dem Selbstmord seiner Frau ein junges Mädchen trifft und sich auf eine *amour fou* einlässt, ein sexuelles Abenteuer, das nicht in die Liebe, sondern in die Leere führt, und dem Bertolucci den Titel *Letzter Tango in Paris* gegeben hatte: »›Tango‹, das kommt von einem Satz irgendwo bei Borges; er nennt den Tango einen Weg, durch das Leben zu gehen. Natürlich ist das ein ironisches Symbol für Paarung.«[115]

Nun ist Trintignant ein eher scheuer, zurückhaltender und introvertierter Mann, der in schwierigen Charakterrollen aus dem bürgerlichen Milieu brillieren kann *(Z, Ein Mann und eine Frau, Meine Nacht bei Maude)*; in expliziten Sex-Szenen, wie sie der *Letzte Tango* zeigt, kann man sich diesen Schauspieler so wenig vorstellen wie Dominique Sanda, seine Partnerin aus *Der große Irrtum*, die Bertolucci für die weibliche Hauptrolle vorgesehen hatte. Trintignant und Sanda hätten, kein Zweifel, einen ganz anderen Tango getanzt als den, der ab 1973 ein vom Verleih und bestimmten Presseorganen systematisch angegeiltes Publikum folgerichtig skandalisierte. Es liegt also auf der Hand, dass Bertolucci sich im Frühstadium der *Tango*-Planung noch einen wesentlich gemäßigteren, sozusagen durchaus mitteleuropäischen Film vorstellte. Aber selbst mit diesen Ideen war Trintignant überfordert. Er zog sich von dem Projekt ebenso zurück wie die Sanda, die im Übrigen ein Kind zur Welt bringen wollte. So kam es, dass Bertolucci, ein Brando-Fan seit seiner Kindheit, sich dem Star vorstellte, als dieser auf Durchreise in Paris war. Es wurde eine Vorführung von *Conformista* arrangiert, und Brando zeigte sich beeindruckt. Zwar hatten ihn seine Erfahrungen mit Gillo Pontecorvo von seiner früheren Begeisterung für den europäischen Autorenfilm vorübergehend abgebracht, aber er erkannte wohl bald, dass Bertoluccis psychische und artistische Konstitution ihm trotz des Altersunterschieds von 16 Jahren wesentlich verwandter war als der etwas rüde Ton und forsche Marxismus Pontecorvos. Bertoluccis politischer Radikalismus leitete sich aus schöpferischen Instinkten und aus den Deformationen einer psychoanalytisch trainierten Bürgerseele ab, die auf Brando, den subtilen Wilden und anarchischen Seelenwühler, ihre hoch entwickelten Antennen präzise einstellte. Bertolucci hat später, als der Film vom Werberummel verschüttet und zur Informationsware degradiert worden war, eine Reihe von Interviews gegeben, in denen er bei dem Versuch, die Frager an der Nase herumzuführen, bisweilen zwischen Aberwitz und Absurdität schwankte. Wenn er von Brando sprach, blieb er ernsthaft: *Ich muss sagen, dass Brando als Mensch ein Engel, als Schauspieler aber ein Monster ist; er ist ein Mann, der ganz nach seinen Intuitionen lebt: ein instinktgeladener Jäger. Vielleicht hat er stets exotische Frauen gesucht, weil die rein instinktiven Beziehungen mit ihnen leichter zu halten sind. Gleichzeitig ist er sehr komplex: Er braucht es einerseits, geliebt zu werden, andererseits produziert er wie eine Maschine unaufhörlich Charme. Er hat die Weisheit eines alten Indianers. Wie eine von Bacon gemalte Person trägt alles, was aus seinem Inneren kommt, als Gesichtsausdruck die gleiche angefressene Plastizität. Das Tibetanische in ihm und seiner Physis ist außergewöhnlich … Durch mich wurde er auch mit einer neuen Art von Arbeit konfrontiert: Ich wollte, dass er so spielte, als wäre die Person des Films Marlon Brando. Ich habe nichts anderes von ihm verlangt, als er selbst zu sein.*[116]

Für Brando war Bertolucci, auch noch Jahre später, nachdem er den Film gesehen hatte (Brando sieht sich seine Filme, heißt es, nur selten an), nichts weniger als »ein Poet«. Also der Poet als Regisseur und der Schauspieler als Selbstdarsteller – ein zwischen Menschen so unterschiedlicher Herkunft seltener Rapport entstand zwischen diesen beiden Besessenen, eine Reibung, die fast zwangsläufig zu dem führen musste, was Künstler einer vergangenen Epoche eine *Sensation* nannten. (Ich entlehne diesen Ausdruck nicht ohne Absicht dem Jargon der Impressionisten; man beachte im *Letzten Tango* die ohne Filter gefilmten Farben der Pariser Straßen, Brücken, Gärten und Häuser.) Und es ist kein anderer Schauspieler von Rang denkbar, der in den vagen Ideen des jungen Bertolucci einen so explosiven Stoff gewittert und sich selbst die Kraft, die Risikobereitschaft, wenn man will: die Chuzpe zugetraut hätte, diesem Stoff seine eigene Biographie als Folie und Energiequelle zugleich aufzubereiten. Freilich: Vom Tag an, als Brando die Rolle übernahm, war dies nicht mehr Bertoluccis Film. Erst Brandos Bereitschaft, sich der Welt samt faltigem Bauch, nacktem Hintern und obszöner Litanei als Paria zu präsentieren, machte aus Bertoluccis Film einen Akt der Rebellion – und lieferte zugleich und völlig unvermeidlich der Branche, speziell dem Verleih United Artists, den Vorwand, durch kommerzielles Kalkül diesen rebellischen Akt zu travestieren.

Die locker entworfene Vorlage wurde in wochenlangen Gesprächen zwischen Brando und Bertolucci abgeklärt, spezifiziert und stringiert. Über die Bedeutung von Symbolen wurden sich diese beiden Veteranen der Psychiatercouch und Liebhaber der poetischen Gegenwelten schnell einig, auch darüber, dass ohne Sex-Szenen der Film »morbid« wirken würde. War Brando bereit, Sex vor der Kamera zu mimen? Ohne Weiteres – aber mit wem? Diese Frage löste Bertolucci dann rasch in Paris, und er löste sie mit traumwandlerischer Sicherheit. Unter mehr als 50 Bewerberinnen (Bertolucci: »Es war, als würde ich jedes Mal dieselbe sehen, denn sie glichen sich wie ein Ei dem anderen. Alle sahen gleich aus – das gleiche Make-up, die gleiche Frisur«) wählte er Maria Schneider, 20-jährige uneheliche

Tochter einer rumänischen Einwanderin und des Schauspielers Daniel Gélin. Wenn Brando, nicht nur im Typ, sondern auch in Sprache und geistigem Background ein Mann irgendwo zwischen *Lost* und *Beat Generation* ist, dann war die Schneider ein Prachtexemplar der narzisstischen Hysteriker der Hippie-Generation. Blumenkind? Unbedingt, aber, wir sind im Abendland, es handelt sich eher um die Blumen des Bösen. Eine Kokotte aus der Aura Baudelaires, aber mit dem pseudoproletarischen Habitus und der aufgemotzten Sprache der 68er Jugend. Der Presse wird sie zunächst als »Natürliche« verkauft, aber Bertolucci selbst sagt: »Eine Lolita – nur viel perverser.«

Auch bei der Schneider bewegt sich der *Letzte Tango* auf zwei Schienen, die nur scheinbar parallel verlaufen: In künstlerischer Hinsicht ist sie perfekt, eine bessere Ergänzung zu Brando scheint kaum möglich; und das Gleiche gilt fürs kommerzielle Kalkül: Wer könnte, wie die Schneider, die Skandalpresse so skandalisieren, dass selbst abgebrühten Kalkulatoren von Kitsch & Kasse noch der Saft abgeht? Nicht umsonst ist Maria im Film Tochter aus besserem Haus, die Pistole, mit der sie den Liebhaber am Schluss erschießt, ein Erbstück des Vaters, der als Oberst im Algerienkrieg fiel. Sie reflektiert die verinnerlichten Exzesse und die krassen Abwehrmechanismen des europäischen Bürgertums, wie Brando die frustrierte Heimatlosigkeit der geschichtslosen und zivilisationsmüden amerikanischen Intelligenz. Sicherheit heißt das Goldene Kalb der einen, die anderen tanzen um das Totem des Sex. Ein religiöser Film, nur dass unsere Religionen nicht mehr aus den Sandwüsten und Fata Morganen des Orients kommen, sondern aus den Steinwüsten und Bewusstseinsstörungen einer sterbenden Kultur.

Darin steckt ja schließlich eine Tristesse, die dem Kinogänger nicht verborgen bleiben kann: In seinem ersten eigentlichen Liebesfilm – sieht man von Schmonzetten ab und von exotischen Episoden wie *Sayonara* – und in seinem einzigen Film, in dem er den ganzen unterschwelligen Eros, der den Fans aller Geschlechter in 25 Jahren so viel Stoff zum Träumen bot, ungeschminkt und furios zum Einsatz bringt, stellt Brando den Sex als Power Play und den Eros, dem wir doch alle so gern als freundlichem Mittler unsere kleinen Gaben opfern, als Kraft dar, die nicht unbedingt zum Wahren / Schönen / Guten führt; und die Frauen? Sind tot oder töten. Aber ist nicht auch Liebe im Spiel, geht dem Tod nicht die Liebe voraus? Ja, vielleicht, aber wenn hier ein Amor Pfeile bewegt, dann sind sie vergiftet, und ihr Gift heißt Bewusstsein:

PAUL Du willst, dass dir dieser goldglänzende Held eine Festung baut, in der du dich verstecken kannst. So, dass du … äh, äh, nie mehr Angst oder Einsamkeit fühlst. Dass du keine Leere mehr spürst. Ist es das?

JEANNE Ja.

PAUL Du wirst ihn nie finden.

JEANNE Aber ich habe diesen Mann gefunden!

PAUL O. K., dann wird's nicht lang dauern, und er will, dass du ihm eine Burg aus deinen Titten baust und aus deiner Möse und aus deinem Haar und deinem Lächeln, und das ist dann ein Platz, an dem er sich bequem und sicher genug fühlen kann, um seinen Schwanz anzubeten.

JEANNE Aber ich habe diesen Mann gefunden.

PAUL Nein, du bist allein. Du bist allein, und du wirst das Gefühl dieser Einsamkeit nie los, bevor du nicht dem Tod direkt ins Gesicht siehst. Ich meine, das klingt wie Scheiße, irgendwie romantischer Quatsch. Bis du dem Tod direkt in den Arsch marschierst, den Schoß der Angst spürst, dann vielleicht kannst du ihn finden.

JEANNE Aber ich hab' ihn gefunden. Er ist du. Du bist der Mann.[117]

Brando, Bertolucci, Maria Schneider – jeder Einzelne dieses Trios ein *objet trouvé* für die Freudianer, jeder Einzelne Anathema für den staats-, klassen-, kultur-, besitzbewussten Bürger, und jeder Einzelne auch, das macht dieser Film ganz deutlich, ein Flüchtender, der in der Halbwelt des Films, so wie der Poet im Zwielicht, ein Refugium findet vor den Konsequenzen seiner Neurosen in der Welt der Normalen, man könnte auch sagen: einen Ausweg sucht vor der durchgedrehten Welt der Eingesperrten. Treten sie aber als Trio auf, drehen sie einen Film, ziehen sie sich aus, mimen sie Sex, zeigen sie Emotion, schleudern sie dieser Welt ihre Verachtung, ihre Absurdität, ihre Angst entgegen, dann verfolgt man sie nicht, verjagt sie nicht, verbrennt sie nicht, sondern überschüttet sie mit den aufgestauten Affekten der schweigenden Mehrheit, d. h. der Mehrheit der schweigenden Neurotiker, und mit gelehrten Artikeln, d. h. mit den aufgestauten Affekten der Ahnungslosen.

So wird dieser Film, jenseits jeder Kunstbehauptung, zum Spiegelbild einer gequälten Welt: Es geht ihr nicht gut; sie sieht nicht schön aus; sie hat Schmerzen, Hämorrhoiden, Haarausfall; sie fürchtet sich vor dem Tod und noch mehr vor dem Leben; ihre Kinder lassen sie allein; sie wird alt; sie spürt nurmehr Leere; haltet ihr den Spiegel vor, und sie wird ihn bespucken, nehmt ihr den Spiegel weg, und sie bricht in Tränen aus.

Im Januar 1972 begannen in Paris, im Stadtteil Passy, die Aufnahmen zum *Letzten Tango*. In der ersten Szene steht Marlon Brando mit zurückgeworfenem Kopf unter dem Pont de Passy, der Wind spielt mit seinen ungekämmten Haaren, der Horizont ist weit und leer, das Licht körnig-grau, und Stanley Kowalski, der Amerikaner im Abendland, legt die Hände an den Mund und lästert den Schöpfer der Erde: *»Fucking God!«* Auf Bernardo Bertolucci machte diese erste Szene einen solchen Eindruck, dass er sagte: »Meine Kamera ist seiner Kunst nicht würdig.«

Sie ist tatsächlich ungeheuer stark, und sie wurde von einem Mann gebracht, der gerade einen Film, *Der Pate*, gedreht hatte, in dem er unentwegt in starken Szenen zu sehen ist. Marlon Brando war mit seinen knapp 50 Jahren wieder mal auf den Höhen, auf den wirklichen Höhen, wo es einsam und eisig ist, und Bertolucci wollte auch auf diese Höhen, aber es sollte lieber warm und freundlich sein für ihn, und so bekam er Angst. Nicht Angst um seinen Film, um seinen Stoff, sondern Angst vor seinem Film und vor Brando, denn Brando war sein Film, sein Stoff. Gewiefte Kritiker meinen, Bertolucci habe erst später, am Schneidetisch, wieder die Kontrolle über den Film bekommen; wer weiß; sicher ist, dass der *Letzte Tango* ein psychisches Abenteuer war, bei dem es gerade dem Regisseur öfter die Sprache verschlug.

Was eigentlich nichts machte; denn je erschreckter, verstörter und sprachloser Bertolucci wurde, desto mehr gaben seine Stars ihren Pferden die Sporen (Brando ließ sogar seine Genitalien fotografieren, Bertolucci schnitt die Szene später, wie er sagte, aus dramaturgischen Gründen, der Kritiker Florian Hopf meint: »Der Rückzug des Bourgeois vor dem Thema«); je fickriger also der Schöpfer des Werkes, umso freier gaben sich seine Figuren.

Dabei kam ihnen sicher zugute, dass die ihnen angedichtete Romanze nur mittels der Pawlow'schen Reflexe der Boulevardskribenten stattfand. Brando hatte der jungen, unerfahrenen Schauspielerin auf seine eigene Art die Aufwartung gemacht. Er lud sie vor Beginn der Dreharbeiten zum Essen ein, setzte sich mit ihr an die Bar des Restaurants und bat sie, ihn eine halbe Stunde schweigend anzublicken. Wahrscheinlich wusste Old Bud nicht, dass die Schneider eine Marihuanakettenraucherin war und es zum Standardrepertoire eines durchschnittlichen Kiffers gehört, stundenlang seinen großen Zeh anzustarren; jedenfalls riss Maria diese halbe Stunde aus dem Stand ab und hatte sich damit Marlons uneingeschränkten Respekt erworben. Was die Sex-Szenen betraf, fand sie ohnehin nichts dabei; Bertolucci war in ihren Augen verklemmt und Brando »von den Hüften runter ein alter Mann«, der sie »gar nicht antörnte«. *Dig, man?*

Die Naivität und Offenheit (man könnte auch sagen, die Beziehungslosigkeit der Blue-Jeans-Baby-Generation), mit der die Schneider durch den Film turnte, kam Brando zugute. Ohne das junge Mädchen führen zu müssen, konnte er sich auf seine Rolle, und das heißt in diesem Film, auf sich selbst konzentrieren.

Dabei ist zu bedenken, dass ja ursprünglich Trintignant, ein Franzose, den Paul spielen sollte; erst als Brando den

Part übernahm, wurde aus Paul der Amerikaner in mittleren Jahren, der angegammelte Weltenbummler, der in Paris eine heruntergekommene Absteige führt. Viel mehr als die bare Outline der Handlung und ein paar lose Dialogblöcke gab es während des Filmens nicht; die großen Brando-Monologe und die Dialoge mit Maria Schneider wurden alle mehr oder weniger improvisiert, das heißt, die Sprache des Films war Brandos Sprache. Aus guten Gründen hat er später diese Improvisationen und die ihnen zugrunde liegenden Bewusstseinsschübe simplifiziert. Bei den Dreharbeiten für *Duell am Missouri*, dem ersten Brando-Film nach über drei Jahren (der *Tango* wurde im März 1972 abgedreht), führte der amerikanische Journalist Chris Hodenfield für den *Rolling Stone* ein langes Gespräch mit Brando, übrigens eine hervorragende Lektüre für alle Fans von Truman Capote, die immer noch meinen, Mr. C habe damals in Kioto die Essenz der Brando'schen Existenz erfasst. Hodenfield fragte Brando, ob die Details im *Letzten Tango* autobiographisch seien: »*Oh, well, er (Bertolucci) hatte halt so ein paar komische Ideen im Kopf. Er wollte irgendwie das Image des Schauspielers, des Darstellers, mit der Rolle verschmelzen. Also hat er ein paar ausgefallene Details hinzugefügt. Das mit den Drums, ja … Tahiti … so dass der Mann eben die Geschichte seines Lebens erzählt. Ich habe keinen Schimmer, was es bedeuten soll. Er sagte: ›Reminiszier ein bisschen über deine Jugend.‹ Da dachte ich halt daran, wie ich eine Kuh gemolken hatte, wie meine Mutter trank, dies und jenes. Und er sagte immer: ›Toll, toll.‹*«

Brando grinste bei dem Gedanken, lehnte sich zurück und verschränkte die Hände hinter seinem Kopf. Ich sagte, dass etliche meiner Freunde verstört gewesen waren, weil ihnen diese Elemente zu weit gingen. Sie hatten Brando in dieser Rolle nicht ertragen können. Er war ihnen zu hautnah.

»Nicht, soweit es mich betrifft. Ich würde nie … also, es gibt einen bestimmten Punkt, den man nicht überschreitet … ich meine, in der Zeit, als ich mich emotional völlig verausgaben musste, dachte ich schon an Dinge, die sehr privat waren, aber ich beutete sie nie in einem Film aus. Für einen beschissenen Scheck, der am Wochenende kam. Oder einen Regisseur. Bertolucci wollte halt diesen Eindruck vermitteln, also …

Es war kein leichter Film. In einer anderen Sprache zu spielen war schwer, aber in bestimmter Hinsicht war es auch leicht, weil ich einfach alles daherredete, was mir gerade einfiel. Nicht gerade alles, aber ich leierte eben die Themen ab, die er haben wollte …«

Dann spielte Brando eine seiner beliebten Rollen – den Ahnungslosen, den Naiven, den Amerikaner aus Dummstadt: *»Ich glaube nicht, dass Bertolucci wusste, wovon der Film handelte. Und ich wusste es auch nicht. Er lief überall rum und erzählte jedem, der es wissen wollte, der Film handele von seinem Schwanz … ich habe jedenfalls keine Ahnung, worum es ging. Ich meine, die meisten Filme sind einfach die verlängerten Träume der Zuschauer.«*

Dann äußert er doch einige Vermutungen, was den möglichen Kontext des *Tangos* betrifft. Exit der Amerikaner aus Dummstadt: *»Der Film handelt von einem Mann, der verzweifelt versucht, ein Ziel im Leben zu finden; er ist voller seltsamer Symbole … Es ist eine mythologische Erzählung … Er wollte herausfinden, was der gemeinsame*

Nenner in seinem Elend ist, was seine Veranlagung ist … und dann fand er heraus, dass er nicht so veranlagt war, wie er dachte. Und sobald er zurückfand zu einer natürlicheren Betrachtungsweise, also zu einem bourgeoiseren Lebenskonzept, wurde sie (das Mädchen) umso wilder und auf einer unbewussten Ebene primitiver. Und tötete ihn schließlich. Er bedrohte sie irgendwie. Vielleicht ist es …«

Es wurde ihm klar, was er alles gesagt hatte, eingedenk der Tatsache, dass er nicht wusste, worum es in dem Film ging. Sein Blick glitt mit einem gewissen Ekel zum Fenster. »Ich weiß nicht.«[118]

Wer den Film nicht nur als Voyeur, sondern als vielleicht Betroffener, ob Mann, Frau, Engel oder Monster gesehen hat, kann nur Verständnis empfinden, wenn Brando Jahre später einige Distanz zwischen sich und das Kunstprodukt legt: Wer bleibt schon gern auf den Dämonen sitzen, die er in einem Augenblick der Ekstase und der Befreiung heraufbeschworen hat? Doktor Faust so ungern wie der Derwisch in der Wüste. Aber nur der Kleingeist winselt Reue; der Rebell zieht weiter. Ob er Bertolucci nachher wirklich gesagt habe, er habe zum ersten Mal sein eigenes Selbst vergewaltigt und werde nie mehr einen solchen Film machen können, fragte der Mann vom *Rolling Stone* Marlon Brando. »Ach was«, erwiderte der, »sobald sie dein Bein loslassen, heißt es nichts wie ab nach Tahiti oder in die Wüste.« Was ja nur bedeuten kann: Gebt mir eine Herausforderung, und ich zeig' euch, was ich kann; aber erwartet nicht, dass ich hinterher dableibe, um euch zu erklären, woher das Blut auf dem Boden kommt und wie ihr es wegscheuern könnt.

Wir sehen also den Helden dieses Buches (Bücher ohne

Helden sind trister als das Leben ohne Alkohol), Marlon Brando, Superstar und versilberter Rebell, im Alter von 49 Jahren in einer verkommenen Etagenwohnung in Passy, er kauert im Mantel über dem Rücken eines nackten Mädchens, es ist Winter und die Szene liegt im Zwielicht, aber wir sehen doch deutlich, und der Zensurbeamte sieht es auch, den Akt, Sodom und Gomorrha, wir sehen ohne Zweifel Gewalt, wir sehen Sex und hören eine seltsame Litanei, eine Litanei für zwei gequälte Wesen:

PAUL Ich will, dass du mir nachsprichst.
JEANNE Nein, nein. Nein!
PAUL Wiederhole! Heilige Familie. Komm, sag's. Los. Heilige Familie, die Kirche der guten Bürger.
JEANNE Kirche … Gute Bürger *(sie weint)*.
PAUL Sag's. Die Kinder werden gequält, bis sie die erste Lüge sagen.
JEANNE Die Kinder …
PAUL Wo jeder Wille von der Unterdrückung gebrochen wird.
JEANNE Wo jeder Wille gebrochen wird … *(sie schluchzt)* Unterdrückung.
PAUL Wo Freiheit gemordet wird.
JEANNE Freiheit wird *(sie schluchzt)* …
PAUL Freiheit wird von Egoismus gemordet.
JEANNE *(schluchzt)*
PAUL … Familie.
JEANNE … Familie.
PAUL *You fucking-fucking family! (er stöhnt)*
JEANNE *(schluchzt)*
PAUL *You fucking family.* Gott, Jesus![119]

Eine düstere Szene, die geeignet ist, die freundlicheren, oder sagen wir: harmloseren Elemente des Eros, die ja im Film durchaus nicht verschwiegen werden, zu verfinstern. Ein fröhlicher Fick ist das nicht, er lässt wohl einiges von Bertoluccis psychischer Konstitution erahnen, der Regisseur hat nicht umsonst geäußert, eigentlich hätte sein Psychiater auch auf die Besetzungsliste gehört. Das Ganze stammt natürlich von Strindberg, und eine absolut nordische Stimmung liegt denn auch über der Szene. *»Freedom is a sin«*, heißt es im Original am Schluss, und da drückt sich denn doch mehr aus als sexuelle Gewalt und erotische Repression. »Freiheit ist Sünde«, das ist die Welt des Abendlands und aller assoziierter Welten, für die Jesus Christus ans Kreuz genagelt wurde, und siehe, kein Gott half ihm. Kein Gott, aber erst recht kein Cäsar. Und die guten Bürger machen weiter Kasse.

Sex und Gewalt, Weiblichkeit und Repression, solchen Begriffen und den dazugehörigen Symbolen kann sich kaum entziehen, wer dem Film seine Aufmerksamkeit schenkt. Die Interpretationen kann man getrost der Fachwelt überlassen. Schließlich ist es ein Film, Kintopp, nicht die schlechteste Möglichkeit, dem Irrsinn zu entgehen, aber doch auch ein Irrsinn für sich selbst. Seine Identität findet der Film für mich immer dann, wenn Brando den Amerikaner in Paris, den Yankee im Abendland spielt. Hände im Trenchcoat, ein leises Lächeln in seinem offenen Gesicht, ein bisschen zynisch, ein bisschen abgebrüht, ein bisschen demoralisiert, aber der Whisky schmeckt, und krepiert wird mit dem Kaugummi zwischen den Zähnen – das Leben ist ein Klumpen Hundescheiße, Baby, aber ich bin noch lange nicht am Boden, und im Übrigen, was soll der Schmus? Bertolucci zeigt uns nur Brando, nur diesen einen Ami, diesen grauhaarigen Rumtreiber mit Bauchansatz und einem Haufen Depressionen, kein Drumherum, keine »Szene«, und doch (und vielleicht gerade in dieser Aussparung) die vollkommene Aura dessen, was Exil ist: die geistige Zone, der angehört, wer mit dieser Welt seinen Frieden nicht machen kann.

Der Rest ist Filmpolitik und Pressegeschichte und eines der übelsten Kapitel dieser Branchen dazu. Florian Hopf hat in seinem exzellent kompilierten Buch *Alles über: Der letzte Tango in Paris* die ganze miese Story aufgefädelt:

wie über gutgeschmierte Kanäle einer sensationsgierigen Öffentlichkeit *peu à peu* pikante Details über den Inhalt des Films zugeführt werden;

wie der Film dann einem scharf gesiebten Publikum beim New Yorker Filmfestival vorgeführt wird, und wie die angesehene Kritikerin Pauline Kael, die Brando Jahre zuvor in einem Schmähartikel abgeschrieben, um nicht zu sagen publizistisch hingerichtet hatte, eine Reise nach Jerusalem erlebt (Brando: »Ich glaube, sie überzeichnete den Film, weil sie eine Art mystische Erfahrung hatte«) und einen Artikel schreibt, in dem die Uraufführung des *Letzten Tango* mit der von Strawinskis *Sacre du Printemps* im Jahre 1913 verglichen und der Film als Jahrhundertereignis beschrieben wird;

wie der Verleih United Artists diesen Artikel als Anzeige in die *New York Times* setzt und monatelang ausschlachtet, ohne dass andere, womöglich kritisch gestimmte Kritiker die Chance erhalten, ihn zu sehen;

wie stattdessen die Revolverjournale und Klatschgazetten der westlichen Hemisphäre mit entsprechendem Material versorgt werden und wie der Film, noch ohne dass er irgendwo gelaufen wäre, an jedem Stammtisch, in jeder Talk-Show, an jedem Fließband, in jedem Puff und in jeder Kirche dieser Hemisphäre zum Tagesgespräch Nummer 1 wird;

wie sich daraufhin, als der Film endlich läuft, seriöse Journalisten weigern, ihn zu besprechen, und hartgesottene Pornofans vor Frustration die Kinos zerlegen;

wie Bertolucci über Nacht von geilen und servilen Interpretationswichsern und Formulierungsvoyeuren in die Mangel genommen wird;

wie Maria Schneider von einer Womens-Lib-Fête zur anderen gereicht und von einer narzisstischen Kifferin zur *femme fatale* der 70er Jahre aufgemotzt wird;

und was sonst noch passiert, wenn Buchhalter und Agenten, die neuen Bosse Hollywoods, das große Ding, den Superhit wittern (sie gingen schon so weit zu verkünden, der *Tango* werde noch mehr Geld einspielen als *Der Pate*, womit sie sich allerdings verrechneten), und überhaupt: *Will Hollywood never learn?* (geflügeltes Wort aus den 20er Jahren).

Nein sicher, und wozu auch. Es floriert das Silber, es floriert das Gold, es floriert das Kino, es floriert nicht die Kunst, es floriert eben der Mensch nicht.

Meistens schadet leider das Licht im Kino meinen Augen, aber im *Tango* sind die Lichter gedämpft, und wenn er mal wieder läuft, seh ich mir den Film sicher noch mal an, diese Story eines Outcast mit »Hämorrhoiden so dick wie 'ne Idaho-Kartoffel« und seiner seltsamen Passion für bizarre Redewendungen *(»Slong, Wienerwurst, cazzo, bite brick joint … let's just say we're taking a flying fuck on a rolling doughnut«)* und der simplen Freude an den neun Öffnungen des weiblichen Leibes. Und sehe Brando noch mal beim *Mooning*, denn tatsächlich brachte er den Gag, den James Caan ihm beim *Paten* gezeigt hatte, voll in diesen Film ein, in die große Tango-Szene, in der er mit heruntergelassenen Hosen durch den Tanzsaal irrwischt, ausgelassener Höhepunkt einer *tour de force* durch die Außenbezirke der westlichen Verstörungen, angesichts mangelnder Alternativen immer noch ein gesünderer Trip als ins Hochland von Nirwana, wo der Moloch des Materialismus den Ton zur Musik macht.

Ein schmutziger Film? Gehn S' her. Mae West sah es richtig: »Ein *guter* und schmutziger Film, aber mich kann man natürlich auch leicht schockieren!«

Der Regulator

Wer ist dieses Neue Amerika? Die Reinkarnation welcher Plage? Welcher Zerstörung? Man spricht von einem Erlöser. Aber mach dir nichts vor, die Selbstsüchtigen werden ihn verhindern. Denn die Selbstsüchtigen sind an die Materie gebunden, sie haben die Macht über das Material, welches das Fleisch zerstört, und sie fürchten alles, was ihren Materialismus aufhalten kann. Sie wollen ihren Götzen um jeden Preis. Und wer sind die Selbstsüchtigen? Jeder, der zu viel besitzt. Jeder, der die Macht hat, andere zu benützen. Amerika, schau zum Alcatraz, wenn du Freiheit willst!

Charles Plymell: The Last of the Moccasins

Im *Letzten Tango* hatte Brando nicht nur den Rebellen herausgekehrt, sondern auch den Paria gespielt. Kein »seriöser« Schauspieler war je so weit gegangen, hatte je so viel gewagt. Dieser Profession galt noch immer die Darstellung des Hamlet als einsamer Gipfel der Berufung (wie hierzulande wohl der Faust. Oder ist es Mephisto?). Mochte Laurence Olivier auch noch so viel Tinnef zusammenspielen *(Spartacus, Khartum)*, er blieb doch der *King of Actors*: eben ein wahrer Sir, dem es nicht im Traum eingefallen wäre, in Profession und Privatleben auch nur einen Fußbreit von den Sitten der Herrschenden abzuweichen. Mochte Pauline Kael dem *Letzten Tango* und seinem Star noch so delirierende Hymnen widmen, für die Gralshüter des guten Geschmacks war Brando endgültig erledigt.

Allerdings war da noch *Der Pate*, der Kassenknüller, der große Fetzer, das Erste Wunder des Neuen Hollywood; so wie »die Dinge« lagen, konnte der Film bei den Oscars unmöglich übergangen werden, im Gegenteil: An der Gerüchtebörse wurde ihm der Löwenanteil der Beute zugeschanzt. Dass Brando seinen zweiten Oscar bekommen würde, war – wie viele sagten: leider – unumgänglich; es gab einfach 1972 keine schauspielerische Leistung, die der Filmwirtschaft solche Münze gebracht hatte wie die Brandos. Allerdings machten alsbald hässliche Gerüchte die Runde; denn wenn auch Hollywood gerne seinen Frieden mit dem Rebellen geschlossen hätte, es war nur allzu offensichtlich, dass der Rebell alles andere als Frieden wollte. Als die Vereinigung der ausländischen Presse in Hollywood ihm ihre alljährliche Auszeichnung für die beste darstellerische Leistung verlieh, hatte Brando eine Erklärung geschickt, in der es hieß: »… unter den heute herrschenden Umständen eine Ehrung anzunehmen, hieße, von der verbliebenen spärlichen Ehre in diesem Land noch einen Rest zu subtrahieren.«

Es stand also das Schlimmste zu befürchten, falls man Brando den Oscar 1973 überreichen würde, aber was war das Schlimmste für die Leute, die diese alljährliche Selbstbeweihräucherung der Filmwirtschaft als TV-Spektakel (80 Millionen Zuschauer) inszenierten? Wenn Brando die Hosen runtergelassen und mit dem Oscar zwischen den Zähnen durch den Saal ge»moont« wäre? Vielleicht. Was sollten die Kameras in einem solchen Fall tun? Draufbleiben? Noch schlimmer natürlich, wenn der Mann dieses Millionenpublikum zum Anlass nehmen würde, eine Tirade gegen Nixon vom Stapel zu lassen. Kann man einem Oscargewinner den Ton abdrehen? Und was, wenn *überhaupt nichts passiert*, wenn er sich einfach seinen Oscar schnappt, in die Runde grinst und abzischt? Muss man den 80 Millionen, die von den Massenmedien wochenlang auf diesen Höhepunkt eingestimmt wurden, nicht *irgendeinen* Skandal präsentieren?

Bange Fragen. Am späten Nachmittag des 27. März'73, des Tages der Preisverleihung, brachte eine Fernseh-News-Show das Gerücht, Brando werde, wie George C. Scott als einziger Schauspieler vor ihm, den Oscar ablehnen, weil er keinen künstlerischen Wert besitze. Dann wurde Howard Koch, dem Produzenten der 45. Oscar-Preisverleihung, als er hinter der Bühne in seinen Smoking schlüpfte, die Mitteilung gemacht, ein Indianer werde Brando bei der Zeremonie vertreten. »Ich wurde etwas nervös«, sagte Koch später, »ich dachte mir: Was ist, wenn er einen ganzen Stamm schickt?«

Aber nicht ein Stamm tomahawkbewaffneter Rothäute (unvermeidlicher Alptraum jedes Hollywood-Produzenten) erschien, sondern Sacheen Littlefeather, eine junge schöne Schauspielerin aus dem Stamm der Apachen. Sie verlangte, eine von Brando vorbereitete Rede zu verlesen. Koch weigerte sich: Die Rede war drei Seiten lang. Unerhört! Beste TV-Zeit! Unbezahlbar! 80 Millionen! Ist er übergeschnappt? Miss Littlefeather drohte mit einer Demonstration im Auditorium. Koch, von Ängsten gewürgt, billigte ihr 45 Sekunden in Großaufnahme zu. Die Zeremonie begann.

Nacheinander fiel ein Oscar statt an den *Paten* an *Cabaret*; der Favorit war zu hoch gewettet worden (eine Verschwörung wollten seine Anhänger entdeckt haben). Dann kam der große Augenblick: *Die schwedische Schauspielerin Liv Ullmann und der englische Fernsehstar Roger Moore marschierten aufs Podium, öffneten mit einiger Mühe den Price-Waterhouse-Umschlag und verkündeten alsdann Marlon Brando als »The Winner«.*

NBCS TV-*Kameras schwenkten auf Sacheen Littlefeather, die von ihrem Sitz aufsprang und zur Bühne ging. Im ganzen Land begannen die Wissenden zu tuscheln – Prinzessin Hiawatha sah aus wie die jüngste Errungenschaft in Marlons romantischer Galerie mit exotischen Vamps –, aber als Miss Littlefeather die Oscar-Statuette, die Roger Moore ihr entgegenstreckte, abwehrte, wurde das Lachen von Erstaunen und Unruhe erstickt.*

Miss Littlefeather wandte sich zum Mikrophon und erklärte: »Mit großem Bedauern sieht sich Marlon Brando außerstande, diese Auszeichnung anzunehmen. Die Gründe dafür liegen in der Behandlung der Indianer in diesem Land im Fernsehen, im Kino und in den jüngsten Ereignissen in Wounded Knee.« Bevor sie noch ausgesprochen hatte, gab es einen Sturm der Entrüstung, gefolgt von einem lahmen Höflichkeitsapplaus. Miss Littlefeather machte eine würdige Figur. Nachdem die Wellen der Erregung sich gelegt hatten, gab sie dem Publikum bekannt, Marlon habe eine längere Rechtfertigungsschrift verfasst, die sie der Presse nach dem Ende der Zeremonie verlesen werde. Dann verließ sie die Bühne, auf der Roger Moore, ein amüsiertes Grinsen im Gesicht, immer noch den Oscar hielt.[120]

Und 80 Millionen Amerikaner rülpsten entrüstet, indes der obligatorische Werbespot-Break über die Mattscheibe flimmerte: »*Crunchies are the real Brunchies. Goog-a-da-goo-goog-doo-goo. There's no Spray like Nose Gay. Yoob-dalading-ding-goong-foong.*« Kalter, dichter Nebel über Wounded Knee. Claus Biegert notiert für den 27. März: *Seit einem Monat ist Wounded Knee besetzt. Erfolge: keine. Geändert hat sich lediglich das Interesse der Öffentlichkeit. Das Massenaufgebot der Weltpresse ist verschwunden ...*

Vereinzelte Schusswechsel.[121]

In Hollywood spritzte der Geifer. Ein hässlicher Sound. John Wayne, Clint Eastwood und Gary Coopers Geist schworen bei Custers letzter Patrone heilige Rache. Der Präsident der Akademie, Daniel Taradash, gab sich verletzt: »Er sagte, er wolle nicht rüde sein, und dann war er es doch!« Charlton Heston hob die breite Brust: »Kindisch! Der amerikanische Indianer braucht bessere Freunde als einen solchen!« Der *Hollywood Reporter* brachte alles auf einen Nenner: »Er hat die Öffentlichkeit und die Wirtschaftsbranche tief beleidigt, deren Sympathie und Hilfe er zu suchen vorgibt.« Und Gregory Peck sprach allen und vor allem Alfred Hitchcock aus der Seele: »Das zeigt, dass man keine Intelligenz braucht, um ein guter Schauspieler zu sein.« Was ja endlich auch mal wieder klargestellt werden musste.

»Hollywood«, hat der italienische Regisseur Michelangelo Antonioni gesagt, als er von dort kam, »das ist, als sei man im Nirgendwo und rede mit niemandem über nichts.« Brandos Statement wäre die notwendige Korrektur gewesen, hätte man Miss Littlefeather die Gelegenheit gegeben, es in voller Länge vorzutragen. Denn es rückt Hollywood recht unsanft aus dem Nirgendwo ins Irgendwo, und dieses Irgendwo ist der schmutzige Ort, an welchem die Bewusstseinsindustrie die Herrschenden ins rechte Licht, ihre Meinung auf Ton und ihre Lügen ins Bild bringt: *Zweihundert Jahre lang haben wir den indianischen Völkern, die für ihr Land, ihr Leben, ihre Familien und ihr Recht auf Freiheit kämpfen, gesagt: »Legt eure Waffen nieder, Freunde, und wir werden zusammenbleiben. Nur wenn ihr eure Waffen niederlegt, Freunde, können wir über den Frieden reden und zu einer Übereinkunft kommen, die für euch von Nutzen sein wird.« Und wenn sie dann ihre Waffen niederlegten, ermordeten wir sie. Wir fütterten sie mit Lügen und betrogen sie um ihr Land. Wir zwangen sie durch Hunger, betrügerische Übereinkommen zu unterzeichnen, die wir Verträge nannten und niemals einhielten. Wir machten sie zu Bettlern auf einem Kontinent, der ihnen, solange man Leben kennt, Leben schenkte. Und nach meiner Geschichtsauffassung, mag sie noch so verdreht sein, haben wir dadurch Unrecht getan …*

Vielleicht sagen Sie sich jetzt, was zum Teufel hat das eigentlich mit den Ehrenpreisen der Akademie zu tun? Warum steht diese Frau da oben und ruiniert uns den Abend, indem sie in unser Leben Dinge trägt, die uns nichts angehen und von denen wir nichts wissen wollen? Warum stiehlt sie uns unsere Zeit und unser Geld und dringt in unsere Privatsphäre ein? Die Antwort auf diese unausgesprochenen Fragen ist, dass die Gemeinschaft der Filmwirtschaft die Verantwortung dafür trägt, dass der Indianer degradiert und sein Charakter diffamiert worden ist …

Als Angehöriger dieses Berufsstandes und Bürger der Vereinigten Staaten fühle ich mich nicht in der Lage, heute Abend eine Auszeichnung anzunehmen. Ich finde, Auszeichnungen sollten in unserem Land und zur jetzigen Zeit so lange nicht verliehen und empfangen werden, bis sich die Lebensbedingungen des amerikanischen Indianers drastisch verbessert haben. Wenn wir schon nicht unseres Bruders Hüter sind, dann lasst uns wenigstens nicht sein Henker sein.[122]

Dass dieses Statement eine Filmwirtschaft, deren Einstellung zu den Indianern ein Satz aus *The Last Wagon* hinreichend kennzeichnet (»Oooh! Ich wusste gar nicht, dass Comanchen so küssen können!«), zu sämtlichen inhärenten Pawlow'schen Reflexen herausforderte, ist klar. Dass Brando Miss Littlefeather am Schluss noch sagen ließ, er bedaure, diese Message nicht persönlich geben zu können, er sei unterwegs nach Wounded Knee, musste Leuten wie John Wayne den blutigen Schweiß aus den Bauchfalten treiben. Wollte diese Arschgeige Brando etwa an der Spitze einer mit chinesischen Maschinengewehren und kubanischen Maultrommeln ausgerüsteten Indianerrotte über den Rio Grande nach Westen reiten, ins zweifellos letzte amerikanische Abendrot? Nicht auszudenken. Umso inbrünstiger führte Wayne an jenem Abend des 27. März 1973 den Chor der rechtschaffenen Männer und Frauen, die sich dem Ruf der Filmwirtschaft, und also dem Ruf Amerikas, nicht entzogen und ihre Oscars mit einem blitzsauberen Lächeln und einem fein getimeten *Dankesehr* für die 80 Millionen da draußen in *Middle America* angenommen hatten, und umso lauter und hysterischer klang auf das »Gott erhalte« Hollywoods die ehrwürdige Hymne: *You oughta be in pic-*

tures, was man auch übersetzen kann: Wenn wir alle erst beim Film sind, werden wir vor der Welt gerettet sein ...

Aber auf viele Amerikaner, von denen allerdings die meisten nicht fernsehen, wirkte Brandos Geste weder wie ein kalkulierter Publicitygag noch wie die kindische Trotzreaktion eines ewig Undankbaren, der im Alter wieder seine schlechten Manieren von einst annahm (dies waren wahrscheinlich die vorherrschenden Ansichten zwischen Burbank und Beverly Hills). Ich meine damit jene weißen und farbigen Amerikaner, die eine Gegenwelt zum herrschenden *Way of Life* suchen, Wege zum Überleben im Zerstörungsrausch der Zivilisation; und ich meine die Hunderttausende von Indianern, die in jenem März 1973 auf Wounded Knee schauten, wie sie Jahre zuvor auf Alcatraz geschaut hatten, die Symbole des neuen indianischen Widerstands, der den Wigwam mit Waffen schützte, weil das fremde Wesen »demokratischer Staat« die Friedenspfeifen zu lange verhöhnt hatte.*

* Nachdem die Besetzung der Insel Alcatraz in der Bucht von San Francisco (November 1969) bis auf vorübergehendes Interesse einer von »Unruhen« aller Art ebenso aufgegeilten wie abgestoßenen Öffentlichkeit nichts gebracht hatte als die noch rücksichtslosere Verfolgung der militanten Indianer durch die Bundesbehörden, entschlossen sich Oglalas und das American Indian Movement im Februar 1973 zur Besetzung von Wounded Knee, um durch diese drastische Aktion auf die entsetzliche, alle Menschenrechte und Verträge verhöhnende Lage der indianischen Reservationen aufmerksam zu machen. Auf diese Herausforderung reagierte der Staat, wie bekannt, mit Unterdrückung und Kriminalisierung, ohne freilich den Widerstand zu brechen: »Wir werden nicht aufhören zu kämpfen, bis wir unsere eigene Realität gewonnen haben.« (Jimmy Durham, American Indian Movement). Anm. d. Verf.

Was treibt nun den Superstar dazu, sich mit sozialen Minderheiten zu beschäftigen, ihretwegen Preise zurückzuweisen, ihnen Geld und Land zu schenken, sogar sich mit ihren militanten Führern zu befreunden und deshalb die Staatssicherheitsorgane herauszufordern? Publicitygeilheit, Rampenlichtsucht, schlechtes Gewissen, Langeweile, Kulturschock, Impotenz, Gehirnwäsche, Kommunismus, Errol Flynns berühmtes Diktum: »Ich möchte ernst genommen werden!«, oder blinder Hass auf die Hand, die ihn genährt und gehätschelt, liebkost und versilbert hat? Oder schiere Senilität?

Letzteres kaum, denn Brando hatte sich schon seit den 50er Jahren für die Indianer eingesetzt, und ganz Ratlose in Hollywood konnten sich das alles ohnehin nur damit erklären, dass er selbst wohl eine indianische Großmutter haben müsse. Warum nicht, aber könnten für einen Filmstar nicht auch jene menschlichen Regungen und Reflexe (die vielleicht nicht so uralt sind, wie man annehmen möchte, aber doch in Zeitaltern christlicher Prägung historisch gesichert aufgetreten sind) wie Mitgefühl, Verantwortungsbewusstsein, Sympathie, ja Liebe zum Mitmenschen gelten, die vereinzelt auch bei Schrotthändlern, Tabaktrafikantinnen, Huren, Wahnsinnigen, Langstreckenläufern und Königen festgestellt worden sind? Oder nimmt man dem Hollywood-Star das Engagement nicht ab, das jeder Kommerzschreiber mit kommunistischer Attitüde ungehemmt für sich in Anspruch nehmen darf?

Sicher wirkt vieles an Brandos öffentlichen Auftritten für die Sache der Schwarzen und der Indianer dilettantisch (allerdings nicht dilettantischer als manches, was hierzulande in Sachen Politik von viel Unberufeneren zu hören war); aber was sind Rebellen, wenn sie keine Träumer sind, und wer zählt die Schmerzen und die Wunden, die der Fortschritt schlägt, wenn die Sieger weitergezogen sind? Dichter Nebel in den Ebenen. Vereinzelte Schusswechsel. Vereinzelte Explosionen. Der Kongress der Totengräber tanzt den letzten Tango. Und dann nur noch das Grinsen der Geschichte und das Schweigen der Jahrtausende bis zur nächsten Invasion vom Saturn. Aber ersparen Sie uns bitte diesmal die Krone der Schöpfung, hier liegt noch zu viel Sperrmüll rum vom letzten Mal …

Das Engagement Brandos für den amerikanischen Ureinwohner nicht auf die Tatsache zurückzuführen, dass die Indianer zu den großen Gläubigern der Weltgeschichte gehören, hieße, unserer Schuld auszuweichen. Über Identitätsprobleme zu debattieren gehört in einen anderen Zusammenhang, nur so viel: Nach Auschwitz sollten Zweifel nicht am Gedicht, sondern an der Zivilisation des Materialismus eigentlich unabdingbar zur geistigen Grundvoraussetzung der letzten bewussten Europäer gehören. Die Indianer sind primäre Opfer unserer Zivilisation, und, soweit nicht gänzlich ausgerottet, eines der am barbarischsten ausgepowerten Völker dieser Erde. Wenn der Filmstar Marlon Brando seiner Existenz unter anderem auch dadurch einen Sinn zu geben versucht, dass er der Sache der Indianer manchmal mit Worten und manchmal mit Taten zu helfen versucht, dann dürften wir die Letzten sein, die dazu überheblich lächeln.

Wohlmeinende hatten Brando darauf aufmerksam gemacht, dass ihm in den Talk-Shows des amerikanischen

Fernsehens ein Forum zur Verfügung stehe, in welchem er die Sache seiner indianischen Freunde einem vielleicht rezeptiveren Publikum, als es die Gäste der Oscar-Verleihung gewesen waren, zugänglich machen könnte.

Am 12. Juni 1973 bittet daher Dick Cavett, immer noch Nummer 1 unter Amerikas Talkmastern, das Studiopublikum seiner ABC-TV-Show in New York um Applaus für … *yes folks, it's Marlon Brando!* Brando kam direkt von Tahiti. Er war unrasiert, sein langes graues Haar war zu einem Entenschwanz gebunden, er trug eine Jeans-Jacke und lächelte müde, skeptisch und sehr tibetanisch. Er behandelte den extrem nervösen Dick Cavett mit ausgesuchter, fast orientalischer Höflichkeit, zeigte sich an Fragen über Filme (»Wenn wir schon davon sprechen … gehen Sie oft ins Kino?« – Sanftes Lächeln: »Hin und wieder«) vollkommen desinteressiert und steuerte seinen Gastgeber mit Grazie und Aplomb dorthin, wo er ihn haben wollte: in eine Diskussion über die Geschäftsgrundlagen des Pressewesens (»Nachrichten sind ein Geschäft. Leute verkaufen Nachrichten. Und Leute in meiner Position, Leute, die im öffentlichen Interesse stehen, sind Verkaufsprodukte wie Kleenex oder Dial-Seife. Wenn wir also etwas über Ihr Sexleben herausfinden oder was Sie mit Ihren Fingernägeln machen, wenn Sie sie geschnitten haben – wenn Sie den Popel aus Ihrem Bauchnabel rauchen, dann ist das ein Knüller … Aber niemand will etwas über die Unterernährung bei den Indianern wissen. Niemand will wissen, dass die Indianer die höchste Selbstmordrate aller ethnischen Gruppen in den Vereinigten Staaten haben. Das langweilt die Leute«); warum er entgegen seiner Ankündigung nicht nach Wounded Knee gegangen war (»Was für ein Flop wäre es gewesen, wenn ich dort von einer Vigilante-Gruppe oder von US-Marshalls festgenommen und den konservativen Indianer-Deputies überstellt worden wäre und die Schlagzeilen dann gelautet hätten: Indianer versperren Marlon Brando den Zugang zu Wounded Knee – das wäre genau das gewesen, wonach die Regierung gesucht hatte«);[123] und veranstaltete schließlich unter Beiziehung mehrerer Vertreter indianischer Stämme und Fischzucht-Experten eine Art Seminar über Fragen der Fischzucht, der Wasserrechte, der Umweltzerstörung und der Indianergesetzgebung des amerikanischen Kongresses, wobei er selbst nur mit wenigen Fragen in die Diskussion eingriff und vor allem darauf achtete, dass es immer so aussah, als habe Cavett volle Kontrolle über die Sendung: ein Musterbeispiel angewandter Psychologie und essentieller Demokratie.

Sicher kein Musterbeispiel einer richtig swingenden Talk-Show, Klatsch & Tratsch und geistige Wichsflecken auf den Studioteppichen, nebbich! Die Talk-Show als Volksschule – welche gradlinige Entwicklung im Grunde, denkt man an jene Show von 1949, die Brando mit dem unausgesprochenen Wort Scheiße fast gesprengt hätte. Bei allen *fuck-ups*, die der Mann hat, sagte neulich ein Freund, Brando ist trotzdem einer von »uns«. Wer »wir« sind? Fragen Sie nicht so viel, junger Freund. Achten Sie darauf, dass Sie mit Anstand und Absicht Mensch sind auf dieser Erde, schütten Sie Alkohol in Ihre Wunden, aber erwarten Sie nicht, dass das Blut davon gestillt wird, und erwarten Sie vor allem vom Blut kein Paradies.

Nach dem *Letzten Tango* legte Brando eine Pause von

über drei Jahren ein. Er entließ sogar seinen Agenten und erklärte, sich ganz auf die Produktion eines Films über Wounded Knee (im März 1978 verlautet gerüchteweise, die Vorbereitungen näherten sich dem Abschluss) und seine ökologischen Experimente in Tahiti konzentrieren zu wollen. Als Schauspieler sah er sich am Ende des Weges: *Eigentlich war ich, so komisch das klingt, nie ein Schauspieler. Ich nehme an, dass ich nie recht wusste, was ich tun wollte oder was mir zu tun möglich war. Ich schauspielerte, weil ich nichts anderes gelernt hatte, aber ich glaube, dass es jetzt damit vorbei ist.*[124]

Nach 27 Filmen in 22 Jahren, davon die meisten unwillig, im Unfrieden mit sich selbst und der Welt, mit Hass auf Hollywood und Verachtung für die sterile Scheinwelt des Kinos gedreht, hatte er sicher den Rand voll. Anders als Ende der 60er Jahre wurde er mit Angeboten überhäuft (darunter *Der Pate Teil 2* und *Lady Chatterleys Lover*), aber er schlug alle in den Wind. Sein Lieblingsbuch in dieser Zeit war der *Whole Earth Catalogue*, die Enzyklopädie zum alternativen Leben und Überleben.

Aber Überleben kostet Geld, zumal wenn man Kinder, Ex-Frauen, ein Südseeatoll und kostspielige Pläne damit hat, und so stand Brando 1975 wieder vor den Kameras. *Duell am Missouri* ist sicher nicht sein stärkster Film, aber ein schöner, elegischer Spätwestern, und Brando fügte dem Kabinett seiner Personifikationen eine weitere Glanzfigur hinzu: den Regulator Robert E. Lee Clayton aus Medicine Hat, Wyoming. Regulator?

Die Szene ist eine Ranch am Missouri, die der Viehdieb Tom Logan (Jack Nicholson) und seine Freunde gekauft haben, um dort ihre Beute zu verstecken. Der örtliche Großgrundbesitzer, Braxton, stellt Logan den von ihm angeheuerten und auf die Viehdiebe angesetzten Clayton vor:

BRAXTON Tom, Sie sind der einzige Rancher hier, der unseren neuen Regulator noch nicht kennt. Tom Logan, Robert E. Lee Clayton.

LOGAN Freut mich, Sie kennenzulernen. Ist ein Regulator eine Art Abmurkser?

CLAYTON Nä, das wäre etwas hart ausgedrückt.

LOGAN Aber ein Regulator – verbessern Sie mich, wenn ich was Falsches sage –, ein Regulator, ist das nicht einer von den Typen, die die Leute abknallen, ohne ihnen nahe zu kommen? …

BRAXTON Lee hat einen schwierigen und notwendigen Job, der viel Mut verlangt …

LOGAN Da war dieser alte Junge in Wyoming, der saß gerade auf dem Boden, um sich die Sandflöhe aus den Hosen zu klauben, als sein Schädel plötzlich in Stücke riss, die so klein waren wie Ihr Daumennagel.

CLAYTON *(lächelnd)* Hat jemand gesehn, wer's getan hat?

LOGAN Das ist es ja. Man sieht es nicht. Aber das war das erste Mal, dass ich den Ausdruck »Regulator« gehört habe.[125]

Der Symbolismus des Films ist eher grobkörnig aufgetragen, und Brando als Psychopath, der, eine Art Caligula des Westens, mit seinem Gaul *Szenen einer Ehe* spielt, scheut keinen Effekt und keinen Gag, aber, zum Teufel, er kann es sich immer noch leisten: Wo andere Schauspieler schon im Ansatz scheitern müssten, brilliert dieser massige Mann mit Bauch und Halbglatze wie in besten Tagen. Der Film war kein großer Erfolg: Penns Gewalt wirkt immer mehr technisch als elementar wie jene Peckinpahs, Nicholson sieht man die Ehrfurcht vor dem Idol Brando (und die Missbilligung mancher Mätzchen) zu deutlich an, und dem harschen Ende der Originalstory wurde, altes Lied, ein versöhnlicherer Schluss angepappt.

Aber über weite Sequenzen besticht der hervorragend fotografierte Film, er besticht, wie alle schönen Filme bestechen, in denen die Erde zu sehen ist, Bilder mit Wasser, Felsen und Wäldern, mit der Sonne über den Bergen, mit Rauch am Abend, mit Staubwolken, Gras nach dem Regen, Flüssen im Licht, mit Frauen im Halbschatten, scheuen Pferden, der Geographie der Träume und der Revolte der Erde, er besticht uns, wo wir am leichtesten bestechlich sind, im Gefühl. Flitter, bestimmt, Flausch und Flimmer, aber in der korrupten Welt der Bonzen und Bosse, der Materialschlachten und Menschenopfer, der Konsumorgien und Ersatzreligionen gebt mir lieber den Flitter der Gefühle als die Leitartikel der Folterknechte, lieber den Geist des Jahrmarkts als das Gesetz des Jahrhunderts, lieber den Schmetterlingskuss der leichten Muse als die blutbesudelten Umarmungen der Ideologen.

Unser Westen ist nicht mehr wild, wir haben andere Regulatoren und Regulationsmethoden als den Robert E. Lee Clayton mit seinem Creedmore-Präzisionsgewehr, gegen die Terrormaschinen des Molochs und seine computergesteuerten Regulatoren nützen uns keine rostigen Sixshooter, und wie auch?

Wir alle sind Moloch, dringend regulierungsbedürftig, dringend des regulierten Lebens bedürftig, und der Regulation der Regulatoren, und der Regulatoren als Rebellen, und der Rebellen als Menschen, als Schwindler, Gauner, Stromer, Wahnsinnige, Nutten, Weltverbesserer, Arbeitsscheue, Tippelbrüder, Poeten, Erfinder, Langstreckenläufer, Ameisenforscher, Entdeckungsreisende, Weinbauern, Frauen, südliche Frauen, Desperados, Könige und Männer, Männer von Welt, Weltmänner. Der Weltmann als Rebell und der Rebell als Regulator, dieser Zukunft ein Lächeln und ein Gruß von Brücke zu Brücke, von Wigwam zu Wigwam, von den Höhen der Prinzen zu den Feuern der Viehdiebe. Und was wäre in solcher Welt gegen den alten Brando mit seinem Silber zu sagen?

Im Frühjahr 1976 hatte ich selbst das Glück, ein paar Tage am Missouri zu sein, in der Stadt Great Falls, nicht weit von Billings, wo *Duell am Missouri* gedreht wurde. Eine schöne Gegend: die massiven Schultern der Rocky Mountains am weiten Horizont, ein auch im Juni noch grauer, verhangener Himmel, Regenschauer am Missouri, der durch das saftige, fruchtbare Land strömt, vorbei an den Anaconda Copper Mines, die ihn erstaunlicherweise noch immer nicht vollends vergiftet haben, vorbei an der Stadt Great Falls, an den langen Reihen verrosteter Viehwaggons der Northern Pacific Railroad und den baufälligen Silos und ziegelroten Fabriken und den Gastanks und Highways zum Mississippi hin. Montana ist Weideland, nordwestliches Land, Land der großen Büffelherden und der Wagentrecks, Land der Pferde, Indianerland. Ein milchiger Dunst liegt gegen Abend unter der niedrigen Sonne und vermischt sich mit dem Rauch über der Stadt. Wind aus Nord-Nordost. Im Holiday Inn singt eine Präerieblondine Rock'n'Roll. In *downtown* Great Falls räumen die Indianerfrauen den Marktplatz. Die großen Trucks donnern über Interstate 15 Richtung Kanada. Und die alten Männer in der schäbigen Bierbar neben Wise's Hotel (*No Check-In after 10 p. m.*) starren still in den trüben Rauch und rechnen nach: Reicht das Geld für ein drittes Bier? Kommt der Sommer vor dem Winter? Wie lang dauert der Tod? Ist Amerika noch weit?

In Great Falls gibt es noch große, geräumige Kinos, Kinos aus der Goldenen Ära, die letzte Vorstellung ist noch nicht gelaufen, doch nicht mehr fern. In einem dieser Kinos sah ich *The Missouri Breaks*. Das Publikum – fast alles Halbwüchsige im High-School-Alter – war Jack Nicholsons Domäne, er beherrschte seine Gefühle und zog seine Instinkte auf sich wie 20 Jahre früher Brando. Diesem, dem fett gewordenen Psychopathen, der im Omadress auf Menschenjagd geht, galt die ganze Verachtung der Jugend: »Der soll mal all diese scharfen Filme gemacht haben?« – »Was für scharfe Filme?« – »Na ja ... *Der Wilde ... Faust im Nacken ...*« – »Ach Johnny, das sind doch keine scharfen Filme, da geht höchstens Tante Molly einer ab.«

Und doch ... als ich mich nachher mit den anderen rausschob, lag auf manchen jungen Gesichtern der alte Schatten, Brandos Schatten, der coole Typ mit dem wissenden Blick: »Was soll der Schmus, Baby?«, und dann ganz stark und einsam in die Leere und die Nacht.

Und später standen wir in einer Indianerkneipe an der Central Avenue und tranken Bier und versuchten mit einem Indianer zu sprechen, aber der Indianer hatte keine Sprache. Er hatte keine Sprache? Mann, jeder Mensch hat 'ne Sprache. Nein, stimmt nicht, dieser Mensch hatte keine, er war in keiner Welt zu Hause und sprach keiner Welt Sprache, Brocken nur, Brocken Englisch, Brocken Französisch, Brocken Mohawk, Brocken weiß ich welcher Sprachen, aber alles nur Brocken, Brosamen, Fetzen, aufgeklaubt aus den Gossen sterbender Kulturen und tödlicher Zivilisationen. Wer nicht weiß, was tödliche Zivilisation ist, braucht nur zu den Indianern zu gehen. Er findet sie überall. Nach Montana muss man nicht. Wir sind umgeben von sterbender Kultur. Wir *sind* die sterbende Kultur.

Die Macht des Westens muss jetzt etwas hergeben. Sonst wirst du, Amerika, dich zerstören wie jene, die von Küste zu Küste treiben. Du wirst einen Fremden sehen, der durch Denver, N. Y, Flagstaff, Barstow oder San Bernardino wandert. Du wirst den engelsgleichen Geist eines gebrochenen Indianers sehen. Du wirst Blakes Dreizehn Engel sehen. Du wirst einen Penner sterben sehen. Du wirst ein Baby aus Vietnam mit Eisen im Fleisch durch den Dschungel deines Geistes kriechen sehen, und es wird niemals aufhören zu schreien. Keine Sirene wird es übertönen. Du bist wahnsinnig … du bist geblendet. Du bist nicht länger im Recht. Du bist der Usurpator der Welt, der bald seine eigenen Kinder verschlingen wird. Du bist krank im Geist. Du bist der Satan, der im Namen Christi handelt. Du begreifst nicht die Vorstellung von Ost und West. Von Schwarz und Weiß. Von Sonne und Mond. Männlich und weiblich. Du kannst keine Liebe empfangen, bis du das winzige Symbol in der Bucht von San Francisco zurückgegeben hast. Und nur dann kannst du aus der Falle des Geistes im Stigma der Zeit entkommen.[126]

Das Silber

And down there's Hollywood, / the starry world below
– expressing nakedness – / that craving, that glory
that applause – leisure, mind, / appetite for dreams, bodies,
travels: appetite for the real, / created by the mind
und kissed in coitus – / that craving, that melting!
Not even the human / imagination satisfies
the endless emptiness of the soul.
Allen Ginsberg: Over Kansas

Und da unten liegt Hollywood, / diese Sternen- und
Unterwelt
– Ausdruck der Nacktheit – / Die Sehnsucht, die Glorie
der Applaus – die Muße, die Seelen, / der Appetit auf
Träume, auf Leiber,
auf Reisen: der Appetit aufs Reale, / von der Seele gezeugt,
im Koitus geküsst – / die Sehnsucht, das Schmelzen!
Nicht einmal die menschliche Phantasie / kann die
endlose Leere / der Seele stillen.
(In der Übersetzung von Anselm Hollo)

Am Hollywood Boulevard gehen die Lichter nie aus, und zwischen drei und vier Uhr in der Frühe glänzt die endlose Leere der Seele zwischen den Palmen und den Straßenkreuzern, zwischen den Trinkern und den Transvestiten am Hamburger-Stand, zwischen den Zigarettenkippen und Kaugummifetzen über den goldenen Namen der Stars auf dem Pflaster vor Grauman's Chinese Theatre.

Was läuft heute? *The Mutiny of the Bounty? The Wild One? A Streetcar Named Desire?*

In den Nächten am Hollywood Boulevard sieht man keine Filmstars mehr, keine Idole, keine Mythen, und unter den Dealern, Pennern, Fixern, Nutten, Bummlern, Wermutbrüdern, Weltverbesserern, Cops and Criminals auf dem Boulevard zwischen Highland und Cahuenga, zwischen Sunset und Franklin, in der nebligen Morgenröte über den Canyons, in der fahlen Dämmerung Hollywood-Babylons, in der kühlen Stunde vor der Hitze und dem Smog über der Riesenstadt Los Angeles, lässt sich kein junger Brando, kein neuer James Dean bei den Desperados und ihren Damen blicken.

Aber irgendwo in Amerika – in einer Ranch in Nebraska; in einem Nachtclub in Nevada; an einem Dock in Hoboken; in einem Tanzschuppen in San Antonio; einer Tankstelle in Oklahoma City; einem Bordell in Wichita; einer Frittenbude in Brooklyn; einem Holiday Inn in Great Falls; einer Pfandleihe in Frisco –, irgendwo erfüllt sich auch in dieser Nacht ein Träumer die Sehnsucht aufs Reale, verlässt ein Rebell das Niemandsland, greift ein Outlaw zur Waffe der Phantasie.

Ihre Wege führen nicht mehr alle nach Hollywood. Viele kommen auf den Straßen um. Je entschiedener die Zivilisation ins Desaster treibt, desto grausamer wird jede Jugend, desto zerstörerischer ihre Süchte. Auch locken inzwischen ganz andere Sterne als die über Culver City. Aber solange es diese Welt gibt, wird es Filme geben und wird ein Mädchen, wie in Nathaniel Wests *Tag der Heuschrecke*, mit Glitzer in den Augen und Schmelz auf der Stimme sagen: »Eines Tages werde ich ein Star sein.«

Und in Idolen und Mythen werden manche immer wieder nach dem eigentlichen Leben suchen, und begegnen werden ihnen Rebellion und Kunst.

Für sie, die Suchenden, die immer etwas traurig, deprimiert und mit Kopfschmerz aus den Kinos kommen und doch immer wieder in der Hoffnung hingehen, einen Hauch von Leidenschaft, von Tapferkeit, von Größe zu verspüren, ist dieses Buch geschrieben worden. Der Mann, den es darzustellen versucht, ist sicher eine Kunstfigur: Welcher Leinwandstar wäre das nicht? Ich konnte nur versuchen, der Informationsware Marlon Brando Superstar eine Folie zu geben, von der sich seine Individualität deutlich abhob. Für manch einen wird es seine Adlernase bleiben, für einen anderen sein Liebesleben, für einen dritten die dreihundertdreiundzwanzigste Einstellung in *Julius Cäsar*: »Wenn er da den Kopf noch zwei Zentimeter gehoben und das linke Auge zugedrückt hätte – ja dann!«

Ihnen allen gerecht werden zu wollen hieße, niemandem gerecht werden zu können. Ein Schriftsteller kann immer nur sich selbst gerecht zu werden versuchen, und wenn er scheitert, hat er nie die Möglichkeit, ein Filmstar zu werden wie Brando und zu Rod Steiger sagen zu dürfen: *»I could have had class – I could have been a contender.«*

Ich habe in Brando immer einen Rebellen gesehen – eine sicher naive Betrachtungsweise; was ist schon ein Rebell? In einer Welt, in der es von Revolutionären nur so wimmelt, ist der Rebell der Mann von gestern, der Konservative. Mag sein. Bei so viel Menschen von heute wirkt auch die Erde wie von gestern, und – wie Brando – halte ich es im Zweifelsfall mit der Erde.

Mit der Erde, und mit *ihrem* Silber: mit dem Rauch nach dem Regen, mit den Wurzeln der Bäume, mit der Sonne auf nackten Felsen, mit dem Brot, dem Wein, dem Aufgang der Sonne über Üsküdar, ihrem Untergang im Atlantik, mit der Olive, dem Weinbrand, dem Feuer, mit den Brücken, den großen Städten, den Nächten, mit den Gauklern und den Frauen des Südens.

Dank

Der Dank des Verfassers gilt insbesondere H. K. Denicke, dessen Verlagsbuchhandlung und Archiv Filmland Presse in München, Zentnerstraße 13, für den Fachmann, aber auch für jeden Interessierten eine nahezu unerschöpfliche Quelle der Information, der Bildung und des Studiums, darüber hinaus auch eine cineastische Oase in der Wüste darstellt;

Joe Hembus für wertvolle Hinweise;

Isolde Rieger für tatkräftige Unterstützung;

Claus Biegert, Sektion München der Gesellschaft für bedrohte Völker, für wichtige Informationen, ideelle Sympathie und professionelle Unterstützung; sowie allen, die mir Zeit, Wort und Zuspruch schenkten.

München, im März 1978

J. F.

Marlon Brando
von Brigitte Kronauer

Die ersten Filme, in denen ich Marlon Brando sah, waren *Viva Zapata!* und *Julius Cäsar*. Ich habe in der folgenden Zeit nicht jeden Film mit ihm angeguckt und eher zufällig Details seiner Biographie erfahren, aber seit damals ist er für mich ohne Unterbrechung der Größte geblieben.

Jörg Fausers Buch: *Marlon Brando. Der versilberte Rebell* (Verlag Monika Nüchtern, München 1978) hat mich aus zwei Gründen von vornherein interessiert: einmal aufgrund meiner alten Liebe zu Brando (Attraktivität des Themas, der Person also), zweitens durch die Überlegung: Wie macht jemand, hier Fauser, aus den Einzelheiten eines Lebens, die ihm zugänglich sind, eine Biographie mit spezifischer Pointierung, eine Laufbahn mit einem Fluchtpunkt (siehe Untertitel!) und dahingehend konzipierter Schlüssigkeit?

Und richtig: Sobald man das Buch aufschlägt, zeigt sich, dass Fauser nicht daran denkt, das öffentliche Brando-Bild durch einige Zusatzinformationen, meinetwegen politischer Art, abzurunden. Sicher, chronologisch geordnete Nachrichten im engeren Sinn lassen sich in der angefügten Filmographie abfragen, was man aber insgesamt da vor sich liegen hat, ist die vernünftigste Art, eine Biographie zu schreiben: ein *deutlich* als solcher gekennzeichneter Roman, ein unfeierliches Epos, eine Legende von eigener Hand, verfasst mit der *realen* Energie intensiver Zu- und Abneigungen. Das ist nicht eine Sache des Drauflosphantasierens, sondern der Leidenschaft und der Selektion.

Gewidmet ist das Buch »Den Frauen des Südens«, das sind seine ersten Worte und auch seine allerletzten auf Seite 162* (es folgen dann lediglich technische Angaben). Gleich hier eine Identifikationsgeste Fausers gegenüber Brandos erotisch-poetischer Vorliebe, eine Einstimmung, ein Hinweis auf die wesentlichen Affinitäten zwischen dem Helden und seinem Autor, und zugleich auf die Künstlichkeit des Unterfangens: Das Buch ist symmetrisch aufgebaut, genau in der Mitte trennt ein doppelseitiges Foto Brandos jeweils 7 Kapitel, von denen das letzte vor dem Scheitelpunkt »Der Prinz« heißt und das nächste »Der Besessene«, wie zwei Köpfe, die in verschiedene Richtungen schauen: Brando, der Superstar, und Brando, der Aufrührerische. Konsequent heißt dann das nach vorn sich anschließende Kapitel »Das Idol«, das nach hinten folgende »Meuterei«! Das allererste Kapitel aber trägt die Überschrift »Der Schatten«, das letzte »Das Silber«. Zwischen diesen beiden Begriffen, Polen, Bildern, die das ganze Buch leitmotivisch durchziehen, beide doppelsinnig aufgefasst, positiv und negativ, zwischen Kunst und Kommerzialisierung, zwischen Zweifel und Erfüllung bewegt sich Fausers Geschichte zu Marlon Brando, eingebettet in ein ganzes Universum Fauser'schen Zitatenschatzes (u. a. Baudelaire, Whitman, Apol

* in dieser Ausgabe Seite 226

linaire, Céline, Camus, Chandler, Rolling Stones) – so unverhohlen verleibt er sich Brando ein –, eine Beschwörung, eine kritische Hymne voller Bilder, Refrains und Zahlen. Selbst wenn einem, und das trifft gelegentlich auf mich zu, die Sprache Fausers zu voluminös ist (interessant ist in diesem Zusammenhang sicher auch die rituell-formelhafte, immer konkrete Sprache Hubert Fichtes), muss man zugestehen, dass, wer sich so rigoros für eine Form entschieden hat, sich sogar leisten kann zu schreiben, was Brando in bestimmten Situationen *gedacht* hat. Außerdem stellt Fauser lyrische Verschlüsselungen sehr bald wieder auf die soliden Beine klarer Fakten, z.B. zählt er, was ich für sehr lobenswert halte, die Hollywood Ten – ein kleines Denkmal – namentlich auf, die sich in der McCarthy-Ära weigerten, vor dem HUAC-Ausschuss auszusagen. Das bedeutete Berufsverbot in den großen Studios und Gefängnisstrafe. Sie führten die berüchtigten Schwarzen Listen an. Immer dann entwickelt sich Fausers Spracheffet zu voller Kräftigkeit, wenn er die Darstellung der politisch-kommerziellen Strukturen Hollywoods / Nordamerikas im Handstreich und nahtlos in das subjektiv-emotionale Gefüge des Buches einbringt.

Josh Greenfeld hat 1970 für *Life* ein Interview mit Brando gemacht. Der Text gibt sich als Tatsachenbericht, aber es ist wie im Märchen: Innerhalb weniger Stunden zeigt Brando alle Eigenschaften, die man von ihm erwartet: Verschlossenheit, was sein Privatleben betrifft, Verachtung für den Beruf des Filmschauspielers, Bevorzugung soziologischer / sozialer Fragen, unwiderstehliche sexuelle Anziehungskraft, Mordwunsch gegenüber dem Regisseur (hier Pontecorvo), von dem er sich schikaniert fühlt, die Fähigkeit, genau zu beobachten und diese Wahrnehmungen exakt zu reproduzieren, eiserne Disziplin über unzählige Takes hinweg bei den Dreharbeiten (*Queimada*) in anhaltend verführerischer Intensität. Da setzt Fauser gottseidank lieber auf Einseitigkeit und Zuspitzung auf den Punkt, der ihn an Brando am heftigsten tangiert: »Ich habe in Brando immer einen Rebellen gesehen – eine sicher naive Betrachtungsweise; was ist schon ein Rebell? In einer Welt, in der es von Revolutionären nur so wimmelt, ist der Rebell der Mann von gestern, der Konservative. Mag sein. Bei so viel Menschen von heute wirkt auch die Erde wie von gestern, und – wie Brando – halte ich es im Zweifelsfall mit der Erde«, heißt es am Ende des Buches, und diese paar Sätze scheinen mir – auch wenn Fausers Geschichte eine überzeugende Beweisführung dafür ist, dass gerade der Rebell, definiert als unerbittlicher Nicht-Ideologe aus Instinkt, die einzige Hoffnung für die Zukunft ist – die Quintessenz seiner Überlegungen zu sein, in politischer wie persönlicher Hinsicht.

Wenn Fauser Brando als den geborenen Subversiven schildert (ein Topos, der immer wieder auftaucht, ist das desillusionierte Brando-Lächeln: »Was soll der Schmus, Baby«), dann sind für ihn die eigenen Erfahrungen der sechziger Jahre, mit dem Parteienegoismus von heute, den stillen und lauten Verbrechen der Industrienationen und den Revolutionären, die heute Machthaber sind, auf die kühle Bildformel gebracht. Wer Fausers Buch liest, wird nicht nur mit Hollywoods korrupter Filmwirtschaft (und das ist schon abenteuerlich genug für uns an den Autorenfilm Gewöhnte) konfrontiert, sondern immer zugleich mit der Gegenwart und jüngsten Vergangenheit der Bundesrepublik, mit ihrer bürokratischen, mechanisierten Kultur- und Medienpolitik, ihrer Profitfixiertheit und fortschreitenden Umweltzerstörung. Fauser wendet also die Technik raumzeitlicher Vermischung an. Damit wird Brandos Kampf übertragbar und der Gegner ebenfalls, die anliegenden Probleme sind ohnehin größtenteils globaler Natur.

Fauser arbeitet Brandos riskante, aggressive Verweigerungen gegenüber dem Establishment in allen Ausprägungen auf jeder Stufe seiner Entwicklung heraus. Er selbst kann hier, als Schriftsteller, nur verbal in die rebellischen Fußstapfen Brandos treten. Das allerdings tut er mit Mut und Überzeugungskraft. Fauser zum Film *Der Besessene:* »... er enthält seinen ganzen Hass auf die Bourgeoisie, auf das bourgeoise Zeitalter, dessen sogenannte Zivilisation den Menschen degradiert und ihn zum Zerstörer der Erde pervertiert, und er enthält Brandos leidenschaftliche, romantische, irrationale und deshalb widerstandsfähige Liebe zur Freiheit, jenem Traum, den der bürgerliche, der sozialdemokratische, der kommunistische, der Staat schlechthin in den Seelen seiner Sklaven noch immer nicht ganz vernichtet hat, noch immer nicht.« Bei aller Resignation, die aus solchen Sätzen spricht, beharrt Fauser auf einer ganz entscheidenden Hoffnung: Er schildert Brando, im Gegensatz zu Dean und Clift, als *Überlebensrebell*, der sich gegebenenfalls anpasst, um im richtigen Moment loszuschlagen, der zwar seine Bauchfalten kriegt, aber mit fast fünfzig wieder einen künstlerischen Höhepunkt seiner Karriere erlebt, der ökologische Versuche auf Tahiti unternimmt und einen großen Teil seines Geldes in den Kampf der Indianer um Selbstbestimmung investiert.

Am couragiertesten aber finde ich Fauser in seinen Bemerkungen zur Kunst. Auch in diesem Punkt hat Brando zeit seines Filmens die großen Konzerne durch fanatischen Anspruch und Präzisionswut zur Verzweiflung getrieben. In der gegenwärtigen Zeit, wo weder in rustikalen Lesungen vor jungen Studenten noch in feinen Intellektuellenkreisen das Wort »Kunst« anders als ironisch genannt werden darf, wenn man nicht augenblicklich ins 19. Jahrhundert verwiesen werden will, besteht Fauser alle paar Seiten einmal, als wäre das gar nichts, auf ihr als ungeheuerlichem Einbruch in das Leben dessen, der mit ihr zu tun bekommt. Sie weckt, ist, eine »Sehnsucht, die sein Leben, nein, nicht veränderte, mit der seltsam brennenden Sonne des Mythos zum Glühen brachte. Und nur dieses Glühen, Brando hat das erst allmählich realisiert, macht eine Existenz fortan noch lebenswert, obgleich sie ihr das ›Eigentliche‹, das reale Alltagsleben, entzieht. Das Glühen macht eine Existenz lebenswert, aber es verhindert sie auch. Wer von der Poesie getroffen wurde, kann nicht mehr so tun, als gäbe es sie nicht, auch wenn sie ihn nie mehr trifft.« Dazu gehört wirklich unabhängiges Denken und Fühlen! Das ist überhaupt nicht ›zeitgemäß‹: Das ist Rebellion! Mit Sicherheit! In diesem Fall werden nun zwar die Folgen nicht so schrecklich sein, aber bei Schriftstellern ist es ja meist so, dass sich die Quälerei *vor* der Formulierung, die sie hervorgerufen hat, abspielt.

Ich habe mich natürlich, schon bevor ich mit Fausers Buch anfing, gefragt, ob ich wohl zumindest Bruchstücke des Brando, ›der er immer für mich gewesen ist‹, wiederfinden würde. Brandos außerkünstlerisches Engagement ist für mich wichtig, aber nie ausschlaggebend gewesen. Was er tut, tun auch andere innerhalb ihrer Möglichkeiten ohne Namensnennung, so hoch auch zu bewerten ist, dass er es als Filmstar macht. Das aber ist er für mich immer in erster Linie geblieben, und ich bin der Meinung, dass auf diesem Gebiet seine wirkliche Einzigartigkeit liegt. Etwas Aufrührerisches, Rebellisches allerdings!

Schon Elia Kazan, der Regisseur, der Brando am besten kannte, hat gesagt, sein wichtigstes schauspielerisches »suit« (Kostüm, Eignung) sei seine Ambivalenz! Brandos Ausstrahlung ist immer gut und böse gleichzeitig, zärtlich und grausam bis ins Extrem, sie ist sogar ›weiblich‹ und ›männlich‹! Schauspieler, die es ihm nachzumachen versuchten, entgleisen bald in Eindeutigkeit. Bei Brando vermischen sich die Extreme von Sanftheit und Gewalt, Liebe und Hass nie, er hält sie unvereinigt als Potenz, die zum Guten wie Bösen gleichermaßen fähig ist, die in uns allen steckt, nur in der Regel verborgen, verdrängt, scheinbar ausgeglichen und leicht zu vergessen, in seinem Gesicht zusammen. Es ist die Kraft, die sowohl Vernichtung wie revolutionäre Erneuerung bedeuten kann, Sanftmut wie Verrat. Das eine balanciert immer mit dem anderen, die Schattenseite bleibt stets an der hellen befestigt. Die prinzipiell negative und positive Möglichkeit unserer Antriebe wird nie zugunsten einer ideologischen Ausrichtung und Simplifizierung geleugnet. Das alles drückt sich ohne Umwege, als direkter Zauber, als Magie seiner Person aus. Dabei ist Brandos Wirkung keineswegs dämonisch, es ist das Zittern der Waage in einem gleichmütigen, fast trägen Gesicht. Wir alle sind aus Bequemlichkeit ideologiesüchtig, so dass die nicht gezähmten, unberechenbaren Seiten unserer Natur, die unser Schaden, aber schwierigerweise ebenso unsere Rettung sind, das Potential nämlich von Sinnlichkeit und ›Renaissance‹, wegorganisiert werden. Allerdings nutzt das nicht viel: Wenn wir durch unsere eindimensionale Sicht eingeschläfert sind, brechen sie sich erst recht, auf verquälte, unkontrollierte Art Bahn. Natürlich kommt diese Ambivalenz besonders in der Sexualität zum Ausdruck, sehr nötig übrigens in einer Zeit, wo die Frauen naiverweise darüber erschrecken, dass ihre diesbezüglichen Phantasien Sehnsucht nach Gewalt an den Tag bringen. Meine Güte! Zu was für einer simplen Sache soll die ›Liebe‹ eigentlich gemacht werden?

Welt in seinen Rollen, ist außerordentlich intensiv, amoralisch, betörend. Er hält die Pole unserer Existenz in Erinnerung, er hält sie aus, er strahlt sie ab. Wie erotisch auch der Umgang mit der jeweiligen Rolle ist, macht René Jordan (*Marlon Brando. Pyramid Illustrated History of the Movies*, 1973, New York) deutlich. Wer sich dafür interessiert, wie Brando seine Rolle erfindet, entwirft, erarbeitet, sollte unbedingt dieses Buch als Ergänzung lesen. »Janusköpfig« nennt Jordan Brando. Für Fauser ist dieser Punkt, obwohl sein Buch formal diese Struktur aufweist, inhaltlich nicht zentral. Er erzählt eine andere, seine Geschichte. Wie viel besser er allerdings Brandos politische Entwicklung beurteilen kann, sieht man an dem Kapitel über die umstrittene Oscar-Ablehnung, wo der brillant schreibende, sensible Jordan versagt. Fausers schöner, schlichter Kommentar: »... konnten für einen Filmstar nicht auch jene menschlichen Regungen und Reflexe (die vielleicht nicht so uralt sind, wie man annehmen möchte, aber doch in Zeitaltern christlicher Prägung historisch gesichert aufgetreten sind) wie Mitgefühl, Verantwortungsbewusstsein, Sympathie, ja Liebe zum Mitmenschen gelten, die vereinzelt auch bei Schrotthändlern, Tabaktrafikantinnen, Huren, Wahnsinnigen, Langstreckenläufern und Königen festgestellt worden sind? Oder nimmt man dem Hollywood-Star das Engagement nicht ab, das jeder Kommerzschreiber mit kommunistischer Attitüde ungehemmt für sich in Anspruch nehmen darf?«

Man muss im Übrigen nur einen Schritt weitergehen und sieht, wie sich das Brando-Bild durchaus, ob man ihn vorzugsweise als Rebell oder als Schauspieler sieht, zusammenfügt: Brando, dem das erotische Eingehen auf die Dinge, ihre dingliche ›wilde‹ Anwesenheit, das Wissen um die Instinkte, die Erde wichtiger ist als alle tödlichen Ideologien unserer Zivilisation. Brando ist ein Star, für seine Fans von so explosiver, unverschlissener Magie, dass er allen größeren und kleineren Verehrungen lässig standhält. *»People create me«*, hat er mal gesagt. »Und in Idolen und Mythen werden manche immer wieder nach dem eigentlichen Leben suchen, und begegnen werden ihnen Rebellion und Kunst« (Fauser).

(1978)

Dieser Text erschien in *Ulcus Molle Info* 11/12, 1978. Und erstmals in Buchform im Band: Brigitte Kronauer, *Aufsätze zur Literatur*. Klett-Cotta Verlag, Stuttgart, 1987.

Denn sie wussten, was sie tun

von Franz Dobler

> Es ist ein Irrtum zu glauben, dass Poeten nur bleichsüchtige Sänftlinge mit Pickeln im Gesicht sind, die bei den Mädchen nur jammervoll abfahren und nicht imstande sind, einem andern
> eine Ohrfeige zu geben, wenn es nötig ist.
>
> *Jean Améry, 1960*

Es war ein guter Tag für die deutsche Literatur, als Jörg Fauser am 12. Dezember 1977 den Vertrag für die Marlon-Brando-Biographie unterzeichnete.

Dieses Buch sollte eminent wichtig für seine Karriere werden. Es markierte einen Wendepunkt, es war sein Sprungbrett, ohne das wir heute, mehr als dreißig Jahre nach seinem frühen Tod, vielleicht nicht mehr von ihm reden würden. Denn das Brando-Buch, das heute vor allem ein Fauser-Buch ist, war das Ticket, mit dem er explodierte und sich den Weg für die folgenden großen Werke freikämpfte.

Er selbst hielt die Biographie sogar für »das wahrscheinlich am gelungenste« von seinen Büchern. »Da stimmt wahrscheinlich alles«, sagte er 1985 in einem Interview, zwei Jahre vor seinem Tod, als er auf einen Stapel Bücher zurückblicken konnte, darunter die bedeutenden Romane

Der Schneemann, Rohstoff und *Das Schlangenmaul.* Und wer bin ich, dass ich gegen diese Einschätzung protestieren könnte.

In jenem Winter aber war er seinem Ziel, sich als Autor zu etablieren, noch nicht nähergekommen. Seine letzte Buchveröffentlichung, der Gedichtband *Die Harry Gelb Story* lag vier Jahre zurück und hatte, wie schon die Erzählung *Tophane*, nicht viel Wind gemacht. Die Gründe dafür hatte er in einem der Gedichte schon abgehakt: »Fauser schreibt wieder unverständliches Zeug, nicht tief, nicht kritisch, nicht deutsch genug, trister Typ, der kaum was bringt außer abgekauten Erinnerungsfotos …«. Die kurze Übersetzung lautet mit Sam Peckinpah gesprochen: »*Fuck 'em all.*«

Fausers Freund und Rückendeckung Carl Weissner hatte im Vorwort zu den Gedichten einen anderen Blick in die Zukunft riskiert: »Und Harry Gelb in seiner Frankfurter Bude macht weiter. Überleben ist alles. Man kann nie wissen, wozu es noch mal gut ist.« Und Weissner sollte recht behalten.

In jenem Dezember war klar, dass der Schein trügt: Fauser tauchte zwar auf dem Radar des Buchmarkts nicht mehr auf, aber er hatte in diesen Jahren unglaublich viel gearbeitet und veröffentlicht. Um nur ein paar Beispiele zu nennen: Reportagen und Essays für die Basler *National-Zeitung*, Stories und Gedichte in Magazinen, Hörspiele wie *Für eine Mark und acht* (das 1998 unter dem Titel *Das Frankfurter Kreuz* von Romuald Karmakar verfilmt wurde), einige Hörbücher (würde man heute sagen) wie die C-90-Kassette *Junk City Express. Eine Reise mit*

Harry Gelb und John Coltrane; kurz vor dem Brando-Vertrag erschien das Interview mit Charles Bukowski im *Playboy* und der Spielfilm *C'est la vie Rrose* von Hans-Christof Stenzel kam ins Kino, zu dem er das Drehbuch geschrieben hatte. Diese Entwicklung vom, kurz gesagt, experimentellen Drogen-geprägten Cut-up-Text bis zur konventionelleren Alkohol-geprägten Kurzgeschichte und zum literarischen Journalismus hat niemand so präzise beschrieben wie Jürgen Ploog im Nachwort zu *Rohstoff Elements*.

Und das wichtigste Training waren die Stories, die Fauser für das Magazin *Gasolin 23* schrieb, das er 1973 mit Carl Weissner und Jürgen Ploog gegründet hatte. Die *Gasolin*-Gang hatte auch zum *Brando*-Job geführt: Verlegerin Monika Nüchtern hatte sich im Jahr zuvor bei der Suche nach einem Übersetzer für die James-Dean-Biographie an ihren Schwager Jürgen Ploog gewandt, und weil der bereits bekannte Übersetzer Carl Weissner keine Zeit hatte, bekam Fauser den Auftrag. Er führte ihn so gut aus, habe das Buch mit seiner Übersetzung sogar besser gemacht, dass die Verlegerin »geplättet« war und dann für ihre Brando-Biographie »gar keinen anderen fragen« wollte. Es gibt in Brando viele Spuren zu Erfahrungen und Arbeiten, die Fauser in diesen Jahren gemacht hat. Er zitiert sogar aus seiner Erzählung *Tophane* eine Inschrift, die er »in der Toilette eines D-Zugs« gefunden hat. Und die *Gasolin 23*-Spuren reichen von Zitaten von William S. Burroughs oder Charles Plymell bis zum Hinweis, dass »Truman Capote und Andy Warhol« ein »Rührstück« zum Thema verfasst haben und »Teile davon nachzulesen in *Gasolin 23* Nr. 3« sind.

Es war harte Arbeit, vom Schreiben leben zu können

und zu diesem »Geschäftsmann« zu werden, wie er sich Jahre später gegenüber dem Literaturkritiker Hellmuth Karasek nannte, den diese Berufsbezeichnung schwer verblüffte; »aber sicher«, sagte Fauser, »*writing is my business*« (Graham Greene zitierend). Und nicht zu vergessen der härteste Teil der Arbeit: Er hatte nicht nur viel über Drogen geschrieben, sondern sich mit dem Schreiben von ihnen befreit, war genauer gesagt von Heroin auf Alkohol umgestiegen, und um das zu schaffen, muss man härter angreifen als gelegentlich mal mit einem kleinen Gedicht.

Und dennoch, was zählt die harte Arbeit, wenn einer damit nicht hinkommt, wo er hinwill?

Fauser hatte in diesem Dezember, als der sogenannte Deutsche Herbst noch lange nicht zu Ende war, keine Lust mehr, Teil der Bohème-Szene zu sein und nur für die Miete und die anderen notwendigen Lebensmittel zu schuften; auch waren die Erfahrungen von Hausbesetzung bis Nachtwächter und von Junk in Istanbul bis Dreharbeiten in Los Angeles alle gemacht; aber aus dem Traum, den er seit seiner Jugend im Gepäck hatte und der eben doch etwas größer war als dieses »*writing is my business*«, mit dem sich auch ein smarter Werbetexter an Starautor Graham Greene ranmachen kann, war immer noch nichts geworden – das also *die* Chance, als Verlegerin Monika Nüchtern, Ehefrau des Filmregisseurs Rüdiger Nüchtern, ihm das Angebot machte. Und es ist gut möglich, dass Fauser es sogar als die eine und letzte Chance betrachtete, sich endlich im Buchgeschäft als der »Profi« zu etablieren, mit dem er sein Ziel schon lange exakt bezeichnete.

»Für Fauser entwickelt sich die Brando-Biographie

zum Auftakt der Karriere, die er immer wollte«, schreiben Ambros Waibel und Matthias Penzel in ihrer großartigen Fauser-Biographie *Rebell im Cola-Hinterland.* Nämlich die Karriere »des ernsthaften Autors, der seinen Streifen durchzieht, abseits des Gängigen – und dabei auch kommerziell erfolgreich ist«. Mit dem damals beachtlichen Bonus, dass sich mit dem Buch »sein Ansehen in den Schwabinger Film- und Literatenkreisen schlagartig erhöht« hat, und er dank Brando endlich »aus der Bohème erlöst« war.

Der versilberte Rebell wurde von einem erfahrenen und vor allem selbstbewussten Autor geschrieben. Er scherte sich nicht groß um die Regeln, nach denen derartige Biographien üblicherweise verfasst werden, und bastelte auch »nicht die Sorte Sätze, in die Starbiographen für gewöhnlich die Ihren betten. Weil sie sich zu solchen Höhen gar nicht emporschwingen wollen und lieber den Legenden an den Lippen hängen, statt ihr Lied zu singen«, schrieb der renommierte und ebenfalls viel zu früh verstorbene Filmkritiker Michael Althen später in einem Nachwort.

Während der nach seinen Comebacks mit *Der Pate* und *Der letzte Tango in Paris* und *Apocalypse Now* unantastbare Weltstar Marlon Brando mit zehn Millionen Dollar für seinen belanglosen Auftritt im belanglosen *Superman* durchkam, packte ein kaum bekannter Autor mit einem Kleinverlag und einem Vorschuss von tausend Deutschen Mark im Rücken seine nicht geringe literarische und Lebenserfahrung in sein Weltstarbuch und stellte sich mit erhobener Stimme neben das Objekt der Begierde. Erzählte auch, wie es ihm gerade ging, während er diesen Job erledigte, was ihn wütend machte und wie es da draußen auf den Straßen »Germanistans« aussah. Das war so arrogant wie verblüffend und, ganz klar, rebellisch. Und auf eine Art ehrlich, die normale Weltstarbücher nicht im Angebot haben, denn Fauser stellte damit klar, dass es seine persönliche Geschichte mit Brando war und dass es ein anderer Autor anders erzählen würde.

Als ich selbst viele Jahre später das Angebot bekam, eine Biographie über Johnny Cash zu schreiben, wusste ich sofort, dass ich mich an diesem Buch orientieren musste, wenn es mehr als nur so'n Job sein sollte – das war die Messlatte, nur so würde es gehen.

Fauser habe sich in seinen Arbeiten nicht »geniert«, Persönliches einzuarbeiten, erzählte Carl Weissner den Fauser-Biographen, und das habe er »am meisten in der Brando-Biographie« getan, »die mindestens ebenso viel von ihm selbst handelt wie von Marlon Brando, und eigentlich ein groß angelegtes Pamphlet gegen die Schakale vom Feuilleton darstellt, die Kulturverwertungsbetriebler und so weiter«, und mit »dieser Entschiedenheit und Haltung, mit diesem radikal persönlichen Einstieg schreibt nur einer, der es nicht nötig hat, sich auf die Verwertungsmechanismen des Kulturbetriebs einzulassen« oder »dass ihm der oder jener Redakteur gewogen ist«.

Schon in Erwartung der Brando-Arbeit schrieb Fauser in einem Brief an seine Eltern, er hätte »einen gewaltigen Bammel vor diesen (journalistischen) Sachen«, wenn er sich seiner »Schreibe nicht halbwegs sicher« wäre. Erst kürzlich habe ihm ein Lektor geschrieben, »ich zitiere fast wörtlich«: »habe mir mit ihren Gedichten ein paar nette Stunden gemacht; müsste jetzt was sagen, sage ich, Sie sind gut, ist das schlecht für meinen Ruf, weil Sies weitersagen, sage ich, Sie sind nicht gut, ists auch schlecht, weil Sie denken ich wär ein Banause, also sag ich garnichts und schick Ihnen Ihr Zeug zurück (…). Hätte ich nicht etwas Stehvermögen (von Euch mitbekommen) und Verdienst- und Erfolgsmöglichkeiten woanders, würden mich solche Briefe in Gott weiß welche Rage bringen.« Ehe *Der versilberte Rebell* dann immer noch genug Rage eingeschenkt bekam.

Den längsten und verblüffenden Artikel, den seltsamerweise bisher niemand auf dem Schirm hatte, veröffentlichte die später gefeierte Autorin Brigitte Kronauer kurz nach Erscheinen von *Marlon Brando* im damals wichtigen Literatur-Szenemagazin *Ulcus Molle Info*, in dem auch Fauser seit 1971 einiges veröffentlicht hatte; deshalb zumindest einen Moment lang verblüffend, weil die 2019 verstorbene Brigitte Kronauer sich auf einer ganz anderen Literatur-Baustelle befand, mit allen bedeutenden deutschen Literaturpreisen ausgezeichnet und von Marcel Reich-Ranicki »die beste Prosa schreibende Frau« genannt wurde, wohingegen er Fausers Beitrag *Geh nicht allein durch die Kasbah* beim Ingeborg-Bachmann-Wettbewerb in Klagenfurt 1984 mit den Worten »ein Text ohne den geringsten literarischen Ehrgeiz« ablehnte.

»Von vornherein interessiert« an diesem Buch wegen ihrer »alten Liebe zu Brando«, aber auch wegen der Frage, wie man »aus den Einzelheiten eines Lebens« eine Biographie »mit spezifischer Pointierung« schreiben könnte, verkündet Brigitte Kronauer schon am Anfang des Artikels ihr Urteil: Was man »insgesamt da vor sich liegen hat, ist die vernünftigste Art, eine Biographie zu schreiben: Ein *deutlich* als solcher gekennzeichneter Roman, ein unfeierliches Epos, eine Legende von eigener Hand, verfasst mit der *realen* Energie intensiver Zu- und Abneigungen. Das ist nicht eine Sache des Drauflosphantasierens, sondern der Leidenschaft und der Selektion.«

Es folgen sechs Seiten detaillierter Analyse, und »am couragiertesten« findet sie Fauser »in seinen Bemerkungen zur Kunst«, denn in »der gegenwärtigen Zeit, wo weder in rustikalen Lesungen vor jungen Studenten noch in feinen Intellektuellenkreisen das Wort ›Kunst‹ anders als ironisch genannt werden darf, wenn man nicht augenblicklich ins 19. Jahrhundert verwiesen werden will, besteht Fauser alle paar Seiten einmal, als wäre das gar nichts, auf ihr als ungeheuerlichem Einbruch in das Leben dessen, der mit ihr zu tun bekommt.« In dieser Radikalität treffen sich diese beiden scheinbar gegensätzlichen Literaten, und Kronauer zitiert einen dieser umwerfenden Fauser-Sätze – »Wer von der Poesie getroffen wurde, kann nicht mehr so tun, als gäbe es sie nicht, auch wenn sie ihn nie mehr trifft« – und ruft hingerissen aus: »Das ist überhaupt nicht ›zeitgemäß‹: Das ist Rebellion! Mit Sicherheit!«

Diese rebellische, unvergleichliche und bei ausreichendem Informationsgehalt vollkommen eigenartige, vielleicht sogar bahnbrechende Biographie – das kann ich nicht beurteilen, sicher ist jedoch, dass der für seine ähnlich persönlichen und einzigartigen Biographien wie *Hellfire* oder *The Devil and Sonny Liston* berühmte Nick Tosches (der den Planeten verließ, während ich beim Schreiben dieses Nachworts an ihn dachte) noch keine geschrieben hatte, und dass Fauser natürlich schon vor seinem Radiobeitrag von 1975 über Hunter S. Thompson den amerikanischen Trend des ultrapersönlichen »Gonzo-Journalismus« mitbekommen hatte – herzustellen war für Jörg Fauser keine lockere Sache. Es ging eben um viel mehr als eine Auftragsarbeit, die *eigentlich* jede passable Journalistin irgendwie hätte durchziehen können. Er positionierte sich selbst von Anfang an in diesem »Schatten, der zwischen Idee (oder Bild) und die Wirklichkeit fällt«, jenseits des Denkens der »Kulturverwertungsgesellschaften«, die diesen Schatten nicht kennen, »denn der Schatten ist der Zweifel« und »er liebkost die Kunst«. Für Fauser gehörte der Zweifel zur Grundausstattung des Autors, und das ist kein Widerspruch zu der Souveränität, mit der er den Brando-Job persönlich nahm.

Er habe »ziemlich lange gebraucht«, bis er sich mit dem Buch sicher fühlte, erzählte die Verlegerin ein Vierteljahrhundert später in einem Interview, und er habe »die Arbeit zwischendurch immer wieder geschmissen«, weil er sich sagte: »Ich kenne diesen Typen doch überhaupt nicht, wie soll ich jemals was über den schreiben?«

Ihre »Treffen morgens« in »einer Szenekneipe auf der Münchner Türkenstraße waren manchmal schon fast verzweifelt«, und Fauser habe dann gesagt, »er könne nicht mehr und er wolle nicht mehr, oft war er sturzbetrunken«, und es »waren wirklich viele, viele Tage, viele grauenhafte Abstürze, und es ist eine lange Geschichte, wie dieses Buch als Kampf entstanden ist (…) Fauser war damals ein schwieriger Mensch. Exzessiv und chaotisch, genauso sah es auch in seiner kleinen Wohnung aus (…), aber wenn er arbeitete, schrieb er Nächte lang durch«, und deswegen sei »das Buch auch wie aus einem Guss« und habe keinen Lektor benötigt. »Er hat eben nicht brav Tag für Tag ein Kapitel und ein Stückchen Leben abgefrühstückt, sondern fünfzig Seiten hintereinander geschrieben.«

Am 17. Januar 1978 notierte Fauser in seinem Arbeitsjournal »Baez weg Brando Prolog (p.1–5)«, und am Ostermontag, den 27. März »Brando abgeschlossen p.1–208«.

Als die Verlegerin das in diesem Wahnsinnstempo verfasste Manuskript bekam, wusste sie »vom ersten Moment an«, dass »es ein Kultbuch wird«, das sie später treffend als »Zeitdokument der BRD« einordnete, dieser »wahnsinnigen Zeit der siebziger Jahre mit dieser Aufbruchsstimmung: Wir machen etwas Neues, wir erfinden die Welt (...) Wir waren wild, frei, wir waren überhaupt nicht etabliert«, und »da passte sein Buch über Brando, der genau diesen Aufbruch verkörperte – Fauser schreibt ja über nichts anderes. Das waren wir« und »er war einer von uns. Fauser war wirklich einer von uns.«

Ob der Autor diesen freundlichen und euphorischen Worten zugestimmt hätte, können wir nicht wissen; jedenfalls hat er in seinem autobiographischen Roman *Rohstoff* erzählt, dass er sich nur kurz und voller Zweifel wie *einer von ihnen* fühlte (was ja nichts damit zu tun hat, dass er mit seiner Schreibe, die immer noch in der Nähe seiner ersten Bücher oder den Beiträgen in *Gasolin 23* und Szene-Magazinen wie *Zoom* oder *Ufo* war, als *einer von ihnen* wahrgenommen wurde), und wenn ich mir Fauser in einer Brando-Rolle vorstelle, dann ist es immer der Brando aus *Der letzte Tango in Paris* mit seiner »vollkommenen Aura dessen, was Exil ist: die geistige Zone, der angehört, wer mit dieser Welt seinen Frieden nicht machen kann«.

Im einzigen großen Interview, das wir von Fauser haben, schilderte er zwei Jahre vor seinem Tod noch mal die Arbeitsbedingungen: »Ich war damals in einer besonderen Situation, das Buch wurde in einem unheimlichen Druck und einem psychischen Wahnsinn geschrieben.« Die Biographen Waibel und Penzel fanden heraus, dass in dieser Zeit »sein Halbbruder Michael Razum im Sterben« lag, »darum geht es ihm so sehr, von ganzem Herzen und aus völliger Verzweiflung heraus, um den Schatten« und um »Zweifel und Skepsis«. In diesem Ausnahmezustand ist Fauser ein – wie ich finde – Fehler unterlaufen, der mir erst jetzt aufgefallen ist. Mit einem »Blick zurück ohne Zorn oder Trauer von meinem Platz an der Schreibmaschine in dieser Münchner Bude im März '78« beginnt er das Kapitel *Wigwam* über den »Morgen einer Rebellion« in den 60er Jahren, von der nicht mehr geblieben sei als »Europas lange Nacht«. Darüber, dass diese Rebellion im Sand verlaufe, habe »im österreichischen Fernsehen unlängst ein Dr. Kraus, Verfasser eines Buches mit dem Titel *Kunst und Macht* (der korrekte Titel ist *Kultur und Macht,* A.d.V.), unverhohlene Befriedigung (geäußert); man habe doch den Rummel jener Zeit, ihre hanebüchene Ästhetik, die unbegreifliche Verleugnung traditioneller humanistischer Werte Gott sei Dank überwunden und bewege sich (…) wieder auf das abendländische Christentum als dem wahren Hort der zivilisatorischen Entwicklung der Menschheit zu«.

Fauser hat die 68er-Rebellion oft genug von innen heraus kritisiert, aber diese Art Konterrevolution, die sich auch gegen das richtet, wofür Marlon Brando steht, macht ihn so wütend, dass er den zweiten Mann bei dieser Fernsehdiskussion gleich mit in diesen Topf wirft: Jean Améry »zog nervös an seiner Zigarette und sagte: ›Ich als Mensch der Aufklärung und immer noch überzeugter Agnostiker, ja Atheist, und alter Linker, das heißt eigentlich allerneuester Linker, begrüße natürlich gewisse Aspekte dieser Tendenzwende, wenn auch längst nicht alle, aber die Geschichtslosigkeit jener Jahre, das konnte ja nicht gutgehen etc.!‹« Ob Fauser Jean Améry korrekt zitiert, konnte ich nicht überprüfen.

Und dann schlägt der Brando-Biograph richtig zu: »Das heißt, weder der christliche Humanist noch der alte Neulinke sehen, dass der aufgeklärt christlich-bürgerliche Staat, dem sie bis in die atomaren Mülldeponien noch ihre Reverenz erweisen, jenem Europa, jenem ›Abendland‹, jener reinen Utopie längst den Garaus gemacht, das Hirn zertrampelt, die Kinder erschlagen hat. Sie seichen immer noch, von den Managern der Bewusstseinsindustrie ins Fernsehen gehievt, ausgehalten von den Zuhältern jener Konzerne, die das Abendland und das Morgenland und diese ganze Erde bis auf den letzten Quadratmeter ausplündern, um sich sodann dem Weltraum zuzuwenden, und das Ganze natürlich verbrämt mit Politik / Kultur / Humanismus / Aufklärung und bewusstseinsmäßig gut geölt von den gemieteten Schreiberlingen jeder Provenienz, sie seichen, schleimen und laichen, bezahlte Zuträger der Macht, Kulturkorrektoren der Multis und ihrer Politkommissare …«

Von Jean Améry zu behaupten, er hätte einem christlich-bürgerlichen Staat seine Reverenz erwiesen, wäre von Zuhältern turbokapitalistischer Konzerne ausgehalten worden und habe als bezahlter Zuträger der Macht geschleimt usw. ist vollkommen absurd. Im Gegenteil hatte der Widerstandskämpfer und KZ-Überlebende mit der »Auschwitz-Nr. 172364« mit genau diesem nur scheinbar so humanistischen Abendland abgerechnet wie kaum jemand, unversöhnlich bis zu seinem Selbstmord 1978. Die Zweifel, die der Essayist und Romancier Améry gegenüber den jungen 68er-Linken hatte, unterschieden sich nicht wesentlich von denen Jörg Fausers oder denen des linksradikalen, ebenfalls von den 68ern herkommenden Soziologen Wolfgang Pohrt, der sich wie Fauser nicht nach rechts orientieren musste, um die Linken scharf zu kritisieren. Umso größer die Überraschung, dass Fauser offensichtlich Améry nicht kannte, der 1966 mit seinem Essayband *Jenseits von Schuld und Sühne* berühmt geworden war. In einer Rezension über das erwähnte Buch *Kultur und Macht* von Wolfgang Kraus hatte Améry in der *Zeit* 1975 geschrieben: »Was ich vermisse, ist eine schärfere Kritik an der bestehenden Ordnung der westlichen Welt, anders ausgedrückt: jenen Radikalismus, ohne den der Kampf für ein würdigeres Dasein auch bei uns nicht ausgefochten werden kann.«

Fausers Attacke gegen Kraus sollte später eine Fußnote bekommen, von der ich mich frage, ob sie den Beteiligten bewusst war – im Filmdokument auf YouTube jedenfalls ist nichts Beweiskräftiges zu erkennen: Jener Wolfgang Kraus, viele Jahre einer der führenden österreichischen Literaturbetriebler, war das erste Jurymitglied, das sich nach Fausers Auftritt beim Bachmann-Wettbewerb 1984 zu Wort meldete und den Text auf jene so langweilige wie herablassend gepflegte Art niedermachte, dass kein zitierwürdiger Satz dabei herausspringt.

Tatsächlich interessant ist, dass im Hintergrund dieser Brando-Passage diese spezielle Ironie auftaucht: Jörg Fauser war noch *Sweet Little Sixteen*, als Jean Améry in seiner Zeitungs-Serie »Teenager Stars« ein Portrait von Marlon Brando veröffentlichte. War nur sechs Seiten lang und auch nur so'n Job, um über die Runden zu kommen, den *eigentlich* auch jeder gemietete Schreiberling irgendwie hätte raushauen können. Mit einem Titel, der dann von Fauser hätte sein können: »Poet mit Boxerfäusten«.

Ist *Der versilberte Rebell* deswegen vielleicht weniger großartig?

Hat vielleicht mal jemand behauptet, es gäbe ein Buch, das nicht irgendwo so einen Schatten hat?

Wo ist hier so ein Schatten, und habe ich vielleicht was vergessen?

Vielleicht das, was Fauser – noch im Drive von *Brando* – in seinem Text *Der Strand der Städte* schrieb: »Leben ist nicht alles, Leben ist nichts, wenn es nicht Rebellion ist.«

Die Behauptung, dass *Marlon Brando* für den Autor eine Explosion auslöste, ist jedenfalls nicht herbeiphantasiert: Innerhalb eines Jahres folgten die Essaysammlung *Der Strand der Städte*, der Gedichtband *Goethe, Trotzki und das Glück*, der kurze Roman *Alles wird gut* und der Erzählungsband *Requiem für einen Goldfisch*.

Wenn das keine Explosion ist, muss es Gerechtigkeit sein.

(18. November 2019)

Nach- und Verweise

Améry, Jean: *Poet mit Boxerfäusten.* In: *Teenager Stars.* Albert Müller Verlag, Zürich, 1960

Fauser, Jörg: *Die Harry Gelb Story.* Maro Verlag, Augsburg, 1973

Ders.: Live in Klagenfurt, 1984. Auf: Youtube.com

Ders.: Live bei Autor-Scooter, 1984. Auf: Youtube.com

Ders.: *Ich habe eine Mordswut. Briefe an die Eltern.* Paria Verlag, Frankfurt, 1993

Firle, Ralf: *Fauser-Interview.* In: *Jörg Fauser Edition.* Beiheft. Verlag Rogner & Bernhard bei Zweitausendeins, Berlin, 1994

Kronauer, Brigitte: *Marlon Brando.* In: *Aufsätze zur Literatur.* Klett-Cotta, Stuttgart, 1987

Nüchtern, Monika: *Interview.* In: *Marlon Brando. Der versilberte Rebell. Eine Biographie.* Alexander Verlag, Berlin, 2004

Penzel, Matthias / Waibel, Ambros: *Rebell im Cola-Hinterland.* Edition Tiamat, Berlin, 2004

Ploog, Jürgen: *Fauser, ein Mann mit einer Geschichte.* In: Jörg Fauser, *Rohstoff Elements.* Diogenes Verlag, Zürich, 2019

Filmographie

The Men (Die Männer)
USA 1950/85 Minuten
Produktion: Stanley Kramer
Regie: Fred Zinnemann
Buch: Carl Foreman
Musik: Dimitri Tiomkin
Kamera: Robert de Grasse
Verleih: United Artists
Darsteller: Marlon Brando (Ken), Teresa Wright (Ellen), Everett Sloan (Dr. Brock), Jack Webb (Norm), Richard Erdman (Leo) u. a.

A Streetcar Named Desire (Endstation Sehnsucht)
USA 1951/121 Minuten
Produktion: Charles K. Feldman
Regie: Elia Kazan
Buch: Tennessee Williams, nach seinem Theaterstück, Adaption von Oscar Saul
Musik: Alex North
Kamera: Harry Stradling
Verleih: Warner Brothers
Darsteller: Vivien Leigh (Blanche), Marlon Brando (Stanley Kowalski), K. Hunter (Stella Kowalski), K. Malden (Mitch), R. Bond (Steve) u. a.

Viva Zapata! (Viva Zapata)
USA 1952 / 113 Minuten
Produktion: Darryl F. Zanuck
Regie: Elia Kazan
Buch: John Steinbeck
Musik: Alex North
Kamera: Joe MacDonald
Verleih: 20th Century Fox
Darsteller: Marlon Brando (Zapata), Jean Peters (Josefa), Anthony Quinn (Eufemio), Joseph Wiseman (Fernando), Arnold Moss (Don Nacio), Alan Reed (Pancho Villa) u. v. a.

Julius Caesar (Julius Cäsar)
USA 1953 / 121 Minuten
Produktion: John Houseman
Regie: Joseph L. Mankiewicz
Buch: Joseph L. Mankiewicz, nach dem Theaterstück von William Shakespeare
Musik: Joseph Ruttenberg
Verleih: MGM
Darsteller: Louis Calhern (Julius Cäsar), Marlon Brando (Mark Anton), James Mason (Brutus), John Gielgud (Cassius), Deborah Kerr (Portia), u. v. a.

The Wild One (Der Wilde)
USA 1953 / 79 Minuten
Produktion: Stanley Kramer
Regie: Laslo Benedek
Buch: John Paxton, nach einer Story von Frank Rooney
Musik: Leith Stevens
Kamera: Hal Mohr
Verleih: Columbia

Darsteller: Marlon Brando (Johnny), Mary Murphy (Kathie), Robert Keith (Harry Bleeker), Lee Marvin (Chino) u. v. a.

On the Waterfront (Die Faust im Nacken)
USA 1954 / 107 Minuten
Produktion: Sam Spiegel
Regie: Elia Kazan
Buch: Budd Schulberg, nach Artikeln von Malcolm Johnson
Musik: Leonard Bernstein
Kamera: Boris Kaufman
Verleih: Columbia
Darsteller: Marlon Brando (Terry Malloy), Eva Marie Saint (Edi Doyle), Karl Malden (Pater Barry), Lee J. Cobb (Johnny Friendly), Rod Steiger (Charley Malloy), John Hamilton (»Pop« Doyle), Leif Erickson (Glover) u. v. a.

Désirée (Désirée)
USA 1955 / 110 Minuten
Produktion: Julian Blaustein
Regie: Henry Koster
Buch: Daniel Taradash, nach dem Roman von Annemarie Selinko
Musik: Alex North
Kamera: Milton Krasner (Colour by DeLuxe)
Verleih: 20th Century Fox
Darsteller: Marlon Brando (Napoleon), Jean Simmons (Désirée), Merle Oberon (Josephine), Michael Rennie (Bernadotte) u. v. a.

Guys and Dolls (Schwere Jungen, leichte Mädchen)
USA 1955 / 150 Minuten
Produktion: Samuel Goldwyn
Regie: Joseph L. Mankiewicz
Buch: Joseph L. Mankiewicz, nach dem gleichnamigen Stück von

Jo Swerling und Abe Burrows nach der Story von Damon Runyon
Musik / Song: Frank Loesser
Kamera: Harry Stradling (Eastman Color)
Verleih: MGM
Darsteller: Marlon Brando (Sky Masterson), Jean Simmons (Sarah Brown), Frank Sinatra (Nathan Detroit), Vivian Blaine (Miss Adelaide), Robert Keith (Leutnant Brannigan) u. v. a.

The Teahouse of the August Moon (Das kleine Teehaus)
USA 1956 / 123 Minuten
Produktion: Jack Cummings
Regie: Daniel Mann
Buch: John Patrick, nach dem Stück von John Patrick und dem Roman von Vern Sneider
Musik: Kikuko Kanai
Kamera: John Alton (Metrocolor)
Verleih: MGM
Darsteller: Marlon Brando (Sakini), Glenn Ford (Captain Fisby), Machiko Kyn (Lotosblüte), Eddie Albert (Captain McLean) u. a.

Sayonara (Sayonara)
USA 1957 / 147 Minuten
Produktion: William Goetz
Regie: Joshua Logan
Buch: Paul Osborn, nach dem Roman von James Michener
Musik: Franz Waxmann und Irving Berlin (Songs)
Kamera: Ellsworth Fredericks (Technicolor)
Verleih: Warner Brothers
Darsteller: Marlon Brando (Major Gruver), Miiko Taka (Hana-Ogi), Red Buttons (Kelly), Miyoshi Umeki (Katsumi), James Garner (Bailey) u. v. a.

The Young Lions (Die jungen Löwen)
USA 1958 / 167 Minuten
Produktion: Al Lichtman
Regie: Edward Dmytryk
Buch: Edward Anhalt, nach dem Roman von Irwin Shaw
Musik: Hugo Friedhofer
Kamera: Joe MacDonald (Cinemascope)
Verleih: 20th Century Fox
Darsteller: Marlon Brando (Christian Dietl), Montgomery Clift (Noah Akkerman), Dean Martin (Michael Whitacre), Hope Lange (Hope Plowman), Barbara Rush (Margaret Freemantle), May Brite (Gretchen Hardenberg), Maximilian Scheu (Hardenberg), Dora Doll (Simone), Lee van Cleef (Sergeant Rickett) u. v. a.

The Fugitive Kind (Der Mann in der Schlangenhaut)
USA 1960 / 119 Minuten
Produktion: Martin Jurow und Richard A. Shepherd
Regie: Sidney Lumet
Buch: Tennessee Williams und Meade Roberts, nach dem
Stück *Orpheus steigt herab* von Tennessee Williams
Musik: Kenyon Hopkins
Kamera: Boris Kaufman
Verleih: United Artists
Darsteller: Marlon Brando (Val Xavier), Anna Magnani (Lady Torrance), Joanne Woodward (Carol Cutrere), Victor Jory (Jabe Torrance) u. a.

One-Eyed Jacks (Der Besessene)
USA 1961 / 141 Minuten
Produktion: Frank P. Rosenberg
Regie: Marlon Brando

Buch: Guy Trosper und Calder Willingham, nach einem Roman von Charles Neider
Musik: Hugo Friedhofer
Kamera: Charles Lang jr. (Technicolor)
Verleih: Paramount
Darsteller: Marlon Brando (Rio), Karl Malden (Dad Longworth), Pina Pellicer (Louisa), Kathy Jurado (Maria), Ben Johnson (Bob Amory), Slim Pickens (Lon), Larry Duran (Modesto), Sam Gilman (Harvey) u. v. a.

Mutiny on the Bounty (Die Meuterei auf der Bounty)
USA 1962 / 179 Minuten
Produktion: Aaron Rosenberg
Regie: Lewis Milestone
Buch: Charles Lederer, nach dem Roman von Charles Nordhoff und James Norman Hall
Musik: Bronislaw Kaper
Kamera: Robert L. Surtees (Technicolor, Ultra Panavision 70)
Verleih: MGM
Darsteller: Marlon Brando (Fletcher Christian), Trevor Howard (William Bligh), Richard Harris (John Mills), Hugh Griffith (Alexander Smith), Tarita (Maimiti) u. v. a.

The Ugly American (Der hässliche Amerikaner)
USA 1962 / 120 Minuten
Produktion: George Englund
Regie: George Englund
Buch: Stewart Stern, nach dem Roman von E. Burdick u. W. J. Lederer
Musik: Frank Skinner
Kamera: Clifford Stine (Eastman Colour)
Verleih: Universal Pictures

Darsteller: Marlon Brando (Harrison Carter MacWhite), Eiji Okada (Deong), Sandra Church (Marlon MacWhite), Jocelyn Brando (Emma Atkins) u. v. a.

Bedtime Story (Zwei erfolgreiche Verführer)
USA 1964 / 99 Minuten
Produktion: Stanley Shapiro
Regie: Ralph Levy
Buch: Stanley Shapiro und Paul Henning
Musik: Hans J. Salter
Kamera: Clifford Stine (Eastman Colour)
Verleih: Universal Pictures
Darsteller: Marlon Brando (Fred Benson), David Niven (Lawrence Jamison), Shirley Jones (Janet Walker), Dody Goddman (Fanny Eubank) u. a.

The Saboteur: Code Name Morituri (Morituri)
USA 1965 / 122 Minuten (nach: ›The Films of Marlon Brando‹ 129 Minuten)
Produktion: Aaron Rosenberg
Regie: Bernhard Wicki
Buch: Daniel Taradash, nach dem Roman von Werner Jörg Lüdecke
Musik: Jerry Goldsmith
Kamera: Conrad Hall
Verleih: 20th Century Fox
Darsteller: Marlon Brando (Robert Grain), Yul Brynner (Kapitän Müller), Janet Margolin (Esther), Trevor Howard (Colonel Statter), Martin Benrath (Kruse), Hans Christian Blech (Hilfsmaschinist), Wally Cox (Dr. Ambach), Reiner Penkert (Milkereit) u. a.

The Chase (Ein Mann wird gejagt)
USA 1965 / 122 Minuten (nach Morella / Epstein: 135 Minuten)
Produktion: Sam Spiegel
Regie: Arthur Penn
Buch: Lillian Hellman, nach einem Roman von Horton Foote
Musik: John Barry
Kamera: Joseph La Shelle (Technicolor)
Verleih: Columbia
Darsteller: Marlon Brando (Calder), Jane Fonda (Anna Reeves), Robert Redford (Bubber Reeves), E. G. Marshal (Val Rogers), Angie Dickinson (Ruby), Robert Duvall (Edwin Stewart), Jocelyn Brando (Mrs. Briggs) u. v. a.

The Appaloosa (Südwest nach Sonora)
USA 1966 / 98 Minuten
Produktion: Alan Miller
Regie: Sidney J. Furie
Buch: James Bridges und Roland Kibbee, nach einem Roman von Robert MacLeod
Musik: Frank Skinner
Kamera: Russell Metty (Technicolor)
Verleih: Universal Pictures
Darsteller: Marlon Brando (Matt), Anjanette Comer (Trini), John Saxon (Chuy) u. a.

A Countess from Hong Kong (Die Gräfin von Hongkong)
Großbritannien 1966 / 108 Minuten (nach anderer Version 120 Min.)
Produktion: Jerome Epstein
Regie: Charles Chaplin
Buch: Charles Chaplin
Musik: Charles Chaplin
Kamera: Arthur Ibbetson (Technicolor)

Verleih: Universal Pictures

Darsteller: Marlon Brando (Ogden), Sophia Loren (Natascha), Sydney Chaplin (Harvey), u. a., darunter auch Charles Chaplin (Alter Steward)

Reflections in a Golden Eye (Spiegelbild im goldenen Auge)

USA 1967 / 109 Minuten

Produktion: Ray Stark

Regie: John Huston

Buch: Chapman Mortimer und Gladys Hill, nach dem Roman von Carson McCullers

Musik: Toshiro Mayuzumi

Kamera: Aldo Tonti (Technicolor)

Verleih: Warner Brothers / Seven Art

Darsteller: Elizabeth Taylor (Leonora Penderton), Marlon Brando (Major Weldon Penderton), Brian Keith (Morris Langdon), Julie Harns (Alison Langdon) u. a.

Candy (Candy)

USA / Italien / Frankreich 1968 / 122 Minuten

Produktion: Robert Haggiag

Regie: Christian Marquand

Buch: Buck Henry, nach dem Roman von Terry Sothern

Musik: Dave Grusin

Kamera: Giuseppe Rotunno (Technicolor)

Verleih: Cinerama Releasing Corporation

Darsteller: Ewa Aulin (Candy), Charles Aznavour (Der Bucklige), Marlon Brando (Grindl), Richard Bureon (McPhisto), James Coburn (Dr. Krankheit), John Huston, Ringo Starr, Sugar Ray Robinson u. a.

The Night of the Following Day (Am Abend des folgenden Tages)
USA 1968 / 93 Minuten
Produktion: Hubert Cornfield
Regie: Hubert Cornfield
Buch: Hubert Cornfield und Robert Phippeny, nach einem Roman von Lionel White
Musik: Stanley Myers
Kamera: Willy Kurant (Technicolor; nach Morella / Epstein: Jean Klissak)
Verleih: Universal Pictures
Darsteller: Marlon Brando (Bud), Richard Boone (Leer), Rita Moreno (Vi), Pamela Franklin (Das Mädchen) u. a.

Burn! (Queimada)
Italien / Frankreich 1969 / 112 Minuten
Produktion: Alberto Grimaldi
Regie: Gillo Pontecorvo
Buch: Franco Solinas und Giorgio Arlorio
Musik: Ennio Morricone
Kamera: Marcello Gatti und Giuseppe Bruzzolini (Technicolor)
Verleih: United Artists
Darsteller: Marlon Brando (Sir William Walker), Evaristo Marquez (José Dolores), Renato Salvatori (Teddy Sanchez) u. v. a.

The Nightcomers (Das Loch in der Tür)
Großbritannien 1971 / 96 Minuten
Produktion: Michael Winner
Regie: Michael Winner
Buch: Michael Hastings, nach einer Erzählung von Henry James
Musik: Jerry Fielding
Kamera: Robert Paynter (Technicolor)
Verleih: Avco-Embassy

Darsteller: Marlon Brando (Peter Quint), Stephanie Beacham (Miss Jessel), Thora Hird (Mrs. Grose) u. a.

The Godfather (Der Pate)
USA 1972 / 175 Minuten
Produktion: Albert S. Ruddy
Regie: Francis Ford Coppola
Buch: Mario Puzo und Francis Ford Coppola, nach dem Roman von Mario Puzo
Musik: Nino Rota
Kamera: Gordon Willis (Technicolor)
Verleih: Paramount
Darsteller: Marlon Brando (Don Vito Corleone), Al Pacino (Michael Corleone), James Caan (Sonny Corleone), Richard Castellano (Clemenza), Robert Duvall (Tom Hagen), Sterling Hayden (McCluskey), John Marley (Jack Woltz), Diana Keaton (Kay Adams) u. v. a.

L'Ultimo Tango a Parigi (Der letzte Tango in Paris)
Italien / Frankreich 1972 / 129 Minuten
Produktion: Alberto Grimaldi
Regie: Bernardo Bertolucci
Buch: Bernardo Bertolucci und Franco Arcallo
Musik: Gato Barbieri
Kamera: Vittorio Storaro (Technicolor)
Verleih: United Artists
Darsteller: Marlon Brando (Paul), Maria Schneider (Jeanne), Jean-Pierre Léaud (Tom), Darling Legitimus (Concierge), Massimo Girotti (Marcel), Maria Michi (Rosas Mutter) u. a.

The Missouri Breaks (Duell am Missouri)
USA 1976 / 126 Minuten

Produktion: Robert M. Sherman
Regie: Arthur Penn
Buch: Thomas McGuane
Musik: John Williams
Kamera: Michael Butler (Colour by DeLuxe)
Verleih: United Artists
Darsteller: Marlon Brando (Robert E. Lee Clayton), Jack Nicholson (Tom Logan), Randy Quaid (Little Tod), Kathleen Lloyd (Jane Braxton), Frederic Forrest (Cary), Harry Dean Stanton (Calvin) u. v. a.

Superman (Superman)
USA / Großbritannien 1978 / 143 Minuten
Produktion: Pierre Spengler, Ilya Salkind und Alexander Salkind
Regie: Richard Donner
Buch: Mario Puzo, David Newman, Leslie Newman und Robert Benton, nach der Comicvorlage von Jerry Siegel und Joe Shuster
Musik: John Williams
Kamera: Geoffrey Unsworth (Panavision)
Verleih: Warner
Darsteller: Marlon Brando (Jor-El), Christopher Reeve (Superman, Clark Kent), Margot Kidder (Lois Lane), Gene Hackman (Lex Luthor) Jackie Cooper (Perry White), Valerie Perrine (Eve Teschmacher), Ned Beatty (Otis), Marc McClure (Jimmy Olsen) u. a.

Apocalypse Now (Apocalypse Now)
USA 1979 / 153 Minuten
Produktion: Francis Ford Coppola
Regie: Francis Ford Coppola
Buch: John Milius und Francis Ford Coppola, nach dem Roman Heart of Darkness von Joseph Conrad

Musik: Carmine Coppola und Francis Ford Coppola
Kamera: Vittorio Storaro (Technicolor)
Verleih: Omni Zoetrope
Darsteller: Marlon Brando (Colonel Walter E. Kurtz), Martin Sheen (Captain Benjamin L. Willard), Robert Duvall (Lt. Colonel Bill Kilgore), Frederie Forrest (Hicks), Sam Bottoms (Lance B. Johnes), Dennis Hopper (Fotoreporter), Harrison Ford (Colonel Lucas), Albert Hall (Chief Phillips), Larry Fishburne (»Clean«), Scott Glenn (Captain Richard Colby) u. a.

The Formula (Die Formel)
USA 1980 / 117 Minuten
Produktion: Steve Shagan
Regie: John G. Avildsen
Buch: : Steve Shagan, nach seinem gleichnamigen Roman
Musik: Bill Conti
Kamera: James Crabe (Metrocolor)
Verleih: MGM / CIC / CIP
Darsteller: Marlon Brando (Adam Steiffel), George C. Scott (Barney Caine), Marthe Keller (Lisa Spangler), John Gielgud (Dr. Esau), Richard Lynch (Kladen / Tedesco) u. a.

A Dry White Season (Weiße Zeit der Dürre)
USA 1989 / 107 Minuten
Produktion: Paul Weinstein und Tim Hampton
Regie: Euzhan Palcy
Buch: Colin Welland und Euzhan Palcy, nach dem gleichnamigen Roman von André Brink
Musik: Dave Grusin
Kamera: Kelvin Pike und Pierre William Glenn (DeLuxe)
Verleih: UIP / MGM / Star Partners II
Darsteller: Marlon Brando (Ian McKenzie), Donald Sutherland

(Ben du Toit), Janet Suzman (Susan du Toit), Zakes Mokae (Stanley), Jürgen Prochnow (Captain Stolz), Susan Sarandon (Melanie Brower), Winston Ntshona (Gordon Ngubene), Thoko Ntshinga (Emily Ngubene) u.a.

The Freshman (Freshman)
USA 1990/102 Minuten
Produktion: Mike Lobell und Andrew Bergman
Regie: Andrew Bergman
Buch: Andrew Bergman
Musik: David Newman
Kamera: William A. Fraker (Technicolor)
Verleih: Tri-Star
Darsteller: Marlon Brando (Carmine Sabatini), Matthew Broderick (Clark Kellogg), Bruno Kirby (Victor Ray), Penelope Ann Miller (Tina Sabatini), Frank Whaley (Steve Bushak), Jon Polito (Chuck Greenwald), Paul Benedikt (Arthur Fleeber), Maximilian Schell (Larry London)

Christopher Columbus: The Discovery (Christopher Columbus – Der Entdecker)
USA/Großbritannien/Spanien 1992/120 Minuten
Produktion: Ilya und Alexander Salkind
Regie: John Glen
Buch: John Briley, Cary Bates und Mario Puzo
Musik: Cliff Eidelman
Kamera: Alec Mills und Arthur Wooster (Technicolor/Panavision)
Verleih: Warner Brothers
Darsteller: Marlon Brando (Torquemada), Tom Selleck (König Ferdinand), Rachel Ward (Königin Isabella), Robert Davi

(Martin Pinzon), Benicio Del Toro (Alvaro), Catherine Zeta Jones (Beatriz), Mathieu Carrière (König John) u.a.

Don Juan de Marco (Don Juan de Marco)
USA 1995 / 90 Minuten
Produktion: Francis Ford Coppola, Fred Fuchs und Patrick Palmer
Regie: Jeremy Leven
Buch: Jeremy Leven
Musik: Michael Kamen
Kamera: Ralf Bode (Colour)
Verleih: Entertainment / New Line / American Zoetrope
Darsteller: Marlon Brando (Jack Mickler), Johnny Depp (Don Juan De Marco), Faye Dunaway (Marilyn Mickler) u.a.

The Isle of Dr. Moreau (DNA – Die Insel des Dr. Moreau)
USA 1996 / 96 Minuten
Produktion: Edward R. Pressman
Regie: John Frankenheimer
Buch: Ron Hutchinson und Richard Stanley nach dem Roman The Isle of Dr. Moreau von H. G. Wells
Musik: Gary Chang
Kamera: William A. Fraker (DeLuxe / Panavision)
Verleih: Entertainment / New Line
Darsteller: Marlon Brando (Dr. Moreau), Val Kilmer (Montgomery) u.a.

The Brave (The Brave)
USA 1997 / 123 Minuten
Produktion: Charles Evans Jr. und Carroll Kemp
Regie: Johnny Depp
Buch: Johnny Depp, Paul McCudden und D. P. Depp

Musik: Mark Governor und Iggy Pop
Kamera: Vilko Filac (Colour)
Verleih: Acappella Pictures Production
Darsteller: Marlon Brando (McCarthy), Marshall Bell (Larry), Johnny Depp (Raphael)

Free Money (Free Money)
Kanada 1998 / 91 Minuten
Produktion: Nicolas Clermont
Regie: Yves Simoneau
Buch: Tony Peck und Joseph Brutsman
Musik: Mark Isham
Kamera: David Franco
Verleih: Filmline International Inc.
Darsteller: Marlon Brando (Sven »Swede« Sorenson), Donald Sutherland (Rolf), Charlie Sheen (Bud) u. a.

The Score (The Score)
USA 2001 / 123 Minuten
Produktion: Gary Foster, Lee Rich
Regie: Frank Oz
Buch: Daniel E. Taylor und Kario Salem, Lem Dobbs, Scott Marshall Smith
Musik: Howard Shore
Kamera: Rob Hahn (Colour Deluxe)
Darsteller: Marlon Brando, (Max), Robert de Niro (Nick Wells), Edward Norton (Jack Teller), Angela Bassett (Diane) u. a.

Bühnenstücke

I Remember Mama (1944)
Autor: John Van Druten, nach dem Roman *Mama's Bank Account* von Kathryn Forbes
Inszenierung: John Van Druten
Darsteller: Marlon Brando, Joan Tetzel, Mady Christians, Richard Bishop, Carolyn Hummel, Frances Heflin, Oswald Marshall

Truckline Café (1946)
Autor: Maxwell Anderson
Inszenierung: Harold Clurman
Darsteller: Marlon Brando, Frank Overton, Ralph Theadore, John Sweet, Kevin McCarthy, June Walker, Karl Malden, Arm Shepherd

Candida (1946)
Autor: George Bernard Shaw
Inszenierung; Guthrie McClintic
Darsteller: Marlon Brando, Mildred Natwick, Wesley Addy, Olivier Cliff, Cedrie Hardwicke, Katharine Comell

A Flag is Born (1946)
Autor: Ben Hecht
Inszenierung: Luther Adler
Darsteller: Marlon Brando, Quentin Reynolds, Paul Muni, Celia Adler, Mario Berini, George David Baxter

L'Aigle à deux têtes (Der Doppeladler) (1946)
Autor: Jean Cocteau
Darsteller: Marlon Brando (nach der ersten Aufführung gefeuert), Tallulah Bankhead

A Streetcar named Desire (Endstation Sehnsucht) (1947)
Autor: Tennessee Williams
Inszenierung: Elia Kazan
Darsteller: Marlon Brando, Jessica Tandy, Kim Hunter, Karl Malden

Personenregister

Textnachweis

Die jeweils am Kapitelanfang zitierten Bücher sind, da es sich meist um bekannte Autoren handelt oder sie im folgenden Quellennachweis ohnehin genannt werden, nicht eigens aufgeführt worden. Auch ist aus diesen Gründen auf eine gesonderte Bibliographie verzichtet worden.

VON BANGKOK NACH LIBERTYVILLE

1 Gary Carey, *Brando!* Pocket Books, New York 1973, S. 1f.
2 Carey, S. 3
3 Bob Thomas, *Marlon, Portrait of the Rebel as an Artist,* Random House, New York, 1973, S. 12
4 Thomas, S. 16

NEW YORK

5 zitiert nach K. O. Paetel, BEAT, *eine Anthologie,* Rowohlt, 1962, S. 28
6 Carey, S. 17
7 Carey, S. 18
8 Thomas, S. 22
9 Carlo Fiore, *Bud: The Brando I knew,* Delacorte Press, New York, 1974, S. 21
10 Joe Morella / Edward Z. Epstein, *Marlon Brando,* Gustav Lübbe Verlag, 1973, S. 22f.
11 Carey, S. 30

12 Thomas, S. 28
13 Michael Ciment, *Kazan on Kazan,* Series Cinema One, Secker & Warburg, London 1973, S. 107
14 Thomas, S. 31
15 Truman Capote, *Wenn die Hunde bellen,* Limes Verlag, 1974, S. 67
16 Heinrich Heine, *Lyrik und Prosa, Band 1,* Büchergilde Gutenberg, Frankfurt / M. o. J., S. 402

KOWALSKI

17 Tennessee Williams, *Memoiren,* S. Fischer Verlag, 1977, S. 169
18 Morella / Epstein, S. 18 / 20
19 Carey, S. 55
20 Williams, S. 176
21 Fiore, S. 97 ff.
22 Fiore, S. 107
23 Kazan on Kazan, S. 36
24 Carey, S. 62 f.
25 Robert LaGuardia, *Monty, A Biography of Montgomery Clift,* Arbor House, New York 1977, S. 59
26 In: *Unsichtbare Gegner,* ein Film von Valie Export; Buch: Peter Weibel
27 Carey, S. 66 f.

HOLLYWOOD

28 Zitiert nach: Len Deighton, *Close up, A Novel,* Pan Books, London 1974, S. 83
29 Raymond Chandler, *Die simple Kunst des Mordes,* Diogenes Verlag, 1975, S. 145 f.
30 Deighton, S. 206
31 Thomas, S. 54 f.
32 Louis-Ferdinand Céline, *Reise ans Ende der Nacht,* rororo Taschenbuch Nr. 1021–23, S. 399
33 Zitiert nach Thomas, S. 62
34 Zitiert nach Thomas, S. 63
35 Carey, S. 85

36 Kazan on Kazan, S. 83 f.
37 Carey, S. 87
38 Fiore, S. 115 f.
39 Zitiert nach Thomas, S. 81
40 Zitiert nach Hunter S. Thompson, *Hell's Angels,* Penguin Books, London 1967, S. 71
41 Thompson, S. 74
42 Zitiert nach Thomas, S. 71
43 LaGuardia, S. 68 f.

DAS IDOL

44 *Barcarole* aus *Hoffmanns Erzählungen,* zitiert nach Pitigrilli, *Ein Mensch jagt nach Liebe,* Eden Verlag Berlin, o. J., S. 208
45 John Howlett, *James Dean. Eine Biographie,* Verlag Monika Nüchtern, 1977, S. 179
46 François Truffaut, *Die Filme meines Lebens,* Hanser Verlag, 1976, S. 233
47 Thomas, S. 96
48 Thomas, S. 98
49 Carey, S. 116
50 Zitiert nach Howlett, S. 83
51 Carey, S. 133
52 Thomas, S. 92
53 Carey, S. 133
54 René Jordan, *Marlon Brando,* Pyramid Illustrated History of the Movies, Star Books, London 1975, S. 62
55 Jordan, S. 62
56 Carey, S. 117 f.
57 Zitiert nach Carey, S. 112
58 Tony Thomas, *The Films of Marlon Brando,* Citadel Press, Secaucus / New Jersey, 1975, S. 73
59 Roland Barthes, *Mythen des Alltags,* Edition Suhrkamp Nr. 92, Suhrkamp Verlag 1976, S. 147
60 Zitiert nach Thomas, S. 100
61 Zitiert nach Thomas, S. 105
62 Fiore, S. 144
63 Fiore, S. 146 f.
64 Fiore, S. 147 f.

65 Pascal Pia, *Baudelaire,* Rowohlts Monographien Nr. 7, Rowohlt Verlag 1965, S. 88

DER PRINZ

66 David Shipman, *Brando,* Moviemakers, Doubleday, Garden City, New York 1974, S. 53
67 Carey, S. 139 f.
68 Shipman, S. 60
69 Fiore, S. 181
70 Capote, S. 81 f.
71 Thomas, S. 123 f.
72 Carey, S. 126
73 Albert Camus, *Der Mensch in der Revolte,* Rowohlt Verlag 1953, S. 276

DER BESESSENE

74 Zitiert nach *Filmkritik* 5 / 1963
75 Zitiert nach Tony Thomas, S. 113
76 LaGuardia, S. 177
77 Jordan, S. 80
78 Thomas, S. 153
79 Capote, S. 74
80 Fiore, S. 168 f.
81 *»Blasius der Spaziergänger«, Abendzeitung,* München 24. 2. 78
82 Fiore, S. 246
83 Joe Hembus, *Westernlexikon,* Heyne Verlag 1976, S. 52
84 Zitiert nach Shipman, S. 67
85 Hembus, S. 52
86 Zitiert nach Hembus, S. 52
87 *Filmkritik,* 11 / 61
88 Fiore, S. 267 f.
89 Carey, S. 163
90 Carl Einstein, *Gesammelte Werke,* Limes Verlag 1962, S. 58 f.
91 *The Rolling Stones, Songbook,* Zweitausendeins 1977, S. 212

92 Zitiert nach Jordan, S. 133
93 Zitiert nach Thomas, S. 160
94 Zitiert nach Carey, S. 178
95 Guillaume Apollinaire, *Porträt und Poesie,* Luchterhand 1968, S. 77
96 Diese Information verdanke ich Philippe Mazelliers instruktivem Band *Tahiti,* Edition Rencontes, o. J.
97 Jordan, S. 97
98 Shipman, S. 76
99 Zitiert nach Morella / Epstein, S. 85 f.
100 Paul Gauguin, *Briefe,* Rembrandt Verlag Berlin 1960, S. 208

WIGWAM

101 Jordan, S. 100
102 Carey, S. 200 f.
103 Zitiert nach Thomas, S. 200
104 Zitiert nach Morella / Epstein, S. 87
105 Zitiert nach Thomas, S. 219
106 Zitiert nach Thomas, S. 221
107 Zitiert nach Bruce Cook, *Candid conversations with the leading man,* in Thomas McGuane: *The Missouri breaks,* Ballantine Books, New York 1976, S. xxv
108 Peter Blue Cloud (Aroniawenrate), *Turtle, Bear & Wolf, Poems,* published by Akwesasne Notes, Mohawk Nation, N. Y. 1976, S. 26

DON BRANDO

109 Zitiert nach Jörg Fauser, *Tophane,* Maro Verlag 1972, S. 89
110 Thomas, S. 227
111 Zitiert nach Morella / Epstein, S. 108
112 Zitiert nach Carey, S. 251
113 Zitiert nach Morella / Epstein, S. 113

114 Peter Rosei, *»Österreich«*, in: *Glückliches Österreich, eine Anthologie,* Residenz Verlag 1977, S. 154 / 156
115 *Filmkritik* 4 / 73
116 Zitiert nach *Alles über: Der letzte Tango in Paris, Das Buch zum umstrittensten Film des Jahrhunderts,* herausgegeben von Florian Hopf, Heyne Taschenbücher Nr. 5054, 1973, S. 10
117 Zitiert nach Hopf, S. 93
118 Chris Hodenfield, *»Mondo Brando«*, in *Rolling Stone,* 20. Mai 1976, S. 36 f.
119 Zitiert nach Hopf, S. 91

DER REGULATOR

120 Carey, S. 272 f.
121 Claus Biegert, *»Seit 200 Jahren ohne Verfassung«*, 1976: *Indianer im Widerstand,* rororo aktuell 580, S. 112
122 Zitiert nach Thomas, S. 264 f.
123 Radio TV Reports Inc., *The Dick Cavett Show, Full Text* (Fotokopie des Transkripts)
124 Zitiert nach Jordan, S. 145
125 McGuane, S. 50 ff.
126 Charles Plymell, *The last of the Moccasins,* City Lights, San Francisco 1971, S. 160

*Bitte beachten Sie
auch die folgenden Seiten*

Jörg Fauser im Diogenes Verlag

Die große Neuedition

Neues Material und Wiederentdeckungen
Exklusive Zusammenstellungen
und neue Begleittexte
von Helene Hegemann, Franz Dobler,
Dirk Stermann und vielen mehr

Jörg Fauser wurde 1944 bei Frankfurt am Main geboren. Nach Abitur und abgebrochenem Studium lebte er längere Zeit in Istanbul und London. Er arbeitete u.a. als Aushilfsangestellter, Flughafenarbeiter, Nachtwächter. Ab 1974 widmete er sich hauptberuflich dem Schreiben. Seine Romane, Gedichte, Reportagen und Erzählungen sind eine Ausnahmeerscheinung in der deutschen Literatur. Jörg Fauser verunglückte 1987 in der Nacht nach seinem Geburtstag tödlich bei München auf der Autobahn.

»Ich wollte einfach nur schreiben. Ich stellte mir vor, dass man eine normale Existenz hat und nebenher halt ein paar unsterbliche Sachen absondert.«
Jörg Fauser in ›Autor-Scooter‹, 1984

»Integer, glaubwürdig und stets auf der Höhe seines Handwerks, war Jörg Fauser immer zwei künstlerischen Maximen treu: ›Jede gut erzählte Geschichte ist ein Thriller‹ und ›Gute Unterhaltung hat etwas mit Haltung zu tun‹.« *D. B. Blettenberg*

»Es ist großartig, dass Diogenes dieses Projekt in Angriff nimmt. Fauser bleibt, das wusste ich immer.«
Michael Köhlmeier

»Den Fauser finde ich genial.« *Lars Eidinger*

»Ich liebe Fauser.« *Ronja von Rönne*

Rohstoff

Roman. Mit Nachworten von Michael Köhlmeier
und Matthias Penzel

Harry Gelbs Rohstoff sind Opium in einem schäbigen Verschlag auf einem Dach in Istanbul und LSD in einer Kommune in Berlin. Es sind Heroin in einer Göttinger Mansarde und unzählige Biere und Schnäpse in Frankfurts Kneipen. Vor allem aber ist sein Rohstoff das Schreiben – rasant, brutal ehrlich und witzig erzählt Fausers Alter Ego von einer gefährlichen wie gefährdeten Jugend und von einem Mann, der weder als Nachtwächter noch als Flughafen-Packer vergisst, was er sein will: Schriftsteller. *Rohstoff* – das ist Jörg Fausers autobiographischster Roman, das ist seine Geschichte. Und gleichzeitig doch auch die Geschichte einer ganzen Generation und der Bundesrepublik Deutschland nach dem Kalten Krieg und vor dem Mauerfall.

»Einer der besten deutschen Romane überhaupt.«
Benjamin von Stuckrad-Barre

Auch als Diogenes Hörbuch erschienen,
gelesen von Lars Eidinger

Das Schlangenmaul

Roman. Mit einem Nachwort von Friedrich Ani

»Bergungsexperte für außergewöhnliche Fälle« nennt sich Heinz Harder, arbeitsloser und abgebrannter Illustriertenschreiber, in der geschalteten Anzeige. Seine erste Klientin ist reich und schön: Nora Schäfer-Scheunemann aus Hannover sucht ihre achtzehnjährige Tochter. Die Suche nach ihr führt den »Journalisten, Detektiv und Ritter« ins West-Berlin der 80er Jahre, wo er nicht nur auf windige Geschäftsmänner trifft, die unter anderem in illegalen Clubs ihre dubiosen Politik- wie Finanzmachenschaften aushecken, sondern auch auf eine mysteriöse Schlangen-Sekte.

Für Harder, der sich zudem auch noch mit Künstlern und seiner Exfrau herumschlagen muss, wird es immer gefährlicher.

»Mit *Das Schlangenmaul* kam Fauser dem amerikanischen Krimi so nahe, wie das einem Deutschen nur möglich ist.« *Michael Althen*

Auch als Diogenes Hörbuch erschienen, gelesen von Charly Hübner

Rohstoff Elements

Mit einem Nachwort von Jürgen Ploog

Schon in Fausers frühen Gedichten und experimentellen Prosatexten kann von Pose und Erfindung keine Rede sein. Da lebt jemand das, was er schreibt, was er als Text hinausbrüllt oder flüstert. Zu spüren sind auch Fausers erste Helden Kerouac und Burroughs, die ihn vielleicht nach Tophane, vielleicht in die Sucht, vielleicht auch zum Schreiben getrieben und gebracht haben. In diesen Texten, die von Beat bis Cut-up reichen, geht Fauser aufs Ganze. In dieser neu zusammengestellten Auswahl mit einem Nachwort von Jürgen Ploog zeigt er sich brutal, direkt und überaus klug. In diesen Reflektionen findet sich der vielschichtige Hunger einer ganzen Generation. Dies ist der Band, um ihn neu zu entdecken.

»Nicht jeder Autor taugt dafür, dass man sich noch einmal und mit zeitlichem Abstand seine Texte vornimmt. Bei Fauser lohnt es sich.« *Jürgen Ploog*

Caliban Berlin

Kolumnen 1980–1984

Mit Nachworten von Ambros Waibel und Werner Mathes

Box-Abende, ein Papstbesuch, die Demokratie, der Kulturbetrieb und der ganze wunderbare Zeitgeist –

der vorliegende Band versammelt 55 entlarvende Kolumnen, die der unkorrumpier-, aber nicht unbeeindruckbare Fauser unter anderem unter dem Namen *Caliban* für das Berliner Magazin *tip* geschrieben hat.

»Wenn man für Zeitschriften arbeitet, hat man für eine gewisse Zeitspanne Geld und kann den eigenen Schmus machen, wenn man das trennen will.«
Jörg Fauser

»In den journalistischen Arbeiten kann man den ganzen Fauser-Kosmos wiederfinden.«
Frankfurter Allgemeine Sonntagszeitung

Ich habe große Städte gesehen

Die Gedichte

Mit einem Vorwort von Björn Kuhligk

»Uns ist vorgehalten worden, wir hätten das Gedicht aus seinen hehren Gefilden auf die Müllkippe gezerrt. Nach diesem Weltbild besteht unser Publikum aus ungewaschenen Rüpeln ohne Bildung, aus Haschern, Huren, Junkies ... In Wirklichkeit setzte sich unser Publikum natürlich – wie das unserer Kritiker – aus kontaktscheuen Stenotypistinnen, aus Deutschlehrerinnen mit zwei Siamkatzen, aus ebenso vielen Pfarramtskandidaten wie Zollinspektoren zusammen. Und hier und da ein Schwerverbrecher; das kommt davon, wenn man die Leute lesen lernen lässt.«
(Jörg Fauser im *tip* 22/1980)

»Ich habe das Buch vor langer Zeit in einem Berliner Antiquariat erstanden. Es kostete mich 30 Mark, und obwohl ich das Geld damals nicht überhatte, war es mir das wert.« *Björn Kuhligk*

Weitere Bände in Vorbereitung

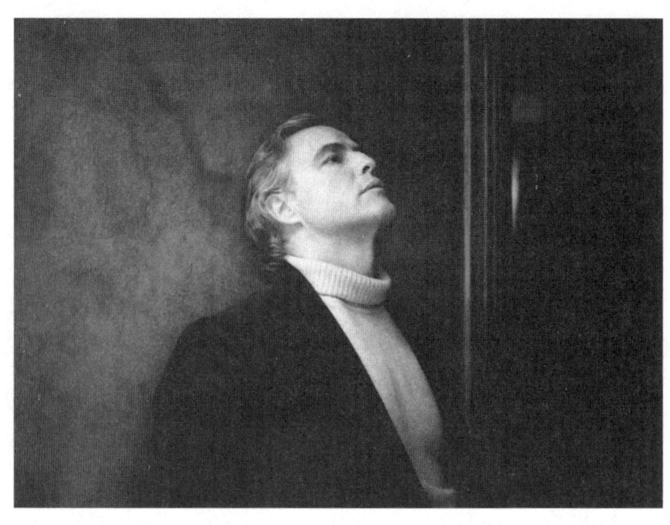